영유아 언어 발달과 지도

신경숙 · 이영미 공저

학지사

머리말

언어는 인간의 사고와 의사소통을 가능하게 하는 핵심적인 도구이자, 영유아기의 전인적 발달을 이끄는 중요한 요소다. 언어 발달은 영유아가 세상과 상호작용하며 생각과 감정을 표현하고, 타인의 말을 이해하며, 사회적 관계를 형성하는 데 필수적이다. 영유아가 언어를 통해 세상을 이해하고 자신을 표현하며 타인과 소통하는 과정은 그들의 삶의 질을 결정짓는 중요한 기반이 된다. 영유아기의 언어 지도는 단순히 듣기, 말하기와 읽기, 쓰기 능력을 발달시키는 것을 넘어, 아이들의 전인적 발달을 지원하는 핵심적인 역할을 한다.

이 책은 영유아 언어 발달과 지도의 기초부터 실제까지 아우르는 체계적이고 종합적인 접근을 목표로 집필되었다. 1장에서는 영유아 언어 발달의 기초 개념과 이론적 틀을 제시하고, 2장에서는 언어의 이해 과정을 심층적으로 다룬다. 3장은 언어 발달 이론을 통해 영유아의 언어 학습 과정을 설명하며, 4장과 5장은 각각 음성언어 발달과 문해 발달의 특징과 단계를 구체적으로 다룬다. 6장에서는 영유아 언어 지도의 목표와 내용을 정리하였으며, 7장과 8장에서는 듣기 · 말하기와 읽기 · 쓰기 지도를 위한 다양한 교수 전략과 구체적인 사례를 제시하였다. 9장은 영유아 지도 현장에서 활용할 수 있는 언어 교수-학습 방법을 설명하였고, 10장은 언어 지도를 위한 환경 구성 방법에 대해 살펴보았다. 마지막으로, 11장은 언어 지도의 평가 방법을 소개하며, 이를 통해 교수-학습 과정의 효과성을 점검할 수 있는 지침을 제공하였다. 각 장은 이론적 근거를 명확히 하면서도 실제 교육 현장에서 활용할 수 있는 실천적 내용을 담아내고자 노력하였다.

이 책을 집필하는 과정에서 여러분들의 도움과 격려가 큰 힘이 되었다. 먼저, 지금까지 수업에서 학문적 자극을 아끼지 않았던 학생들과 동료 교수님들에게 깊이 감사드린다. 특히 출판 과정에서 아낌없는 조언과 세심한 편집으로 완성도를 높여 주신 출판사 관계자분들께도 깊은 감사를 드린다. 항상 믿음과 응원을 보내 준 가족들에게도 이 책의 공을 돌리고 싶다.

마지막으로, 이 책이 영유아 언어 발달 연구와 교육 실천에 작은 기여가 되기를 바라며, 이를 읽는 교사와 부모들이 영유아의 언어적 잠재력을 최대한 끌어내는 데 함께 힘써 주시기를 소망한다. 여러분의 따뜻한 관심과 비판적 성찰이 앞으로의 연구와 집필 활동에 큰 힘이 될 것이다.

2025년 4월
신경숙 · 이영미

차례

차 례

01

언어 발달의 기초

01 언어 발달의 기초

1 언어의 필요성

인간에게 있어서 언어는 무엇인가? 만약 인간에게 언어가 없다면 어떻게 될까? 인간은 언제부터 언어를 사용하게 되었을까? 학자들은 언어와 관련된 이러한 의문을 해결하기 위해 노력해 왔다. 언어학자들은 인간이 언어를 사용하기 때문에 가장 인간다운 것이라 한다. 동물과 달리 인간은 언어를 통해 소통하고 사회적 관계를 형성하며 살아간다. 만약 인간에게 언어가 없다면 인간의 생존 근거가 되는 사회와 문화도 존재할 수 없으며, 사회 · 문화 발전의 토대가 되는 사고의 발전도 없을 것이다. 언어의 필요성을 중심으로 언어의 역할을 살펴보면 다음과 같다.

1) 언어와 의사소통

인간에게 있어서 언어는 중요하다. 인간에게 언어가 없었다면 지금과 같은 사회 발전과 인간의 진화는 없었을지도 모른다. 인간은 사회적 동물로 태어난다. 인간은 다른 사람과의 의사소통으로 자신의 생존과 욕구를 충족하며 살아간다. 의사소통이란 서로의 생각이나 뜻을 말이나 행동, 글 등을 통해 주고받아 막히지 않고 소통하는 것을 말한다. 이것은 전달하고자 하는 생각이나 뜻이 서로에게 잘 이해되고 수용되는 것을 말한다. 몸짓, 신호, 글이나 말 등과 같은 다양한 방법으로 의사소통할 수 있다.

무리 지어 살며 상호작용 하는 동물도 다양한 방법으로 의사소통한다. 소리, 몸짓, 화학적 신호, 시각적 신호, 촉각 등을 활용하여 자신의 생존 전략에 맞는 의사소통 방식을 발전시켜 왔다. 예를 들어, 게는 집게발을 흔들어 정보를 전달하고, 벌은 꿀이 있는 곳을 알리기 위해 복잡하게 춤을 춘다. 원숭이는 소리와 가슴이나 땅바닥, 혹은 적당한 물체를 두드리는 몸짓을 사용하며 의사소통한다. 개미는 불쾌한 냄새를 내어 자신이 맛이 없음을 알리고, 개는 페로몬이라는 호르몬을 분비하는 오줌을 통해 자신의 영역을 표시하는 방법으로 의사소통한다. 이처럼 동물도 다양한 방법으로 의사소통을 한다(김성도, 2003).

1930년대 W. N. 켈로그와 L. A. 켈로그 부부는 동물과 인간의 지능 비교 및 발달 과정을 연구하였고, 동물도 인간처럼 언어환경에 노출되면 언어를 배울 수 있는가를 알아보기 위해 생후 7개월이 조금 지난 침팬지를 아들과 똑같이 키우는 실험을 하였다. 실험결과 침팬지는 단어 하나조차 배우지 못하고 9개월 만에 실험은 끝났다(Kellogg & Kellogg, 1933).

인간도 다양한 몸짓과 소리 등을 이용해 의사소통을 할 수 있으나 인간에게 가장 중요한 의사소통 수단은 언어다. 언어는 사회적 동물인 인간이 소통을 위해 가져야 할 가장 중요한 능력 중의 하나이며, 시간과 장소, 거리에 상관없이 사용할 수 있다.

2) 언어와 문화 전달

언어는 문화 그 자체이며 그 사회의 문화를 다음 세대에 전달하는 중요한 도구다. 이 말은 언어가 학습의 결과라는 의미를 포함한다. 모든 사람은 태어날 때부터 언어를 사용할 수 있는 게 아니라 언어를 사용하는 사회문화 속에 살아가면서 언어를 점차 학습하고 습득한다. 예를 들어, 한국에 태어난 아이는 한국어를 습득하게 되고, 미국에서 태어난 아이는 영어를 모국어로 습득한다. 한국에서는 닭이 '꼬꼬댁 꼬꼬'로 운다면 영어는 'cockadoodledoo', 프랑스어는 'cocorico', 독일어는 'kikeriki'로 운다고 한다. 이것은 같은 소리도 사회문화에 따라 다르다는 것을 말한다. 농경사회에 태어난 사람은 괭이, 쇠스랑, 삽, 가래, 호미 등과 같은 농업과 관련된 말에 익숙하지만 21세기 정보화 사회에 태어난 사람은 컴맹, 카톡, 페이스북, 메신저, 로봇 저널리즘, 사물인터넷 등의 컴퓨터와 소셜미디어와 관련된 말에 익숙하다. 이것은 언어가 사용하는 사람의 문화와 밀접한 관련이 있음을 말한다.

로봇 저널리즘(robot journalism)
컴퓨터의 정보처리과정을 활용해 자동으로 기사를 작성하는 방식을 말한다. 현재는 주로 수치로 데이터화할 수 있는 주가, 재난, 날씨, 스포츠 경기 결과 등에 관한 기사들을 작성하는 수준이다.

인간과 달리 동물의 의사소통 신호체계는 그 동물이 속해 있는 사회문화와 상관없이 같다. 한국에서 갓 태어난 새끼오리를 미국에 데리고 가서 키운다고 해도 다른 소리를 내는 오리가 되지는 않는다. 동물의 의사소통 방식은 후천적으로 학습된 것이 아니라 선천적으로 타고난 것으로 볼 수 있다. 이에 반해, 인간이 사용하는 언어는 학습 과정을 통해 습득된다. 인간과 접촉하지 않고 고립되어 자란 아이의 경우, 언어를 습득하지 못했다는 사실을 보여 주는 여러 사례가 있다. 언어적 상호작용이 없이 오랫동안 고립되어 자라다가 캘리포니아에서 발견된 지니는 수년간의 언어치료에도 불구하고 제 나이에 맞는 문법기술을 습득하지 못했다. 이것은 언어습득의 민감시기에 경험하는 언어적 고립이 언어 발달에 얼마나 부정적인지를 보여 주는 사례이며 동시에 언어가 선천적으로 주어지는 것이 아니라 후천적인 학습을 통해 습득된다는 것을 보여 준다.

언어는 사회 속에서 학습되고 그 사회의 문화를 다음 세대에 전달하는 도구다. 언어는 문화전달의 핵심 수단이며, 문화는 언어를 통해 유지되고 발전한다. 언어는 한 사회의 지식, 가치, 전통 등을 다음 세대로 전달하는 역할을 한다. 인간은 한 사회가 축적한 지식과 경험을 언어를 매개로 다음 세대로 전달한다(이익섭, 권재일, 1993). 러시아의 심리학자 비고츠키는 인간의 지능은 언어를 매개로 그 사회의 문화를 내면화한 것이고, 언어를 매개로 성인과의 상호작용을 통해 습득한 문화를 다음 세대에 전달한다고 한다. 이처럼, 언어는 그 사회의 문화를 다음 세대에 전달하는 중요한 도구다(Vygotsky, 1986).

3) 언어와 사고발달

사회문화적 상호작용주의 관점에서 언어와 사고와의 관계를 연구한 비고츠키는 언어와 사고의 발달은 밀접한 관련이 있고, 언어가 사고발달에 결정적인 역할을 한다고 주장한다(Tomasello, 1999; Vygotsky, 1986). 성인, 유능한 또래와의 사회적 상호작용을 통해 인간의 사고는 발달하는데 이 과정에서 매개역할을 하는 것이 언어다. 예를 들어, 또래와 상호작용을 하며 블록 놀이를 하는 유아를 보면, 블록을 잘 쌓기

[그림 1-1] 또래와 상호작용하는 유아

위해 서로 의견을 내거나 방법을 제시하는 것을 볼 수 있다. 언어를 매개로 상호작용을 하는 것이다. 유아들은 이러한 상호작용 과정에서 다른 유아의 생각과 문제 해결 방식을 알게 되고 경험하게 된다. 이렇게 경험한 문제 해결 방식은 유아가 혼자서 블록 놀이를 할 때 "이건 여기다 놓고, 저건 어디다 놓을까……." 등의 혼잣말을 하며 적용해 본다. 이러한 혼잣말은 점차 줄어들고 내적 언어, 곧 사고로 발전해 간다.

언어와 사고는 초기에는 독립적인 기원을 가지나, 생후 약 2년 정도가 되면 인간의 사고는 언어와의 상호작용을 통해 질적으로 변화한다. 이 과정에서 언어는 사고로 인해 보다 체계적이고 합리적인 형태로 발달하게 되고, 사고 역시 언어의 도움을 받아 추론과 문제 해결 능력 등과 같은 고차원적인 고등 정신 기능으로 발달하게 된다. 그러므로 언어는 인간의 사고발달을 위한 중요한 도구이며, 언어가 존재하지 않는다면 인간의 사고발달 자체가 불가능할 수도 있다(Vygotsky, 1986). 이처럼 언어 발달은 사고발달의 결정적인 요소이기에 언어교육의 중요성은 아무리 강조해도 지나치지 않다.

[그림 1-2] 성인과 블록 놀이하며 상호작용을 하는 유아

2 언어와 영유아 발달

영유아기는 모든 영역에서 발달의 기초가 되는 시기다. 신체발달뿐만 아니라 정서발달, 인지발달 등 발달영역 전반에 걸쳐 급격한 성장과 발달이 이루어지는 중요한 시기다.

이 시기에 언어 발달은 여러 가지 이유로 특히 중요하다. 그 이유를 구체적으로 살펴보면 다음과 같다.

이 시기에 언어 발달은 영유아의 전 발달영역에 영향을 준다. 언어 발달이 빠른 영유아는 언어를 매개로 하여 주변 사람들과 활발히 소통하며 좋은 사회적 관계를 형성하게 된다. 이러한 사회적 상호작용은 사회적 기술뿐만 아니라 인지적 발달과 정서적 안정감에 영향을 준다. 영유아는 언어를 통해 감정을 표현하고 조절하는 법을 배우며, 이를 통해 사회적 갈등을 원만하게 해결하는 기술을 습득하게 된다. 이러한 정서조절 능력은 신체적 활동이나 놀이와 같은 상황에서도 발현되어 건강한 신체발달을 유도한다. 특히 언어 발달은 문제 해결 능력, 창의적 사고, 그리고 자기조절 능력과 같은 고차원적 인지발달의 기초가 된다. 이처럼 언어 발달이 빠른 아이는 사회적 관계가 활발하고 인지발달, 정서발달, 신체발달 등 발달영역 전반에 연쇄적으로 긍정적인 영향을 준다. 언어 발달은 영유아의 전반적인 발달을 이해하는 중요한 지표가 된다.

언어교육은 언어습득의 기초가 형성되는 영유아기에 필수적이다. 이 시기에 영유아에게 언어적 자극과 풍부한 상호작용을 제공하는 것은 이후 언어 발달에 영향을 미친다. 특히 언어 발달의 결정적 시기(critical period)가 영유아기인 점을 고려할 때, 이 시기에 형성된 언어습관과 표현 능력은 이후 쉽게 변하지 않으며 이후의 언어 발달을 비롯한 다른 학습경험에 영향을 준다. 예를 들어, 이 시기에 다양한 언어표현과 풍부한 어휘를 접한 영유아는 이후 추상적 사고와 문제 해결 능력에서 더 높은 수준의 성과를 보이며, 언어적 유창성은 자기 표현과 대인관계 형성에도 긍정적 영향을 준다. 따라서 영유아기 언어교육은 언어 발달을 촉진하는 기초를 다지는 데 중요하다.

언어는 모든 학습에서 중요한 역할을 한다. 영유아는 교사의 설명이나 지시 등을 이해하고 자기의 생각, 느낌, 이해 정도를 말로 표현할 수 있어야 한다. 문자를 읽어 정보를 얻고 이것을 글로 쓸 수 있다면 보다 많은 학습이 가능하다. 영유아기의 언어학습은 초등학교 입학 후의 문자 학습에 영향을 주고, 다른 교과목 학습에 영향을 주는 등 다른 모든 학습의 기초가 된다.

언어는 인간의 사고발달을 촉진하는 중요한 수단이다. 언어와 사고의 관계를 연구한 학자로는 독일의 언어학자 훔볼트(Humboldt), 발달심리학자 피아제(Piaget), 러시아의 심리학자 비고츠키(Vygotsky)가 있다. 훔볼트의 경우 아무것도 없는 상태에서 언어가 발생한 것이 아니라 언어가 인간 안에 이미 내재되어 존재하기 때문에 언어와 사고는 결코 분리될 수 없다고 주장한다. 그는 언어와 사고의 관계를 '언어는 소리가 있는 사고이며, 사고는 소리가 없는 말하기'라고 한다(배상식, 2006; 지현철, 2003). 반면에 피아제와 비고츠키는 언어와 사고를 상호 독립된 것으로 보고 있다.

피아제는 언어 발달이 이루어지기 전에 먼저 인지가 발달하고, 언어는 인지발달이 어느 정도 이루어지고 난 후에 발달한다는 것이다. 따라서 인지발달은 언어 발달의 사전조건이다. 예를 들어, 영아들은 '높다' '작다' '더 많다'와 같은 개념을 언어로 표현하기 전에 이미 그 개념들을 이해하고 있고, 언어는 그들이 이해한 개념을 표현하는 수단이다. 감각운동기 말에 유아의 대상 영속성 개념이 발달하면서 상징적 사고와 상징적 언어가 나타나기 시작한다. 상징적 사고(symbolic thought)는 아동이 사물을 직접 보거나 경험하지 않고도 그 사물을 머릿속으로 떠올리는 능력을 말하는데, 이때 실제 사물이나 경험을 단어나 그림 같은 상징으로 표현하는 상징적 언어(symbolic language)가 나타나기 시작한다. 예를 들어, 아이가 사과를 보지 않고도 머릿속으로 '사과'를 떠올리는 상징적 사고를 하고, '사과'라는 단어를 사용해 실제 사과를 가리키는 상징적 언어로 표현한다(Beilin, 1992; Inhelder & Piaget, 1964).

자기중심적 사고를 하는 유아는 대상이나 사건을 자신의 관점이 아닌 다른 사람의 관점에서 보지 못하는데 이러한 자기중심적 사고의 특성이 혼잣말이나 독백으로 나타난다. 피아제는 언어가 유아의 사고 형성에 어느 정도의 영향을 주지만 비고츠키처럼 유아의 사고발달을 촉진하는 결정적인 역할을 한다고 보지는 않았다. 유아와 성인의 언어적 상호작용은 유아의 사고발달에는 어느 정도 도움이 되나 성인이 제공하는 사회적 지식을 이해할 정도로 인지발달이 이루어지지 않았기 때문에 사회적 지식 전달에는 효과적이지 않다.

이에 반해, 비고츠키에 있어서 언어는 사고의 중요한 매개체이자 사고를 형성하는 도구다. 인간에게 언어가 있어서 세상을 이해하고, 논리적 사고, 추상적 사고와 같은 고등정신 기능을 가질 수 있으며, 효율적으로 문제를 해결할 수 있다. 비고츠키는 피아제와 달리 언어가 사고에 선행하며, 언어를 사고발달을 촉진하는 수단으로 보았다.

비고츠키는 언어 발달 과정을 사회적 언어에서 자기중심적 언어, 내적 언어의 과정으로 설명한다. 사회적 언어(Social Speech)는 언어가 성인과의 상호작용 과정에서 사용되는 것으로 타인과의 의사소통 수단으로 사용된다. 자기중심적 언어(Egocentric Speech)는 일종의 혼잣말로 문제해결 과정이나 자기통제 과정에서 스스로 하는 말을 의미한다. 자기중심적 언어는 점차 내적 언어로 발전한다. 내적 언어(Inner Speech)는 자기중심적 언어가 내면화된 것으로 내적 사고를 의미한다. 내적 사고는 말로 표현되지 않는 논리적·추상적 사고로 고등 정신 기능이다. 비고츠키의 관점은 피아제의 자기중심적 언어에서 사회적 언어로 발달한다는 관점과 반대되는 견해다. 이처럼 언어는 인간의 사고를 형성하고 발달시키는 중요한 역할을 하며, 인간은 언어를 통해 고차원적 사고인 논리적·추상적 사고를 할 수 있다(Vygotsky, 1978, 1986; Wertsch, 1985).

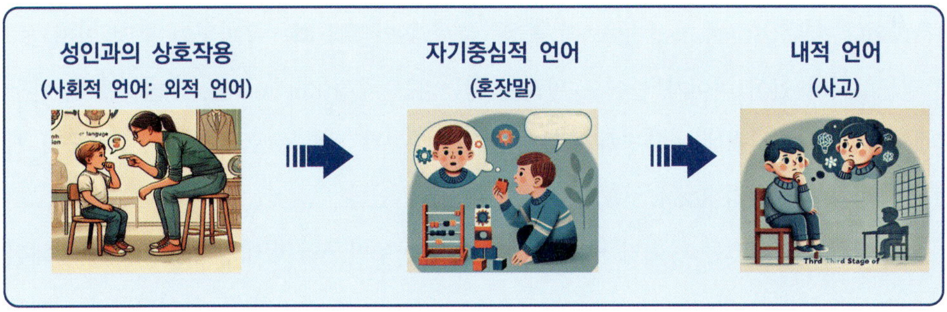

[그림 1-3] 내면화 과정

3 언어 발달의 영향 요인

일반적으로 영유아가 언어를 습득하는 시기는 비슷하다. 그러나 영유아 개인의 특성과 사회적 특성으로 인해 언어습득에는 개인차가 있을 수 있다. 언어습득에 영향을 주는 개인적인 특성으로는 뇌, 지능, 운동능력이 있고 사회적 요인으로는 성장환경이 있다. 이러한 요인이 상호작용할 때 유아의 언어 발달은 정상적으로 이루어지지만 이러한 요인 중에 어느 한 요인이라도 결핍된다면 정상적인 언어 발달이 이루어지기 어렵다.

1) 뇌

인간의 뇌는 동물과는 다른 생물학적 특성을 가진다. 19세기 브로카(Broca)와 베르니케(Wernicke)가 좌반구에 손상을 입은 환자가 말하지 못하거나 언어를 이해하지 못한다는 것을 발표한 이래로 좌반구가 언어와 직접적인 연관성이 있다고 알려져 왔다. 일반적으로 성인의 경우 좌반구는 언어표현, 음운적 부호화, 단락 이해, 철자 명명 등을 우세하게 처리하는 반면에 우반구는 공간지각, 얼굴, 색채, 공간위치, 방향, 음계지각, 정서적 자극 등을 더 잘 처리하는 것으로 알려져 있다(Witelson & Swallow, 1987).

좌・우뇌의 비대칭적 발달에 대한 관점은 크게 3가지로 분류할 수 있다(임호찬, 2005). 첫째, 출생 초기에는 좌・우반구가 동등한 기능을 하지만 나이가 들어 감에 따라 점점 전문화된다는 주장(Lenneberg, 1967)과 둘째, 출생 초기부터 좌・우반구가 특정 인지기능에 전문화되어 있어 나이가 들어도 변하지 않는다는 주장(Kinsbourne, 1975), 셋째, 반구 비대칭성이 어린 시절에는 분명하게 나타나다가 나이가 들수록 오히려 좌・우반구의 기능적 차이가 줄어든다(Kocel, 1980)는 3가지 관점이 있다.

이 중에서 레너버그는 나이가 증가함에 따라 좌・우반구의 비대칭성이 더욱 분명해진다는 점진적 편재화 가설(progressive lateralization theory)을 주장한다. 언어기능의 편재화는 언어획득 시기인 2세경에 시작되어 사춘기에 완성된다. 뇌의 편재화가 이루어지지 않은 생후 2세 이전에 대뇌 손상을 입은 아동은 손상 위치가 어느 반구이건 관계없이 언어획득이나 인지기능의 수행에 지속적인 장애를 보이지 않지만, 뇌의 편재화가 이루어진 10세 이후에 좌반구 손상을 입은 아동은 대부분이 언어기능에 장애를 보였고, 우반구가 손상된 경우에는 언어기능의 장애가 별로 발견되지 않았다고 한다. 이것은 뇌의 기능과 아동의 언어 발달이 관련이 있음을 보여 준다.

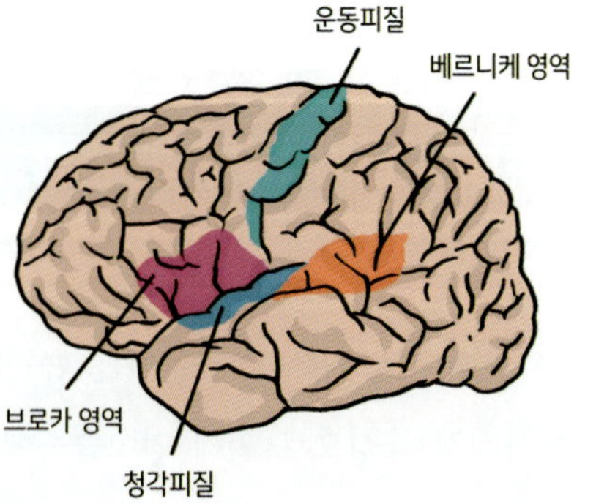

[그림 1-4] 뇌의 브로카와 베르니케 영역
(출처: 성미영 외(2022), p. 101)

2) 신체발달

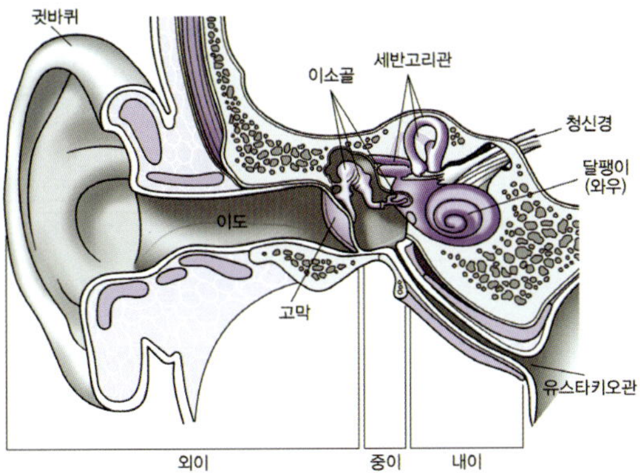

[그림 1-5] 귀의 구조(출처: 최성규 외(2025), p. 32)

유아의 운동능력은 언어의 습득과 관련이 있다. 특히 영유아가 소리를 내기 위해서는 발성기관과 조음기관의 정상적인 신체발달이 전제되어야 한다. 예를 들어, 뇌성마비가 있는 장애 유아의 경우, 발성기관이 정상적이지 못하기 때문에 발성이 정확하지 않다. 청각장애 유아의 경우는 발성기관은 정상이지만 청력기관의 문제로 발성에 문제가 있게 된다. 이것은 자신의 소리, 다른 사람의 소리를 들을 수 없기 때문이다.

유아의 약 2~4%가 언어장애를 갖고 태어난다. 신체적 결함, 특히 청력의 결함은 언어장애의 중요한 원인이 될 수 있다. 청력이 정상인지 아닌지를 조기에 확인하는 것이 중요하다. 바람에 문이 꽝 닫히거나 물건이 떨어지는 소리에도 신생아가 반응하지 않는다면 청력에 이상이 있는지를 의심해 볼 수 있다.

3) 가정환경

부모의 사회경제적 수준은 유아의 언어 발달에 영향을 주는 중요한 요인 중 하나다. 특히 주 양육자인 어머니의 양육 태도나 학력, 사회경제적 지위는 영유아의 문해 발달에 영향을 준다. 예를 들어, 많은 연구는 어머니의 학력이나 가정의 소득 수준이 높을수록 학력이나 소득 수준이 낮은 가정의 영유아보다 언어 발달 수준이 높은 것으로 나타났다. 이것은 중류층 가정의 부모가 더 풍부한 문해 환경과 언어 자극을 영유아에게 제공하기 때문이다(이세희, 2006; 최은정, 2009; 한찬희, 2006).

안정 애착 유형에 속하는 영유아의 부모는 영유아와의 상호작용에서 영유아가 보내는 신호에 민감하게 반응하기 때문에 안정 애착 유형에 속하지 않는 영유아보다 언어 발달과 지적 발달 수준이 높게 나타난다(김현지, 2008). 이처럼 영유아의 가정환경 요인은 언어 발달에 영향을 준다.

4) 부모와의 상호작용

상호작용이란 둘 이상의 개체가 서로 영향을 주고받으며 관계를 형성하는 것을 말한다. 상호작용은 언어적·비언어적 행동을 통해서 이루어지며 영유아기의 언어 발달에 중요한 역할을 한다. 호기심이 많고 활동적인 영아는 주변 사람과 상호작용하는 것을 좋아한다. 영아의 최초 상호작용 대상은 부모다. 영아는 울음, 미소, 옹알이, 몸짓 등의 비언어적 행동으로 부모와 상호작용을 시작하다 점차 언어적 행동으로 상호작용을 한다.

초기 부모와의 상호작용은 영아 후기의 언어 발달에 긍정적인 영향을 준다. 영아와의 상호작용이 활발하고 부모의 양육 행동이 반응적이고 교수적일 때 영아의 어휘력 발달이 촉진되며, 이후의 언어 발달에도 긍정적인 영향을 준다(윤정민, 2014). 영유아의 문해 발달도 부모, 다른 사람과의 일상적이고 직접적인 상호작용을 통해 일어난다. 특히 부모의 책 읽어 주기는 유아의 듣기기술을 발달시키고 읽기에 대한 동기를 부여해 어휘 발달은 물론 책에 대한 기본 개념을 습득하게 한다(김영애, 1998).

〈표 1-1〉 영유아의 언어 발달 지원을 위한 부모의 책 읽기 예

(1) 책 읽기 전 행동 함께 책 선택하기, 영유아가 흥미를 보이는 책과 주제를 선택한다. "오늘은 무슨 책을 읽어 볼까? 똥 이야기책을 골라 왔네. 어떤 이야기가 나올까 궁금하네."
(2) 책 읽는 중 행동 ① 책의 그림이나 내용을 보며 열린 질문을 통해 영유아의 참여를 촉진한다. "이 도끼는 무슨 색깔이야?" "토끼는 왜 용궁으로 갔을까?" ② 책의 내용을 기반으로 아이의 경험이나 상상을 연결하여 이야기를 확장한다. "아기 금붕어는 왜 공원 연못에 갔을까. 우리도 공원 연못에 가면 뭐를 더 볼 수 있을까?"
(3) 책 읽은 후 행동 ① 영유아의 반응 경청하기: 영유아가 책의 내용에 대한 느낌이나 생각을 표현하도록 한다. "이 이야기는 어땠어? 가장 재미있었던 부분은 뭐였어?" ② 창의적 활동으로 연결하기: 책 내용을 그림으로 표현하거나 역할놀이 등과 연결하여 이야기에 대한 더 깊은 이해를 촉진하고 상상력을 길러 주도록 한다. "선녀와 나무꾼 이야기에서 선녀의 날개옷을 한번 그려 볼까?" ③ 어휘와 문장 복습하기: 책에서 배운 단어나 문장을 일상 대화에서 자연스럽게 활용하며 사용한다. "어제 책에서 본 '강아지 똥'을 한번 찾아볼까?"

5) 교사와의 상호작용

최근 들어 부모의 취업으로 영유아가 보육 시설이나 유아교육기관에서 보내는 시간이 많아졌고, 이에 따라 유아교육기관에서의 교사와 영유아 간의 상호작용이 중요하게 되었다. 교사와의 상호작용은 영유아의 의견이나 요구에 교사가 언어로 표현하고 반응하는 것을 말한다. 이 시기에 교사-영유아의 언어적 상호작용은 언어 발달을 촉진하는 역할을 한다.

언어표현 능력이 부족하여 자신의 요구나 의견을 전달하기 어려운 영아의 경우, 교사의 민감성은 영아의 이러한 요구와 의견을 알아차리고 반응하게 하는 상호작용의 중요한 수단이 된다(최은정, 2009). 몇몇 연구에 따르면, 어머니-유아의 상호작용은 질문이나 제언하기, 언어 확장시키기, 명명하기 등이 많았고, 교사-유아 상호작용은 정보전달 및 규칙 알려 주기, 유아에게 질문이나 요청하기 등과 같은 상호작용이 많았다(신은주, 1993). 교사가 정보를 제공하는 언어를 많이 사용하고 유아의 질문에 반응을 잘할 때 유아가 적극적으로 반응하는 반면에 교사가 명령이나 지시적 언어를 사용할 때는 유아가 소극적인 반응을 보였다. 더욱이 교사가 금지사항에 대해 많이 말할수록 유아의 언어적 반응은 줄어들었다(김지연, 2004; Tizzard, Cooperman & Joseph, 1972). 이것은 교사가 유아와 상호작용을 할 때 명령, 지시적 언어나 금지어를 많이 사용하는 것보다는 질문이나 제언하기, 언어 확장하기, 명명하기, 정보전달이나 질문하기 등의 언어를 많이 사용하는 것이 유아의 언어 발달을 촉진하며, 교사와 유아의 언어적 상호작용이 풍부할수록 유아의 언어 능력이 높아진다는 것을 말한다.

[그림 1-6] 책을 읽어 주는 성인

〈표 1-2〉 효과적인 교사의 언어적 상호작용 예

(1) 열린 질문을 통한 상호작용 열린 질문은 영유아들이 생각을 표현하고 어휘와 문장을 연습하고 구성해 보는 기회를 제공한다. "토끼는 달리기하다 왜 잠을 잘까? 네 생각은 어때?" "다음엔 어떤 일이 일어날까?"
(2) 문장으로 확장하여 말하기 영유아가 간단히 "버스야!"라고 말했을 때, 교사가 이를 확장하여 풍부한 문장으로 바꿔 다시 말해 주며 새로운 어휘와 문법 구조를 자연스럽게 들려준다. "맞아, 큰 버스가 소리를 내며 지나가네. 친구들이 손을 흔들며 지나가네."
(3) 간접적인 언어 모델링 놀이 상황에서 교사가 아이들이 사용하지 않은 단어나 문장을 자연스럽게 말한다. 이러한 교사의 언어 행동을 보며 영유아는 새로운 표현을 관찰하고 모방할 기회를 얻는다. "이 얼룩말은 정말 빠르게 달리네. 얼룩말이 사자를 추월하네!" "사자와 얼룩말이 시합하면 누가 이길까?"
(4) 영유아의 관심에 맞춘 상호작용 교사는 영유아가 특정 주제(예: 공룡)에 관심과 흥미를 보이면 이와 관련된 언어 활동을 한다. "너는 공룡을 좋아하는구나! 가장 좋아하는 공룡은 무엇이니? 그 공룡의 특징은 뭐야?"

활동 1-1

인간에게 언어가 없다면 어떤 일이 일어날까?

인간에게 언어가 없다면 생각하는 것도 학습하는 것도 불가능할 것이다. 인간에게 언어가 없다면 지식을 구성할 수도 없고, 다음 세대에 지식을 효과적으로 전달할 수도 없을 것이다. 인간에게 언어가 없다면 무슨일이 일어날 것인지에 대해 토의해 봅시다.

활동 1-2

소수 언어는 보호되어야 하는가? 아니면 세계화 시대에 언어는 하나로 통합되어야 하는가?

소수 언어를 보호하는 것이 문화적 다양성 관점에서 왜 중요한가 아니면 세계화 시대에 비효율적인가에 대해 토의합시다.

02

언어의 이해

02 언어의 이해

1 언어의 개념

언어란 여러 가지 상징을 체계적으로 조직하여 사회구성원 간에 의미를 주고받는 의사소통 체계다. 언어의 사전적 정의는 '생각이나 느낌을 전달하기 위해 사용하는 음성이나 문자로 나타낸 기호체계 혹은 문화를 공유한 사람들이 의사소통을 목적으로 사용하는 구어적·문어적 상징체계'다(국립국어원, 2024). 러시아의 심리학자 루리아(Luria)는 언어와 사고의 관계, 특히 뇌 손상 환자들을 대상으로 언어가 인간의 고등 인지기능에 미치는 영향을 연구하였다. 그는 언어를 인간의 고등 정신 기능(high-order mental functions)과 밀접하게 연관된 중요한 매개체로 간주하고, 단순한 의사소통 수단을 넘어 인간의 고차원적 사고, 문제 해결 능력, 기억력 등을 형성하고 강화한다고 하였다. 학습 과정에서도 언어는 결정적인 역할을 하는데 정보를 단순히 전달하는 것이 아니라 새로운 개념과 아이디어를 조직하는 도구의 역할을 한다(Luria, 1959, 1961). 루리아는 언어를 인간이 학습하고, 창의적으로 생각하게 하며, 사회 환경을 변화시키는 인간 고유의 속성으로 정의한다.

〈표 2-1〉 언어에 대한 정의

- **루리아(Luria, 1959):** 언어는 인간이 학습하게 하고, 창의적으로 생각하게 하며, 사회 환경을 변화하게 하는 인간 고유의 속성이다.
- **페티와 젠슨(Petty & Jensen, 1980):** 언어는 의사소통할 때 사용하는 소리로 된 낱말이나 문장뿐만 아니라 글자까지 포함한다.
- **촘스키(Chomsky, 1986):** 언어는 인간이 가지고 태어난 생득적 언어 능력이 주위의 언어환경을 통해 성숙한 것이다.

여러 학자의 언어에 대한 정의를 기초로 언어의 특징을 요약하면 다음과 같다. 첫째, 언어는 사회구성원들 간의 의사소통을 목적으로 한다. 인간은 사회적 동물로 태어나고 사회 속에서 인간다움을 완성하는 존재다. 사회 집단 속에서 언어는 집단 구성원 간의 효과적인 의사소통을 위한 도구의 역할을 한다. 둘째, 언어는 음성이나 문자로 이루어진 기호체계다. 즉, 언어는 추상적이고 상징적인 것으로써 실제 사물을 가리키는 것이 아니다. 셋째, 언어는 문화를 공유한 사람들 간의 약속으로 만들어진 임의적인 사회적 약속으로 변화한다. 넷째, 언어는 인간을 학습하게 하고 고등 정신 기능이 발달하는 데 중요한 역할을 한다.

언어의 기원에 대한 가설에는 여러 가지가 있다. 인간이 새소리나 자연적으로 발생하는 자연의 소리를 모방해서 언어를 만들었다고 하기도 하고, 자연적이고 본능적인 감정을 표현하기 위해 발성한 소리가 변형되어 나타난 것이 언어가 되었다는 가설도 있다. 고대 문명과 종교 문헌에서 자주 언급되는 신에 의해 언어가 창조되었다는 창조 가설도 있다. 창조 가설은 신이 인간에게 언어를 사용할 수 있는 본능을 주었다거나 언어가 초자연적인 존재나 신에 의해 창조되었다고 믿는 것이다. 대표적인 예로 성경에 나오는 바벨탑 이야기가 있다. 원래 인류는 한 가지 언어만을 사용했으나, 인류가 하늘까지 닿는 탑을 세우려고 하자 소통을 어렵게 하려고 여러 가지 언어를 사용하게 하였다는 것이다(Bickerton, 1990; Taylor, 2010). 이처럼 언어의 기원에 대한 가설은 많지만, 언어의 기원을 설득력 있게 잘 설명하는 가설은 없다. 그러나 사람들은 인간이 존재하는 시점부터 언어가 있었다고 생각한다.

2 언어의 특성

언어의 기원에 대한 설득력 있는 설명은 없지만, 언어가 가지는 특성을 구체적으로 살펴봄으로써 언어를 더 잘 이해할 수 있다. 언어의 특성을 구체적으로 살펴보면 다음과 같다.

첫째, 언어의 임의성이다. 언어는 의미 없는 임의적인 기호들로 이루어져 있다는 것을 말한다. 어떤 사물을 표현하는 단어가 그 사물의 속성이나 본질과 직접 연결되어 있지 않다는 것으로 어떤 사물이나 개념을 임의적인 기호로 나타낸 그 사회의 약속부호다.

따라서 사회에 따라 언어가 표현하고자 하는 의미는 다양한 형식 즉 기호로 나타낼 수 있다. 예를 들어, '나를 낳아 주신 분'을 한글로는 '어머니', 영어에서는 'mother', 독일어에서는 'Mutter'라고 서로 다르게 표현한다. 한국어로 '나무'를 영어로는 'tree', 프랑스어로는 'arbre'로 표현한다. 이처럼 언어의 임의성은 의미가 어떤 기호나 소리로 표현되는가의 표현 형식이 사회마다 서로 다르다는 것을 의미한다(김방한, 2003).

둘째, 언어의 체계성이다. 언어는 그 나름의 체계를 가지고 있고 언어가 무작위적인 기호의 집합이 아니라, 일정한 규칙과 구조에 따라 구성된다는 것을 의미한다. 이 체계성으로 인해 새로운 문장과 표현을 만들어 의미를 효과적으로 전달할 수 있게 된다. 언어는 자음과 모음의 음운체계, 단어와 관련된 어휘체계, 문장구성에 관한 문장체계들로 구성된다. 음운론과 형태론 그리고 통사론과 의미론은 각 부문에서 어떤 것이 가능하고 어떤 것이 불가능한지의 규칙에 대한 설명으로 언어학의 분야다. 만약에 언어에 이러한 규칙이 없다면 의사소통은 불가능하고 의사소통의 도구가 될 수 없을 것이다(최명옥, 2007).

셋째, 언어의 창조성이다. 인간은 제한된 수의 규칙과 단어를 활용하여 무한한 조합을 만들어 낼 수 있다. 언어에는 일정한 문법 규칙과 어휘체계가 존재하지만, 그 규칙들을 결합하면 많은 문장을 만들 수 있다. 인간이 사용하는 어휘 수는 제한적이다. 그러나 필요에 따라 새로운 어휘를 자유롭게 만들 수 있고, 단어를 서로 다르게 결합해 새로운 문장을 수없이 만들어 낼 수 있다. 예를 들어, '썸' '고딩' '짱'이라는 단어는 최근에 만들어져 사용되는 단어들이다. 단어만 새롭게 만드는 것이 아니라 긴 문장을 무수히 만들어 낼 수 있다. '나무가 서서 잔다.'라거나 '낙엽이 춤을 추며 흩어질 때' 등의 시적 표현은 언어의 창조성을 보여 주는 예라 할 수 있다. 언어의 창조성은 인간이 제한된 음운이나 어휘를 가지고 무한한 문장을 만들어 낼 수 있는 능력이 있음을 말한다(최명옥, 2010).

넷째, 언어의 변화성이다. 언어가 시간이 지나면서 변화하는 속성을 의미한다. 이는 언어가 고정된 것이 아니라, 사회적·문화적·역사적 요인에 따라 끊임없이 변형되고 발전한다는 것이다. 언어의 변화성은 음운, 문법, 어휘, 의미 등 다양한 언어의 구성 요소에서 나타난다. 시간이 지남에 따라 새로운 단어가 생겨나고, 기존 단어가 사라지거나 의미가 변하기도 한다. 예를 들어, 이전에 사용되던 한글 고어 'ㅸ, ㆅ, ㅭ, ㅱ' 등은 사라졌고, '스마트폰' '인터넷' '인공지능'과 같은 용어는 기술의 발전과 함께 새롭게 등장한 어휘이며 청소년들의 문화를 반영한 왕따, 짱, 썸 등과 같은 용어가 새로이 등장하여 사용되고 있다. 언어의 변천 과정을 보면 언어는 세월의 흐름에 따라 변해 왔다는 것을 알 수 있다(김방한, 1995; 최명옥, 2010).

다섯째, 언어의 추상성이다. 언어는 실재하는 어떤 사물을 가리키는 것이 아니라 공통된 속성을 가리키는 상징적인 의미가 있다. 언어가 상징적이라는 것은 언어의 추상적 특성을 의미한다. 예를 들어, '태극기'는 우리나라를 상징하는 깃발이다. 올림픽에서 금메달을 딴 선수는 태극기를 보며 국가에 대한 자긍심을 가진다. '강아지'라는 어휘도 마찬가지다. 치와와, 진돗개, 삽살개, 풍산개 등 저마다 다양한 모습을 하고 있지만, 이 개의 새끼를 '강아지'라고 부른다. 개의 공통적인 속성 혹은 특성들을 개념화하여 '개' 혹은 '강아지'라는 어휘로 추상화한 것이다.

[그림 2-1] 여러 가지 개의 종류

여섯째, 언어의 사회성이다. 언어가 사회적 상호작용을 통해 형성되고 발전된다는 것을 말한다. 사회 속에서 의사소통을 위한 수단으로 사용되며, 그 사회의 문화적·역사적·사회적 맥락을 반영하고 또한 영향을 받는다. 사회적 지위와 나이에 따라 존댓말과 반말을 구분하여 사용하는 한국어를 예로 들어 보면, 조선시대 유교 문화권에서 존댓말과 반말의 구분은 엄격했지만 평등을 강조하는 현대 사회에서는 존댓말과 반말의 구분이 그렇게 엄격하지 않다. 이것은 한국 사회의 문화적 특성을 반영하는 동시에 사회 변화에 따른 언어의 변화를 보여 주는 것이다. 사회가 변함에 따라 언어도 변화하는데 현대 정보사회에서는 정보통신 기술의 발달로 '로그인' '댓글' '다운로드'와 같은 새로운 용어를 만들기도 한다(이익섭, 1999).

3 언어의 기능

언어가 어떻게 생겨났느냐는 것은 분명하지 않고 학자마다 주장이 다르지만, 언어가 왜 생겨났느냐는 분명하게 말할 수 있다. 생존과 서로 간의 의사소통이 필요했기 때문이다. 이것은 언어의 기능과 밀접한 관련이 있다. 할리데이의 언어기능을 중심으로 살펴보면 다음과 같다(Halliday, 1973, 1978).

▪ 도구적 기능(instrumental language)

자신의 욕구나 바람을 충족시키기 위해 사용하는 언어를 말한다. "엄마, 나 과자 먹고 싶어요. 과자 주세요." 혹은 "난 공놀이 하고 싶어요. 공 사 주세요." 등을 예로 들 수 있다. 유아는 생리적 욕구를 충족시키기 위해 도구적 언어를 많이 사용한다. 할리데이는 다른 언어적 기능에 비해 도구적 기능이 더 빨리 발달한다고 한다.

▪ 통제적 기능(regulatory language)

타인의 행동을 통제하기 위해 사용하는 언어다. "꽃을 꺾지 마. 꽃이 아파요." 혹은 "밥을 손으로 먹지 마." 등을 예로 들 수 있다. 대부분의 지시문이나 규칙, 교통표지판 등이 언어의 통제적 기능에 해당한다.

▪ 상호작용적 기능(Interactional language)

사회적 관계를 형성하고 유지하기 위해 사용하는 언어다. "손잡고 함께 걸어가자." 혹은 "우리 병원놀이 하지 않을래?" 등 다른 사람과 상호작용을 위해서 혹은 관계 형성을 위해 사용하는 언어가 이에 속한다. 최근에는 메일이나 SNS를 통한 상호작용적 언어의 기능이 늘어나고 있다.

▪ 개인적 기능(personal language)

자신의 의견이나 감정, 생각을 표현하는 데 사용되는 언어다. "나는 사과보다 귤을 더 좋아해요." 혹은 "나는 엄마가 좋아요." 등을 예로 들 수 있다. 개인적 기능은 생각이나 감정을 표현하는 일기나 편지 등에서 많이 사용한다.

■ 상상적 기능(imaginative language)

자신이 상상한 것이나 창의성을 표현하는 언어다. "하루 종일 서 있는 나무는 다리가 많이 아프겠네." "나무가 노란 가을옷을 입었어요." 등 언어의 상상적 기능은 유아가 상상을 통해 세상을 표현하는 언어로 극 놀이나 동시, 동요, 동화에 나타나는 언어가 이에 해당한다.

■ 발견적 기능(heuristic language)

호기심을 가지고 자신의 주변을 탐색하고 이해하기 위해 사용되는 언어다. 인간은 자신의 주변에서 어떤 일이 일어나는지 알고 싶어 한다. 언어의 발견적 기능은 호기심을 가진 유아가 많이 사용하는 언어다. 유아는 "왜 그래요?" "그게 뭐예요?" 등 자신이 알고 싶은 것을 끊임없이 묻고 탐색한다. 이때 유아가 사용하는 언어가 대부분 언어의 발견적 기능에 해당한다.

■ 정보적 기능(informative language)

자신의 아이디어나 정보를 다른 사람과 교환하기 위해 사용하는 언어다. "우리 집은 할머니와 함께 살아요." "저건 강아지가 아니고 꿀꿀이에요." 등 자신이 알고 있는 정보나 아이디어를 다른 사람에게 알려 주기 위해 사용하는 언어가 언어의 정보적 기능에 해당한다.

〈표 2-2〉 언어의 기능과 관련된 언어지도 활동

언어의 기능	언어지도 활동
도구적 기능	• 어린이날 부모님과 하고 싶은 일 말해 보기
통제적 기능	• 유아와 함께 교실에서 지켜야 할 규칙을 만들어 보기
상호작용적 기능	• 생일날 초대하고 싶은 친구에게 줄 초대장 만들기
개인적 기능	• 친구나 선생님에게 편지 쓰기
상상적 기능	• 유아와 함께 동화를 읽고 동화의 결말을 상상하여 재구성해 보기
발견적 기능	• 동물원 견학 후 새롭게 알게 된 동물 이름을 말해 보기
정보적 기능	• 친구들 앞에서 가족 소개하기

4 언어의 구성요인

언어를 이해하기 위해서는 언어를 구성하고 있는 요소를 이해하는 것이 중요하다. 언어는 형태, 내용, 사용의 세 가지 차원에 따라 구분된다. 언어의 형식과 관련된 부분을 다루는 음운론, 형태론, 통사론, 언어의 내용과 관련된 의미론, 언어의 활용과 사용에 관한 화용론으로 구분하여 구체적으로 다루고 있다.

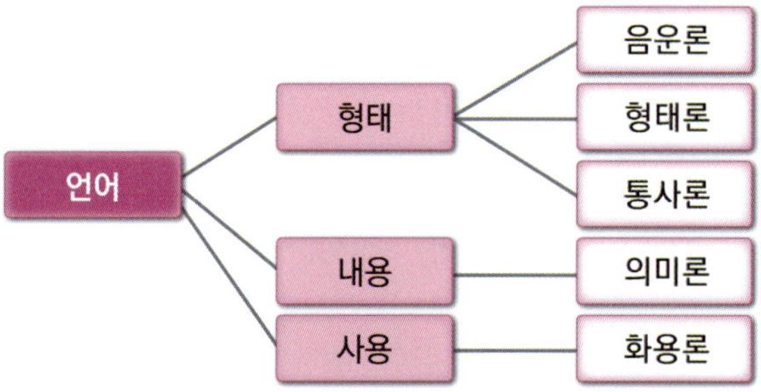

[그림 2-2] 언어의 구성요인

1) 음운론(Phonology)

특정 언어에서 의미 차이를 발생시키는 최소한의 소리를 음운(Phoneme) 혹은 음소라고 한다. 다시 말해, 하나의 음성 단위로 인식되는 말소리를 음소라 한다. 우리말의 경우 19개의 자음(닿소리, consonant)과 21개의 모음(홀소리, vowel)으로 분류된다. 예를 들어, '불' '풀' '달'은 첫 음소인 'ㅂ' 'ㅍ' 'ㄷ'의 소리가 달라 의미가 다르다. 그러므로 'ㅂ' 'ㅍ' 'ㄷ'은 각기 다른 음소다(이익환, 김진우, 2017).

〈표 2-3〉 한글의 자음과 모음

자음(19개)	기본 자음: ㄱ, ㄴ, ㄷ, ㄹ, ㅁ, ㅂ, ㅅ, ㅇ, ㅈ, ㅊ, ㅋ, ㅌ, ㅍ, ㅎ (14개) 복합 자음: ㄲ, ㄸ, ㅃ, ㅆ, ㅉ (5개)
모음(21개)	기본 모음: ㅏ, ㅑ, ㅓ, ㅕ, ㅗ, ㅛ, ㅜ, ㅠ, ㅡ, ㅣ (10개) 복합 모음: ㅐ, ㅒ, ㅔ, ㅖ, ㅘ, ㅙ, ㅚ, ㅝ, ㅞ, ㅟ, ㅢ (11개)

음소는 언어마다 다르고 같은 언어라도 그 지역에서 사용하는 방언에 따라서도 음소의 개수는 다르다. 인간이 가지고 있는 음소는 평균 30개에서 40개 사이이다. 각 음소는 홀로서는 의미가 없다. f, g, d, o와 같은 음은 따로 떨어져서는 아무런 의미가 없다. '뿔' '탈' '찰' 혹은 'fog' 'dog' 'god'처럼 여러 가지 방법으로 음소가 결합될 때 의미가 있다. '대학'이라는 낱말은 다섯 개의 음소로 이루어져 있다. 이처럼 하나의 음성 단위로 인식되는 말소리를 음소라 한다.

〈표 2-4〉 유아와 함께하는 언어 활동

1. 유아와 함께 음소 인식 활동
• 음소 수 세기: "강"은 몇 개의 소리로 되어 있나요? /ㄱ/ /ㅏ/ /ㅇ/으로 소리 난다. • 음소결합: 음소를 가지고 글자를 구성한다. /ㄱ/에 /ㅏ/를 결합하면 무슨 소리 글자가 될까요? • 같은 음소 찾기: 같은 음소가 초성, 중성, 종성에 포함된 단어 찾기 • 음소 대치: /알록/과 /달록/의 공통점과 차이점을 찾아보자. /개/에서 /ㄱ/을 /ㅂ/로 바꾸면 어떤 소리가 될까요? • 음소 탈락: 주어진 단어에서 받침을 빼고 새로운 단어 만들기. /뱀/에서 /ㅁ/을 빼면 어떤 소리가 남을까요? • 음소 첨가: 빠진 받침을 첨가하여 완전한 단어 만들기 "무을 닫아라."에서 /무/를 바르게 고친다면 어떤 소리를 첨가해야 할까요?
2. 유아와 함께 음절 인식 활동
• 음절 수 세기: /과자/는 몇 개의 소리로 되어 있나요? • 같은 음절 인식하기: 같은 음절이 포함된 단어에서 같은 음절 인식하기 • 음절 변별하기: /연필/ /칫솔/ /치약/ 중에서 첫소리가 다른 것은 무엇인가요? • 음절 대치하기: /나비/에서 /비/를 /라/로 바꾸면 무슨 글자가 될까요? • 첫말 혹은 끝말 이어 가기: '리' 자로 끝나는 말은 무엇이 있을까? 혹은 동화에 나오는 동물 이름의 첫 글자로 시작하는 말을 찾아봅시다. • 음절 탈락: /감자/에서 /감/ 소리를 빼면 어떤 소리가 남을까요?

음절(syllable)은 음소보다는 크고 낱말보다는 작은 발화의 단위로서, 자음과 모음이 결합하여 소리를 내는 한 단위를 말한다. 음절은 자음과 모음 또는 모음 단독으로 구성된다. 예를 들면, 모음 단독(아, 어, 애 등), 모음과 자음(열, 안, 유 등), 자음과 모음(가, 자, 너, 겨 등)이 있다. '대학'이라는 낱말은 '대'와 '학'이라는 음절로 구성되고, '진달래꽃'은 '진' '달' '래' '꽃'의 4음절로 구성된다.

음운론과 관계되는 언어 활동으로는 비슷한 낱말이 들어 있는 동화를 듣거나 틀린 문장을 듣고 틀린 말을 찾는 활동이 있다. 예를 들면, '배를 타고 감을 건너갑니다.' '할아버지가 시계에 나무를 지고 갑니다.'의 문장에서 틀린 말을 찾아보는 활동을 할 수 있다. 동요를 들으며 특정 음이 나오면 손뼉을 치는 활동을 할 수 있다.

유아의 음운 인식 능력은 단어 인식에서 음절 인식, 음소 인식의 순서로 발달한다(김선옥, 조희숙, 2005). 만 3세 후반에는 음절 수를 셀 수 있고, 5세에 음소 인식이 발달해 자음과 모음이 결합해 하나의 음절이 된다는 것을 안다. 따라서 나이가 어린 영아는 단어 인식에 초점을 맞춘 활동을 하고, 3~5세 사이의 유아는 음절 인식 활동을 할 수 있다. 음소 인식과 관련된 활동은 5세 이후가 적당하다.

2) 형태론(Morphology)

형태소(morpheme)는 의미가 있는 최소의 언어 단위로 더 이상의 작은 요소로 나눌 수 없다. 형태소는 그 자체로 하나의 단어로 기능할 수도 있고 2개 이상의 형태소가 결합하여 새로운 단어를 구성할 수도 있다. 예를 들어, '집'은 하나의 단어로 의미를 구성하는 형태소다. 그러나 '새' 혹은 '헌'이라는 형태소와 결합하면 '새집' 혹은 '헌집'이라는 새로운 의미의 단어가 된다. 형태소는 자립성의 유무에 따라 자립 형태소와 의존 형태소, 의미나 기능에 따라 어휘적 형태소와 문법적 형태소로 구분할 수 있다.

■ 자립 형태소와 의존 형태소

자립 형태소는 다른 형태소의 도움 없이 문장에서 홀로 쓰여 그 의미나 기능을 지니는 형태소를 말한다. 자립 형태소에는 명사, 대명사, 관형사, 부사, 감탄사 등이 속한다. 의존 형태소는 문장 내에서 홀로 쓰이지 못하고 자립 형태소와 함께 쓰이거나 다른 언어 형식들과 반드시 결합해 쓰이는 것으로 어떤 문장 속에서도 그 의미나 기능이 뚜렷하지 않은 특징을 가진다. 의존 형태소에는 동사, 형용사의 어근, 조사, 접사, 어미 등과 같은 것이 포함된다. 예를 들어, '나래가 사과를 먹었다.'의 문장에서 '나래'와 '사과'는 독립적인 의미가 있어 자립 형태소, '~가' 조사와 '먹었다'라는 어간과 어미가 합쳐져 한 낱말이 되는 의존 형태소다. 또 다른 예로는 '해바라기 꽃처럼 참 멋지다.'에서

'해바라기' '꽃' '멋'은 명사로 '참'은 부사로 자립 형태소다. '~처럼'은 조사이므로 의존 형태소이다. '멋지다'에서 '멋'은 명사로 자립 형태소이고 '지'는 접미사로 의존 형태소, '-다'는 어미로 의존 형태소다.

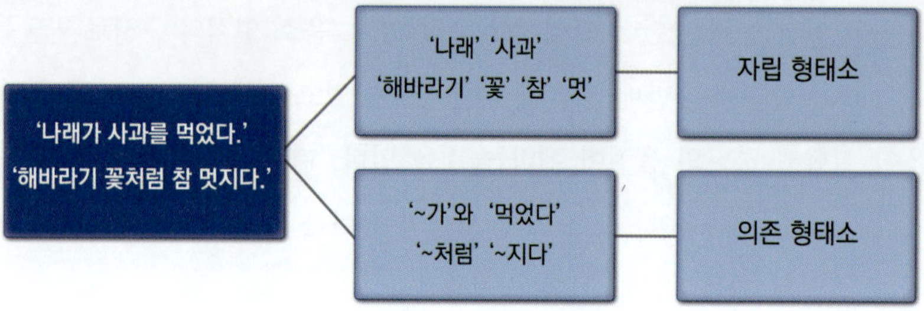

[그림 2-3] 자립, 의존 형태소의 예

■ 어휘 형태소와 문법 형태소

어휘 형태소는 실질적 의미가 있는 형태소로 실질 형태소라고도 한다. 어휘 형태소에는 명사, 대명사, 수사, 관형사, 부사, 감탄사, 동사, 형용사 등이 속한다. 문법적 형태소는 형태소를 결합해 문법적 의미가 있는 형태소로서 조사, 접사, 어미 등이 속한다. 문법적 형태소로는 '문장 어미(-다, -자)' '공존(-랑, -하고)' '과거(-ㅆ)' '미래(-ㄹ)' '주격(-가, 이, 은, 는)' '진행(-ㄴ)' '목적(-을, 를)' '도구(-로)' '이유(-어서)' 등이 이에 해당한다.

앞의 예를 어휘 형태소와 문법 형태소에 따라 분석해 보면, "해바라기 꽃처럼 참 멋지다."에서 '해바라기' '꽃'은 명사로 어휘 형태소, '~처럼'은 '조사'이므로 문법 형태소, '참'은 '부사'이므로 어휘 형태소, '멋지다.'라는 '멋'은 명사로 어휘 형태소, '-지-'는 접미사로 문법 형태소, '-다'는 어미로 문법 형태소다.

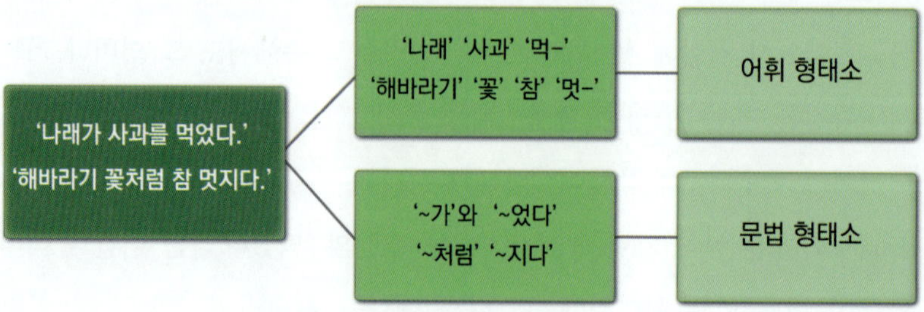

[그림 2-4] 어휘, 문법 형태소의 예

3) 통사론(Syntax)

문장은 단어와 단어를 연결하여 의사를 전달하는 최소의 단위다(김방한, 2002). 문장에는 긍정문, 부정문, 의문문, 명령문, 조건문, 감탄문이 있고, 각 문장의 종류마다 규칙이 있다. 우리말의 문장은 주어와 술어로 구성되고, 문장의 구성에 따라 단문과 복문으로 구분된다. 단문은 한 개의 주어와 술어로 이루어진 문장이고, 복문은 주어와 술어가 두 개 이상 들어 있는 문장이다. 예를 들어, '꽃이 피다.' '벌이 꿀을 먹는다.'는 단문이고, '벌은 꿀을 먹고 새는 벌레를 먹는다.'는 복문이다.

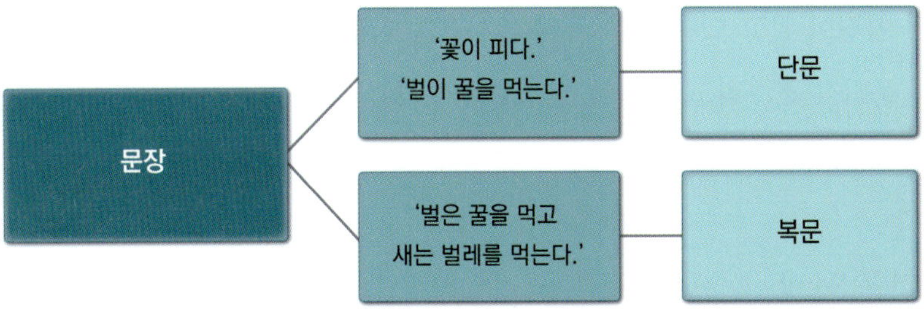

[그림 2-5] 단문, 복문의 예

단어가 결합하여 구와 문장을 이루게 되는데 이 결합과정에서 일정한 규칙을 가지고 결합하게 된다. 이때 통사론(syntax)은 문장을 구성하는 요소들의 결합과 배열, 요소 간의 관계를 다루는 구문체계를 말한다. 우리는 문장을 만들 때 단어를 아무렇게나 나열하는 것이 아니라 어떤 규칙에 따라 문장을 만든다. 예를 들면, 우리말의 경우 '하림이는 과자를 좋아한다.' '예린이는 선생님을 따라간다.'처럼 '주어+목적어+동사'의 규칙에 따라 단어를 배열한다. 그러나 영어는 'I eat an apple.' 혹은 'He likes tree.'처럼 '주어+동사+목적어'의 규칙을 따라 단어를 배열한다.

유아는 언제부터 문장을 구성할 수 있으며, 문장을 구성하고 있는 규칙들을 이해하고 있는가의 질문을 할 수 있다. 첫 단어를 말하는 시기도 영아마다 다양하듯이 첫 문장을 산출하는 나이도 다양하다. 생후 20개월경의 영아는 단어를 조합해 문장을 만들려는 과도기적 현상을 보이고 대체로 생후 2년을 전후하여 단어를 조합하기 시작한다. 이것은 영아가 구문 규칙에 대해 이해하기 시작했다고 볼 수 있다.

이 시기의 영아는 "엄마, 까까." 혹은 "엄마, 멍멍."이라는 말에서 볼 수 있듯이 두 단어를 조합하여 생각을 표현하고 의사소통하려고 한다. 이때 영아가 말하는 두 단어의 의미는 상황에 따라 다양한 의미로 해석될 수 있다. 예를 들어, '엄마, 까까.'라는 말은 '엄마 과자 주세요.' 혹은 '엄마, 과자 드세요.'의 의미로 해석될 수 있다. 2세 나이의 영아는 매우 광범위한 구문 규칙, 즉 문법 지식을 갖추고 있다. 물론 드러난 규칙은 불완전하고 부분적이지만 성인이 사용하는 문법의 형태와 많은 점에서 유사하다.

본격적인 구문 규칙에 대한 이해는 세 단어 이상을 결합하여 문장을 말하는 다어문 시기에 나타난다. 예를 들어, '엄마, 까까.'를 '엄마, 까까 주세요.'로 표현하기 시작한다. 이 시기의 유아는 '선생님이가 과자 주셨어요.'처럼 자신이 알고 있는 주격조사를 모두 사용해 보면서 자신이 알고 있는 구문 규칙을 자유롭게 탐색하고 적용해 본다. 생후 3년째에 접어들면 '문법적 천재'라고 표현할 정도로 유아가 사용하는 문장의 길이나 복잡성, 다양성이 급격히 증가한다(이현정, 2010).

4) 의미론(Semantics)

언어의 중요한 목적은 의사소통이다. 따라서 문장은 말하는 사람의 의도나 의미를 담고 있어야 한다. 의미가 없는 문장은 실제 대화에서 사용되지 못하고 무용지물이 된다. 의미론(semantics)은 단어나 문장에 담겨 있는 의미를 체계적으로 연구하는 분야다. 우리가 이웃 사람과 거침없이 이야기를 주고받을 수 있는 것은 단어와 문장이 무엇을 의미하는지를 잘 알기 때문이다. 의미형성은 그 사회의 문화와 깊은 관계가 있다. 사람은 평생을 거쳐 언어의 의미를 이해해 간다. 같은 단어와 상황일지라도 개인의 경험에 따라 달리 해석되는 의미는 성인도 그 의미를 정확히 이해하는 데 오랜 시간이 걸릴 수 있다.

그 단어의 의미가 무엇인지를 몰라 사전을 찾아보기도 한다. 예를 들어, '송사리'라는 단어를 사전에 찾아보면 '민물에 사는 작은 물고기'라고 설명한다. 이것은 단어가 실제로 가리키는 내용을 설명한 것이다. 이처럼 어떤 단어가 실제로 가리키는 내용을 개념적 의미(conceptual meaning)라고 한다. 개념적 의미는 문맥과 관계없이 하나의 낱말이 언제나 가지고 있는 의미를 뜻한다. 그러나 우리는 '송사리'라는 단어를 들었을 때 머릿속에 떠오르는 상(mental image)이 있는데, 이 머릿속에 떠오르는 상을 연상적 의미(associative meaning)라고 한다. 연상적 의미는 문맥과 밀접한 관련이 있는 의미로 문맥에 따라 드러

날 수도 있고 드러나지 않을 수도 있으며 사람마다 다를 수 있다(정상근, 1986). 예를 들어, '사과'라는 단어를 들었을 때 어떤 사람은 자연스럽게 동그란 모양에 빨간색과 꼭지가 있는 새콤달콤한 맛의 이미지를 머릿속에 생각하는 반면에 어떤 사람은 새파랗고 새콤한 풋사과를 머릿속에 떠올리기도 한다. 즉, 머릿속에 떠오르는 사과의 의미는 개인마다 다를 수 있다.

따라서 사전에 설명된 개념적 의미는 한 언어집단에서 통용되는 의미를 조사하여 나열한 것으로 문맥과 상관없이 일관되지만, 연상적 의미는 사람마다 다를 수 있다. 아빠와 송사리를 재미있게 잡았던 유아가 연상하는 송사리와 물에 빠져 고생했던 유아가 연상하는 송사리는 다를 수 있다(이익환, 2011).

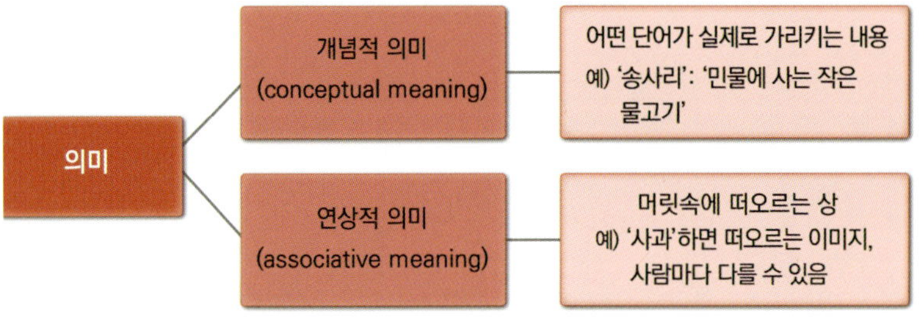

[그림 2-6] 개념적 · 연상적 의미의 예

5) 화용론(Pragmatics)

화용론은 말하는 이와 듣는 이의 관계, 시간과 장소의 적절성, 효과적인 주제의 선택 등과 관련이 있다. 즉, 시간과 장소, 관계에 따라 언어를 적절하게 사용하는 규칙과 관련된다. 예를 들어, "잘 가."라는 단어를 친구를 배웅하는 데 사용하지 않고 친구를 맞이하는 상황에 사용한다면 잘못 사용한 것이다. 물론 "잘 가."라는 문장은 그 자체로 음운론이나 의미론, 통사론적으로 문제가 없지만, 화용론에서는 문제가 된다. 다른 예를 들어 보면 할아버지에게 "밥 먹어."라는 손자의 말은 문법적으로는 문제가 없지만, 화용론의 관점에서는 부적절하다. 올바른 의사소통이라는 측면에서 손자의 말은 언어를 대상에 알맞게 사용하지 않았기 때문이다(최명옥, 2008).

활동 2-1

영유아가 문법 규칙을 배우는 과정에서 발생하는 '과잉 일반화' 같은 오류는 왜 중요할까요?

영유아가 보이는 과잉 일반화 현상은 언어의 문법 규칙을 이해하고 적용하려는 적극적인 시도라고 할 수 있다. 문법 규칙을 배우는 과정에서 발생하는 과잉일반화 오류가 왜 중요한지, 교사로서 이러한 현상을 보이는 유아에게 어떤 피드백을 주어야 하는지에 대해 생각해 봅시다.

03 언어 발달 이론

아동은 별다른 노력이 없이도 4, 5세가 되면 어른 수준에 이를 정도로 복잡한 언어체계를 습득하게 된다. 문장을 연결하고, 의문문을 만들고 부정문을 만들어 생각을 자연스럽게 표현한다. 아동은 어떻게 짧은 시간 안에 이렇게 복잡한 언어를 습득할 수 있는가? 학자들은 이러한 질문에 답을 찾고자 하였지만, 아동의 언어습득 과정을 완전하게 설명하는 사람은 없었다.

아동발달의 다른 영역에서처럼 환경(양육) 혹은 유전(본성) 중에서 유아의 언어 발달에 어느 것이 더 많은 영향을 주는가에 대한 논쟁은 언어 발달과 관련된 연구에서 지속해서 제기된 주제다. 유아의 언어 발달 과정을 설명하는 주요 이론들도 환경과 유전 중 어느 쪽을 강조하느냐에 따라 행동주의 이론, 생득주의 이론, 상호작용주의 이론으로 나뉜다. 인간이 '백지상태'로 태어난다고 주장하는 행동주의 관점과 성인과의 상호작용의 중요성을 강조한 사회·문화적 상호작용적 관점은 유아의 언어 발달이 환경의 영향으로 발달한다고 본다면 유아가 선천적인 언어능력을 가지고 태어나고 그 능력으로 언어 발달이 이루어진다고 보는 생득주의적 관점과 유아의 내적 조절 기능을 강조한 인지적 상호작용주의 관점은 선천적 요인의 영향을 강조한다.

각각의 언어 발달 이론들은 나름의 원리를 제시한다. 그러나 유아의 언어습득 과정은 언어 발달 이론 가운데 어느 한 원리로만 설명할 수 없는 복잡하고 신비한 과정이다. 유아의 언어습득 과정을 이해하기 위해서는 여러 언어 발달 이론의 다양한 원리들에 기초해 종합적으로 이해하는 것이 바람직하다. 따라서 이 장에서는 유아의 언어 발달을 설명하는 이론들을 자세히 살펴보고자 한다.

〈표 3-1〉 언어 발달 이론과 특징

이론	특징
행동주의	유아는 조작적 조건화 이론에서 주장하는 강화의 원리와 사회학습 이론에서 주장하는 관찰과 모방을 통해 언어를 습득한다.
생득주의	언어획득기제(Language Acquisition Device: LAD)와 보편 문법(universal grammar)을 통해 유아는 생물학적으로 언어규칙을 습득할 준비가 되어 있다.
상호작용주의	유아의 선천적인 내적인 능력과 환경과의 상호작용으로 언어를 습득한다. 유아의 언어습득에 사회적 맥락이 중요한 역할을 한다.

1 행동주의 이론

행동주의 접근은 경험주의 철학에 근거하여 인간은 백지상태로 태어나고 그 이후 어떤 환경에서 양육되고 경험하는가에 따라 각 개인의 특성이 결정되고 달라진다고 본다. 행동주의는 객관적으로 관찰할 수 있고 측정이 가능한 외현적 행동에만 관심을 가지고 인간의 사고과정이나 의도와 같은 정신적 과정에는 관심을 가지지 않는다. 따라서 행동의 습득은 아동이 자신에게 주어진 환경적 자극에 어떤 반응을 하느냐에 따라 다르다. 이와 마찬가지로 언어 또한 이러한 자극과 반응의 연관 속에서 학습되고 발달한다.

1) 행동주의 언어습득 이론

행동 학습을 가장 간단한 방법으로 설명하는 고전적 조건화 이론에서는 언어습득을 관찰할 수 있는 자극과 반응의 연합으로 설명한다. 파블로프(Pavlov)의 실험에서 음식물은 무조건 자극(unconditioned stimulus)이고, 종소리는 조건 자극(conditioned stimulus)이 되는데, 음식을 보고 침을 흘리는 것은 자연적인 반응으로 무조건 반응 또는 무조건 반사이고, 종소리에 침을 흘리는 것은 조건 반응 또는 조건 반사다. 이 과정을 언어습득의 과정으로 설명해 보면, 영아가 배가 고프다고 찡얼거릴 때 우유를 주는 것(무조건적 자극, UCS)은 영아에게 배부름의 생리적 만족감(무조건적 반응, UCR)을 준다. 이때 부모는 영아에게 우유를 주면서 "우유 줄게." 혹은 간단히 "우유."라는 말(조건자극, CS)을 반복하며 영아에게 우유를 준다. "우유."라는 엄마의 말은 무조건적 자극인 우유와 연합되게 되고 우유라는 말을 강화해 주는 역할을 한다. 이러한 과정을 통해 영아는 "우유."라는 말을 학습한다.

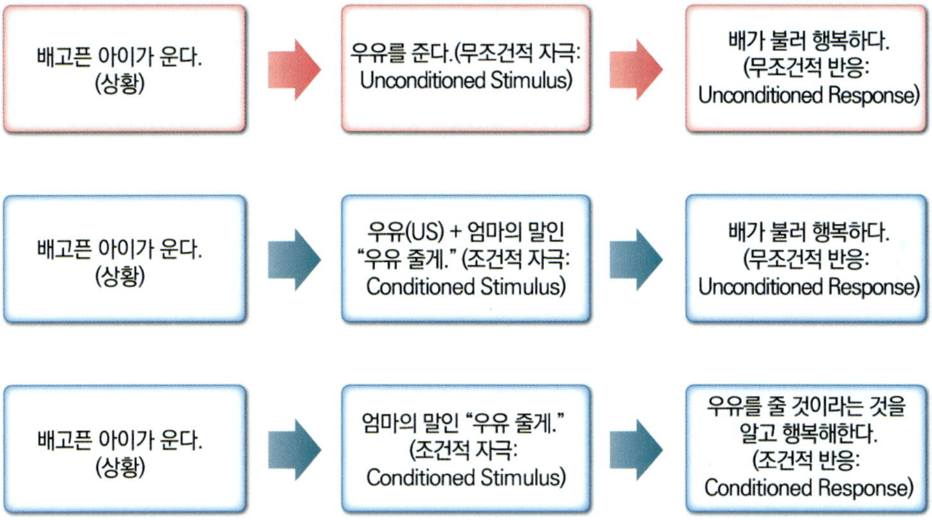

[그림 3-1] 언어 발달의 고전적 조건화 원리

행동주의 이론에서 아동의 언어습득을 설명하는 또 다른 기제로는 강화와 모방이 있다. 유아의 언어적 비언어적 반응에 강화를 줌으로써 언어를 학습한다. 강화는 스키너(Skinner)의 조작적 조건화 이론에서 강조하는 학습 원리다. 스키너는 파블로프와 달리 지렛대를 누르면 먹이가 나오도록 만들어진 실험 상자 안에 배고픈 쥐를 넣고 쥐의 행동을 관찰하였다. 배고픈 쥐는 상자 안을 돌아다니다 우연히 지렛대를 누르게 되고 음식을 먹게 된다. 이런 과정을 여러 번 반복해 결국 지렛대를 누르면 음식이 나온다는 것을 쥐는 학습하게 된다. 이 실험을 통해 스키너는 보상이 주어지는 행동은 증가하고 처벌이 주어지는 행동은 감소한다는 조작적 조건화 원리, 즉 강화의 원리를 제시한다.

[그림 3-2] 미국의 심리학자 스키너 (B. F. Skinner, 1905~1990)의 실험하는 모습

스키너에 따르면 강화(reinforcement)는 어떤 목표 행동을 증가시키기 위해 유아가 바라는 긍정적 자극을 주는 것을 말한다. 유아가 바람직한 행동을 할 때마다 성인은 유아가 좋아하는 보상을 주어 그 행동을 강화한다. 예를 들어, 배고픈 영아에게 엄마가 "우유."라는 말을 하면서 우유를 가져다주면 우유는 강화물이 되고 영아는 "우유."라는 말을 학습하게 된다. 이런 과정을 통해 어렵게 "우유."라는 첫 단어를 영아가 말할 경우, 모든 엄마는 놀라며 탄성으로 반응해 주게 되고 엄마의 이러한 놀라는 반응과 탄성은 곧 또 다른 강화물이 되어 영아의 언어습득을 촉진하는 역할을 한다. 이처럼 성인은 유아가 성인이 바라는 수준의 말이나 언어를 사용할 때 생리적 욕구를 충족시킬 수 있는 보상이나 미소, 인정, 칭찬 등을 주는데 이 보상이 강화물의 역할을 해 새로운 언어를 학습하게 한다.

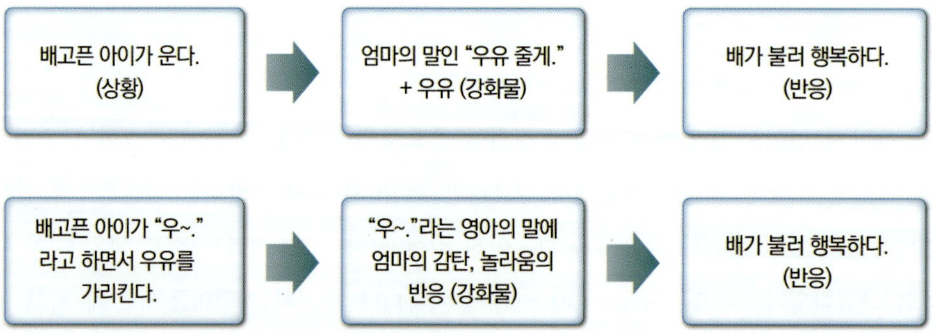

[그림 3-3] 언어 발달의 조작적 조건화 원리

영아는 처음에는 모든 음소를 발음할 수 있으나 부모의 강화를 통해 모국어의 음소만을 발음할 수 있다. 영아는 부모가 관심을 보여 주지 않거나 강화를 하지 않는 소리는 내지 않는다. 이처럼 조작적 조건화 이론에서는 유아가 보여 주는 바람직한 언어 행동에는 관심과 칭찬 등의 강화를 주고 바람직하지 않은 언어 행동은 무시하는 소거를 통해

유아가 언어를 습득해 간다. 소거(extinction)는 이전에 강화했던 자극을 더는 주지 않으므로 바람직하지 않은 행동을 감소시키는 것이다.

- 언어는 다른 행동처럼 강화(reinforcement)의 원리에 따라 습득된다.
- 언어는 양육자들이 제공하는 강화와 소거로 학습한다.
- 옹알이 속에는 언어에 사용되는 모든 음소가 포함되어 있다. 양육자는 영아가 자기가 사용하는 언어에 포함되는 음소를 발음하면 강화를 준다. 모국어에 포함된 음소만을 학습하게 된다(음소축소 현상).

아동은 강화나 소거뿐만 아니라 관찰과 모방을 통해서도 언어를 학습한다. 관찰과 모방을 통한 학습을 강조한 대표적인 학자로는 밴듀라(Bandura)가 있다. 밴듀라는 강화나 소거의 원리는 유아의 언어습득 과정에 대한 설명으로 많은 기여를 했지만 다양하고 복잡한 유아의 언어습득 과정을 설명하기에는 한계가 있다고 보았다. 언어는 강화나 소거, 처벌의 언어습득 원리 외에 다른 사람의 언어를 모방하고 관찰하면서 습득한다.

관찰학습(observational learning)은 다른 사람의 언어 행동을 관찰한 후에 유사한 상황에서 유사한 언어 행동을 하는 학습 과정이다. 모방학습(modeling)은 다른 사람의 언어 행동을 그대로 따라 해 보는 것이다. 사람들은 다른 사람의 언어 행동을 관찰하고 모방함으로써 더 빨리 습득한다. 예를 들면, "엄마."라는 성인의 말을 따라 하며 영아는 처음에는 "음." 혹은 "마."라고 말을 하고, 그다음은 "음마." "엄마."라는 말을 하게 된다. 한국에서 태어났지만 다른 나라에 입양된 입양아는 우리말을 하지 못하고 입양된 나라의 말을 습득한다는 것은 관찰과 모방을 통해 언어를 습득한다는 가장 좋은 예가 될 수 있다. 이처럼 밴듀라는 자연 발생적인 발화를 성인이 강화함으로 언어를 습득하는 것이 아니라 성인의 소리나 언어 행동을 관찰하고 모방함으로 언어를 습득한다고 하였다. 그러므로 유아의 언어 발달에 있어서 가장 중요한 역할을 하는 모델은 부모 그리고 교사다.

[그림 3-4] 화장놀이하는 유아

대리학습은 다른 사람이 하는 언어 행동과 그 언어 행동의 결과를 관찰하고 자신이 그러한 행동을 할지 안 할지를 결정하는 것을 말한다. 흔히 무시행 학습이라고도 한다. 예를 들어, 유아가 "선생님, 안녕하세요."라는 완전한 문장으로 인사하는 친구가 선생님으로부터 칭찬과 격려를 받는 것을 관찰했다면, 그 유아는 다음에 선생님을 만났을 때 칭찬받은 유아처럼 "선생님, 안녕하세요."라는 완전한 문장으로 인사할 가능성이 크다.

대리학습은 유아 자신이 직접 그 행동을 하지 않았으나 그 행동의 결과를 예상하는 인지적 과정을 통해 그다음의 행동을 결정하고 새로운 행동을 학습하는 과정이다. 우리는 많은 종류의 모델, 즉 살아 있는 모델뿐 아니라 상징적 모델(텔레비전, 책 등)을 통해서도 언어를 학습한다.

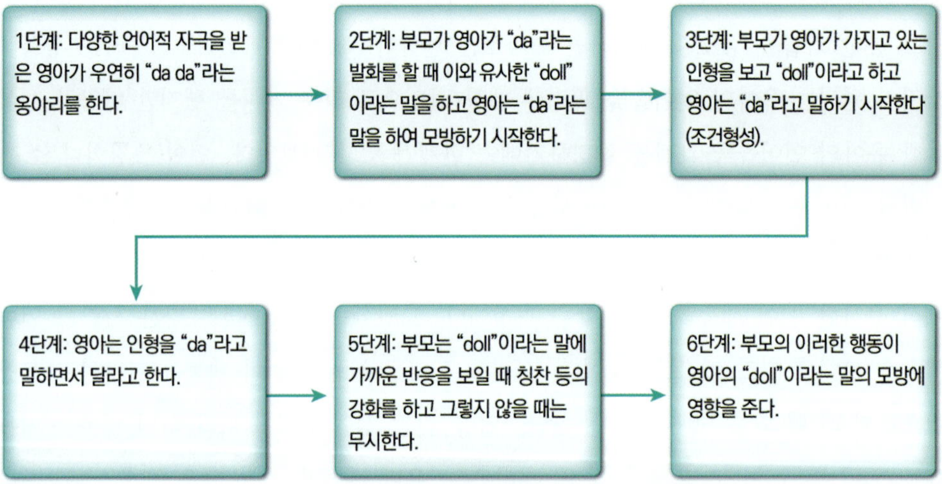

[그림 3-5] 언어 발달의 사회학습 원리

2) 행동주의 이론의 평가

강화와 처벌, 관찰과 모방과 같은 행동주의 원리가 유아의 언어습득에 영향을 준다는 것은 의심할 바가 없다. 그러나 행동주의 원리에 의한 언어습득 이론은 여러 측면에서 비판을 받는다. 구체적으로 살펴보면 다음과 같다.

첫째, 모방이나 강화로 언어를 습득한다는 행동주의 원리는 유아가 능동적이고 창조적으로 언어를 습득한다는 측면을 설명하지 못한다. 물론 유아의 언어습득 초기에 모방에 의한 언어 발달은 중요하다. 그러나 언어 폭발 시기와 문법 폭발 시기에 유아는 모방과 강화를 받지 않는 어휘나 문법을 창의적으로 구성해 말함으로써 성인들을 놀라게 하는 경우가 많다. 이것은 유아가 언어습득 과정에 적극적이고 능동적으로 참여한다는 것을 말한다. 그러나 행동주의 언어습득 원리는 유아가 언어습득 과정에서 적극적이고 능동적으로 참여한다는 점을 설명하지 못한다.

둘째, 행동주의 이론에서는 언어습득의 중요한 원리 중 하나로 강화 원리를 들고 있다. 강화 원리는 영유아가 문법에 맞게 말을 했을 때는 강화를 받고 문법에 어긋나는 말을 했을 때는 무시하는 것을 말한다. 그러나 강화 원리가 유아의 언어습득에 결정적인 역할을 한다고 볼 수 없다는 비판을 받는다. 유아가 잘못된 어휘나 문장을 말할 때 성인이 그것을 수정해 주기보다는 오히려 재미있어 하며 모방하는 경우가 많기 때문이다. 예를 들어, 아이들이 '과자'라는 말 대신에 '까까'라고 말할 때 성인은 유아를 따라 "까까 줄까?"라고 말을 한다. 이것은 성인이 잘못된 유아어를 수정하기보다 모방함으로 잘못된 유아어를 강화하는 것이다. 물론 잘못된 유아어는 유아가 성장하면서 사용하지 않게 된다.

셋째, 모방은 유아의 언어습득에서 중요한 역할을 한다. 그러나 모방만으로 유아의 언어습득을 설명하는 데는 한계가 있다. 즉, 유아는 어른의 말을 그대로 모방하지는 않는다. 예를 들어, "여기 강아지 낸 내 하네."라고 말하는 엄마를 따라 유아는 "가아지 낸 내."라고 말한다. 문법을 습득하는 시기의 유아는 "선생님이가 주셨어요." 혹은 "안 주사 맞을래요." 등의 성인이 사용하지 않는 문장을 자연스럽게 사용한다. 이것은 모방이 유아의 언어습득에서 결정적 역할을 하지 못한다는 것을 보여 주는 예라 할 수 있다. 모방이나 관찰이 어휘 습득이나 문법 습득에 중요하다는 점은 사실이지만 전적으로 모방에 의해서만 언어를 습득한다고 할 수는 없다.

넷째, 유아의 언어습득 속도는 성인의 강화나 모방을 앞서간다. 어휘 폭발 시기나 문법 폭발 시기에 유아의 어휘 습득이나 문법 규칙의 습득 속도는 성인이 강화하는 속도나 관찰과 모방의 속도를 넘어선다. 즉, 강화나 모방이라는 행동주의 언어습득 원리는 이 시기 유아의 언어 발달 특성을 설명하지 못한다는 한계가 있다.

다섯째, 행동주의 언어습득 원리는 언어습득 과정에서 발생하는 창의적인 측면을 설명하지 못한다. 어느 단계에 이르면 유아는 "선생님이가……" "안 안경 썼어." 혹은 "I goed." "I did'nt did it."이라는 말을 한다. 즉, 어느 일정 시기가 되면 유아는 문법에 맞지 않는 문장이나 성인이 사용하지 않는 문장을 말한다. 행동주의 언어습득 원리는 유아의 이러한 창의적인 언어사용의 측면을 설명하지 못하는 한계가 있다.

2 생득주의 이론

생득주의 이론은 언어가 오직 경험이나 학습으로만 습득된다는 행동주의적 관점을 비판하면서 언어습득은 태어날 때부터 가지고 있는 생물학적으로 이미 결정된 능력에 의해 이루어진다고 주장한다. 즉, 생후 1년에서 4년 정도의 짧은 기간에 영유아가 언어를 습득할 수 있다는 것은 한정된 수의 언어규칙을 창조적으로 사용할 수 있는 능력을 선천적으로 타고났기 때문이다. 단지 행동주의 이론에서 말하는 환경적 자극은 이미 내재 되어 있는 언어능력을 촉진해 주는 촉매의 역할을 할 뿐이라는 것이다.

1) 촘스키의 언어 발달 이론

촘스키(Chomsky)는 이성주의 철학자인 데카르트(Descartes)의 본유관념에 기초하여 자신의 언어이론을 전개하고 있다. 경험주의가 인간과 동물은 근본적으로 같고 단지 후천적 환경의 차이로 인해 다르다고 한다면 이성주의는 인간과 동물은 본질적으로, 질적으로 다른 존재로 본다.

> **본유관념:** 철학에서 경험을 통해 얻거나 구성한 관념과는 다른 인간의 마음속에 태어날 때부터 있다고 주장되는 관념이다. 따라서 언어획득기제인 LAD는 인간이 태어날 때부터 가지고 있는 것으로 세상의 존재와 관련 없이 스스로 독립적인 것으로 보고 있다.

인간과 동물의 이러한 본질적 차이로 인해 인간은 동물과 달리 의사소통 수단인 언어를 가진다는 것이다. 물론 인간이 가지고 있는 이 언어능력은 후천적으로 학습되는 것이 아니라 선천적으로 가지고 태어난 것이다. 생득주의 이론에 따르면 인간이 누구나 태어날 때부터 언어를 배울 수 있는 선천적 지식(innate knowledge)을 가지고 태어난다. 선천적 지식의 의미는 어른들이 말하는 무수한 문장 가운데 어느 것이 문법적이고 어느 것이 비문법적인 것인지를 나름대로 판단할 수 있는 지식을 말한다. 이러한 지식은 후천적인 것이 아니라 선천적으로 가지고 태어난다는 의미에서 선천적 지식이라 한다. 이 능력으로 인해 유아는 팔과 다리가 자연스럽게 자라듯이 언어도 자연스럽게 자란다고 촘스키는 주장한다.

촘스키는 유아의 언어 발달 과정을 언어습득(language acquisition)이라는 말 대신에 언어 성장(language growth)이라는 말을 사용하였다(남원식, 2000). 유아가 적절한 환경에서 영양이 공급되면 신체가 성장하듯이 적절한 언어적 환경이 유아에게 제공되면 언어능력이 자연스럽게 성장하는 것과 같다. 유아는 이러한 언어학습을 위한 선천적 지식을 가지고 태어나기 때문에 별 어려움 없이 모국어를 배우는 것이다.

[그림 3-6] 언어학자 촘스키 (Noam Chomsky, 1928~)

영유아가 언어를 어떻게 학습하는가에 대한 질문에 촘스키는 인간이 선천적으로 가지고 태어나는 언어획득기제(Language Acquisition Device: LAD)로 설명한다. 언어획득기제(LAD)는 언어자료를 처리하고 가공하며 언어규칙을 구축하고 문법적 문장을 이해하게 만들어 주는 능력이다. 언어획득기제는 인간의 마음 또는 대뇌의 생리적 구성요소로서 특정 언어 경험을 특정 언어에 대한 지식체계로 전환해 주는 기제다(Chomsky, 1986). 영유아는 언어획득기제를 선천적으로 가지고 태어나기 때문에 문화가 달라도 언어 발달 수준은 거의 같고 짧은 기간 내에 말을 하게 된다.

언어적 환경
- 풍부한 언어자료 투입
- 불완전한 문장들
- 문법적 실수를 포함한 문장들

→

언어획득기제(LAD)
- 생물학적 언어기제
- 언어의 보편성과 발달을 설명하는 기제
- 가설적 개념

→

영유아의 언어 행동
- 동일한 문법을 구성하고 산출
- 성인수준의 언어행동

[그림 3-7] 촘스키 이론에서의 언어 발달의 원리

이후 촘스키는 인간이 언어를 획득할 수 있게 해 주는 생물학적 언어 기제인 언어획득기제(LAD)를 보편 문법(Universal Grammar: UG)이라는 개념으로 수정하였다. 보편 문법은 모든 인간의 언어에 있는 규칙체계로 모든 개별국가의 언어 특수성의 차이를 연결 지어 주는 생물학적 기제다. 예를 들면, 영어의 'The bus is going fast.'라는 말은 한국어로 '그 버스는 빨리 지나간다.'라는 말로 번역된다. 이처럼 서로 다른 언어가 같은 의미를 전달하는 것은 보편 문법이 존재하기 때문에 가능하다.

다시 말해, 우리가 사용하는 문장을 보면 문법적 구조는 같으나 의미가 다른 문장이

[그림 3-8] 촘스키의 보편 문법의 적용 예

있는가 하면 문법적 구조는 다른데 의미가 같은 문장이 있다. 이것을 촘스키는 문장의 표면 구조(surface structure)와 심층 구조(deep structure)로 설명한다. 표면 구조는 명사, 동사, 목적어 등과 같은 문장의 구성 성분과 이들 간의 관계에 대한 것이다. 그러나 한 문장의 의미는 표면 구조 이면에 있는 심층 구조로 결정된다. 단일한 심층 구조는 변형 규칙(transformation rule)에 따라 여러 개의 표면 구조를 가진 문장을 만들어 낼 수 있다.

독일의 언어학자 레너버그(Lennerberg)는 촘스키의 언어습득의 선천성 가설을 수용하고 지지한다. 즉, 영유아는 태어날 때 60%의 선천적 지식을 갖고 태어나며 10대 초기까지 선천적 지식은 100%로 증가하고 그 이후에는 선천적 지식이 점차 0(zero)으로 줄어든다고 보았다. 따라서 10대 초기까지 풍부한 언어적 환경을 제공하게 되면 선천적 지식을 충분히 활용하여 모국어를 쉽게 습득하게 된다. 레너버그는 촘스키의 언어습득의 선천성 가설을 지지하는 근거를 다음과 같이 제시한다(이신미, 1989).

첫째, 모든 인간은 두 발로 서서 걷듯이 누구나 말을 한다. 직립보행이 인간의 타고난 능력이듯이 말하는 것도 인간의 선천적 능력이다. 글을 쓴다는 것은 후천적 능력으로 볼 수 있다. 글은 쓸 수 있는 사람도 있고 쓰지 못하는 사람도 있기 때문이다. 그러나 말은 모든 사람이 할 수 있는 것이므로 선천적 능력으로 보아야 한다.

둘째, 레너버그가 언어의 선천성을 지지하는 근거로 제시하는 것은 인간 언어의 기원을 알 수 없다는 것이다. 후천적 능력의 경우는 그 기원이나 역사를 알 수 있지만 대부분 선천적인 능력과 관련된 것은 그 기원이나 역사를 알 수 없다. 예를 들어, 문자의 경우 그 기원이나 역사를 알 수 있지만 말의 기원이나 역사는 명확하게 알려지지 않았다.

셋째, 모국어의 습득 과정이 신체의 생리적 발달 과정과 유사하게 자연 발생적이다. 즉, 의식적인 노력 없이도 적절한 언어적 환경만 주어진다면 모국어 습득이 자연스럽게 이루어진다. 신체적 발달이 특정한 시기에 이루어지듯이 모국어 습득도 일정한 시기인 만 2세

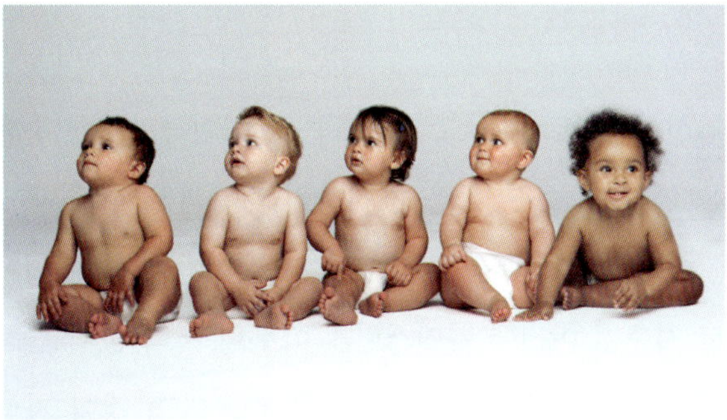

에서 12세 사이에 이루어지고 이 시기를 지나면 유창한 언어습득이 어렵다.

넷째, 모국어 습득이 다른 생리적 발달처럼 환경에 영향을 받지 않는다. 생리적 발달이 정해진 시기에 정해진 과정을 따르는 것처럼 모국어 습득도 정해진 시기에 정해진 과정을 따라 발달한다. 예를 들어, 언어적 자극이 거의 없는 고립된 환경에서 자란 유아나 풍부한 언어적 자극을 받으며 자란 유아 간에 모국어를 이해하고 말하는 데는 별 차이가 없다는 것은 모국어 습득이 환경에 영향을 받지 않는다는 것을 말한다.

유아는 인간이 선천적으로 가지고 태어나는 언어획득기제를 통해 언어자료를 처리하며, 문법 규칙을 구축하고, 문법적으로 맞는 문장을 이해한다. 이러한 언어능력은 모든 문화권에서 공통적으로 규칙적인 순서에 따라 발달한다. 한 단어를 말하다가 두세 단어를 조합하기 시작하면서 통사적 관계가 나타난다. 이는 인간이 언어를 배울 때 보여 주는 공통적인 현상이다. 유아는 새로운 언어를 언어획득기제의 문법 틀에 대입하여 의미와 문법에 맞게 적절히 변형하여 새로운 구조를 산출한다. 예를 들면, “나는 고양이를 좋아해.”라는 기본 문장에 부정문 규칙을 대입하여 “나는 고양이를 좋아하지 않아.”를 생성해 낸다. 더 나아가 “고양이 예뻐.” “고양이 미워.”라는 말을 알고 있는 유아는 고양이가 예쁘기도 하고 밉기도 하면 “고양이 미뻐.”라는 조합어를 만들어 내기도 한다. 이러한 선천적인 언어획득기제는 인간만이 가지고 있는 속성이며 인간이 서로 다른 언어를 학습하도록 하는 능력이기도 하다.

- 유아가 모방이나 반복연습을 통해 언어를 배우는 것이 아니라, 어른이 말하는 무수한 문장 가운데 어느 것이 문법적이고 어느 것이 비문법적이냐 하는 것을 자기 나름대로 판단할 수 있는 선천적 지식(언어획득기제, 이후에는 보편 문법)을 가지고 태어나기 때문에 언어를 학습한다.

2) 생득주의 이론의 평가

선천적으로 가지고 태어나는 언어획득기제를 통해 언어를 습득한다는 생득주의 이론을 지지하는 근거들을 제시하면 다음과 같다.

첫째, 유아의 신체발달도 성장 시기가 있듯이 언어도 사춘기 이전에 자연스럽게 아무런 노력 없이 습득된다. 이 시기를 지나면 언어를 배운다는 것이 자연스러운 일이 아니라 노력을 해야만 하는 어려운 일이 되거나 언어를 배우지 못하게 된다. 예를 들어, 언어적 환경과 분리되어 자라난 모글리 증후군을 지닌 유아의 경우 이후에 언어습득이 어렵거나 습득하지 못한 경우가 많았다.

모글리 증후군

신체적・사회적 고립으로 인해 적절한 언어적 환경에 노출되지 못함으로 언어를 말하거나 인식하지 못하는 특성을 가진다. 프랑스의 시골에서 발견된 빅터(Victor), 인도에서 발견된 아말라(Amala)와 카말라(Kamala)는 발견된 이후에 언어를 제대로 습득하지 못하였다.

둘째, 적절한 언어적 환경만 제공되면 지구상의 모든 유아는 지능이나 성격에 상관없이 모국어를 자연스럽게 배우게 된다. 만약 언어습득이 지능과 관련이 있다면 지능이 높은 유아는 지능이 낮은 유아보다 언어습득을 더 잘하며 심지어 지능이 낮은 유아의 경우 언어를 습득하지 못하는 경우도 발생해야 한다. 그러나 대부분 유아는 지능에 상관없이 언어 환경에 적절히 노출될 경우 자연스럽게 모국어를 습득한다. 이것은 유아에게 언어획득기제(LAD)가 있기 때문이다. 선천적으로 가지고 태어나는 언어획득기제를 통해 유아는 언어 자료로부터 문법 규칙을 끌어내고 이 규칙을 이용해 한 번도 들어 보지도 않은 문장을 만들어 내고 문법적으로 맞는 문장을 이해할 수 있다.

셋째, 유아는 이전에 전혀 들어 보지 않았던 말을 하기도 한다. 이것은 행동주의 이론에서 주장하는 경험 때문에 후천적으로 언어를 학습한다는 것과는 맞지 않다. 유아는 문장의 구성 규칙에 맞게 문장을 산출하고 이해하는 능력인 선천적 지식을 갖고 태어나기 때문이다. 이 능력으로 인해 이전에 한 번도 들어 본 적도 없는 말을 이해하고 힘들이지 않고 단기간에 모국어를 습득할 수 있게 되는 것이다.

넷째, 언어습득 능력은 인간만이 가지고 있는 능력이다. 행동주의 이론이 주장하는 바처럼 학습을 통해 습득되는 것이라면 동물도 훈련이나 학습을 통해 언어를 습득할 수 있어야 한다. 그러나 동물 중에서 가장 높은 지능을 가졌다는 침팬지도 인간이 가지고 있는 수준의 언어를 습득하지는 못하였다. 이것은 동물과 달리 선천적인 언어습득 능력을 인간만이 가지고 태어나기 때문이다.

생득주의 이론을 지지하는 이러한 근거에도 불구하고 생득주의 이론의 문제점은 다음과 같다.

- 생득주의 이론은 언어습득에 영향을 주는 사회적 측면을 중요시하지 않았다. 인간은 사회적 동물이고 인간의 사회생활에서 언어는 중요하다. 따라서 언어습득 과정에서 사회・문화적 환경은 많은 영향을 준다. 예를 들어, 추운 지방에 사는 이누이트인의 경우 '눈'에 관한 수많은 단어를 가지고 있다. '눈가루' '바람에 날려 쌓인 눈' '부드러운 눈' 등 눈을 설명하는 어휘는 아주 많고 다양하다.
- 촘스키가 주장하는 언어획득기제(LAD)는 객관적으로 관찰할 수 없으며 어디에 위치하는지, 어떻게 작동하는지 등의 문제를 명확하게 설명해 주지 못한다. 언어획득기제는 확고한 경험적 증거에 기초한 이론이라기보다는 가설적인 이론이라는 비판을 받는다.
- 언어획득기제가 모든 사람이 가지고 태어나는 선천적인 것이라고 주장한다. 그러나 언어 환경에서 분리되어 양육된 제니, 야생소년 빅터의 경우 체계적인 교육에도 불구하고 언어를 전혀 습득하지 못했다. 이 사례는 언어획득기제가 선천적이라는 주장을 반박한다. 만약 언어획득기제가 선천적이라면 언어 환경과 분리되어 양육되었다 할지라도 언어습득이 가능해야 한다.
- 행동주의 이론은 강화와 모방으로 언어가 습득된다고 주장한다. 물론 생득주의 이론은 이들의 주장을 비판한다. 그러나 생득주의 이론이 주장하는 것처럼 언어습득 과정에서 유아의 창의적인 시행과 시도의 측면도 있지만, 모방과 강화의 측면도 초기 언어습득 과정에서 중요하다. 생득주의 이론은 초기 언어습득 과정에서 중요한 역할을 하는 강화와 모방에 대해서 체계적으로 설명하지 못한다.
- 생득주의 이론은 같은 나이의 아동 간에 나타나는 문법적 기술과 언어 유창성의 차이를 설명하지 못한다. 언어획득기제가 선천적이라면 동일 연령 내의 개인차는 존재하지 않아야 한다. 그러나 실제로 동일 연령 내의 유아들 간에 문법 사용이나 언어 유창함에서 의미 있는 차이를 보인다. 그렇지만 왜 이러한 현상이 발생하는지를

생득주의 이론은 체계적으로 설명하지 못한다.

생득주의 이론은 아동의 문법 발달에 대한 설명과 보편적인 언어 발달 단계를 개념화하는 데 기여하였다. 그러나 확고한 경험적 증거를 근거로 한 이론이 아니라는 점에서 비판을 받았다.

3 상호작용주의 이론

상호작용을 통한 언어 발달을 주장하는 이론에는 인지적 구성주의와 사회문화적 구성주의의 두 관점이 있다. 인지적 구성주의의 대표적인 학자는 피아제(Piaget)이고 사회문화적 구성주의의 대표적인 학자는 비고츠키(Vygotsky)이다. 인지적 구성주의는 유아의 언어습득을 위해 인지발달이 선행되어야 한다고 본다. 인지발달을 기초로 언어 발달이 이루어진다고 보기 때문이다. 따라서 언어 발달에 있어서 사회문화적 측면과 성인의 역할은 그다지 강조하지 않는다. 반면에 사회문화적 구성주의는 인지적 구성주의와는 달리 개인의 인지발달뿐만 아니라 사회문화적 측면, 성인과의 상호작용이 언어습득에서 중요하다고 생각한다. 아래에서 아동의 언어 발달과 관련되는 인지적 구성주의와 사회문화적 구성주의 관점을 나누어 살펴보고자 한다.

1) 피아제의 언어 발달 이론

인지적 구성주의를 대표하는 피아제는 언어 발달이 성숙과 인지적 능력의 발달로 이루어진다고 한다. 생득주의 이론이 언어 발달을 선천적인 언어 기제로 설명한다면 인지적 구성주의는 인지발달이 언어 발달에 선행한다고 주장한다. 즉, 언어 발달을 위한 선천적 기제가 따로 있는 것이 아니라 도식, 동화와 조절이라는 인지발달의 기제로 언어 발달을 설명한다.

[그림 3-9]
발달심리학자 피아제
(Jean Piaget,
1896~1980)

- 언어는 인지적 성숙의 결과물이며, 인지발달이 언어 발달을 결정한다.
- 언어학습이 강화나 모방으로 이루어지는 것이 아니라 유아 스스로 언어의 규칙을 발견하고 적용하는 적극적이고 능동적인 학습 과정을 통해 이루어진다.

피아제의 인지발달 단계 중에서 첫 번째 단계인 감각운동기(sensorimotor stage)는 출생 후부터 2세까지의 시기로 언어 이전의 단계다. 이 시기의 영아는 감각적 경험과 활동을 통해 환경을 이해한다. 감각운동기에서 언어 발달과 관련 있는 개념은 대상 영속성 개념이다. 대상 영속성 개념은 감각운동기 중 2차 순환 반응기(secondary circular reactions, 4~8개월경)에 서서히 나타나기 시작한다. 이전 단계인 1차 순환 반응기(primary circular reactions, 1~4개월경)에는 영아 앞에 놓인 물건을 감추어도, 그 물건이 사라지거나 없어져 버렸다고 생각하고 그 물건을 찾는 등의 관심을 보이지 않는다. 그러나 2차 순환 반응기에는 물체가 시야에서 사라지면 그것을 찾고자 하는 대상 영속성의 기초 개념이 나타난다.

사람과 사물을 구별하고 숨긴 물건을 찾을 수 있는 대상 영속성 개념을 획득하는 시기는 2차 반응의 협응기(co-ordination of secondary reactions, 8~12개월경)다. 이 시기 영아는 원인과 결과의 관계를 이해하기 시작하고 어떤 행위의 결과를 예상할 수 있다. 따라서 다른 곳에 놓인 물건이 바로 전 장소에 놓여 있던 물건이라는 것을 안다. 언어적인 면에서는 8~9개월이 되면 '마마' '바바'와 같은 반복적인 소리를 내게 되는 '자기 모방 소리(lallation)'가 나타나고 이때부터 음성언어의 기본적인 단위인 음소를 생성하게 된다. 8~9개월경에는 어른의 말소리를 모방하기 시작하고 한 단어를 말하기 시작하는 10개월경부터는 어휘 습득이 점차 증가한다.

> 대상 영속성 개념은 어떤 대상이 눈앞에서 사라져도 여전히 존재함을 아는 것을 말하고 더 나아가 사라졌던 물건이 다시 나타났을 때 그 물건이 이전에 사라졌던 물건임을 아는 것을 말한다.

대상 영속성 개념을 획득한 후에 유아는 상징이나 이미지를 이용해 문제해결을 하고자 하는 상징적 사고(mental combination, 18~24개월경) 시기에 접어든다. 이 시기 유아는 상징을 조작하고 사용할 줄 알게 되며 언어가 나타나기 시작한다. 즉, 대상 영속성 개념을 획득한 후에 대상이나 행위를 언급하는 단어를 사용할 수 있게 된다. 15개월경에는 두 단어를 조합해 자신의 의견을 말할 수 있는 두 단어 시기가 시작되며 3세경까지 전보식 문장을 활발하게 생성한다.

유아가 언어를 사용하기 위해서는 우선 정신적 표상이 가능해야 한다. 따라서 정신적 표상능력이 발달하기 이전의 옹알이나 무의미한 발성은 진정한 의미에서 언어라고 볼 수 없다. 정신적 표상(mental representation)은 현재 존재하지 않는 자극이나 사물을 원래의 자극과 가장 유사하게 정신 내적 상태에서 재현하는 것을 말한다. 이러한 정신적 표상 능력은 유아기의 상징적 표상 발달과 밀접한 관련이 있다. 상징적 표상(symbolic representation)은 존재하지 않는 물체에 대해서 상징적으로 생각할 수 있는 인지적 능력을 말한다. 예를 들어, 유아는 장난감 블록으로 아버지에게 전화를 거는 놀이를 한다. 이때 블록이 전화기의 역할을 하는데 이것은 전화기라는 사물에 대한 상징적 표상이 선행되어야 가능하다(한국교육심리학회, 2000). 사물이나 자극에 대한 정신적 표상과 상징적 표상이 가능해지면 언어사용이 가능해지고 유아의 언어사용은 유아의 인지발달을 촉진한다.

정신적 표상능력의 발달은 유아의 사고를 변화시킨다. 단지 지각적으로 두드러진 현재에서만 사고하는 것이 아니라 과거를 생각하고 미래를 예측할 수 있을 정도로 사고가 발달한다. 다시 말해, 문제해결을 위해 시행착오의 단순한 방법을 사용하지 않고 과거의 경험을 떠올리고 생각하는 사고과정을 통해 문제를 해결하려고 한다. 이러한 문제해결이 가능한 것은 정신적 표상이 가능하기 때문이다.

인지발달의 두 번째 단계는 전조작기(preoperational period, 2~7세)다. 이때 유아는 단어나 이미지를 그림으로 표현한다. 이 시기 유아가 보이는 특징 중 하나는 세상의 모든 사물을 자신의 입장에서만 보고 판단하고 다른 사람의 입장을 고려하지 않는 자기중심적 사고다. 다시 말해, 다른 사람도 자기와 같이 생각한다고 믿기 때문에 다른 사람의 관점이나 감정을 이해하지 못한다. 유아가 의사소통하려면 타인이 알아들을 수 있도록 타인의 입장, 즉 상대방의 나이, 성, 관심 등을 고려해서 이야기해야 한다. 하지만 이 시기의 유아는 독백(혼잣말)의 자기중심적 언어를 사용한다. 즉, 자신의 의도를 다른 사람에게 전달하기 위한 목적으로 말하거나 말하는 사람의 의도를 이해하고 대답을 하지 않는다. 그러나 점차 인지가 발달함에 따라 자기중심적 언어는 다른 사람의 관점이나 생각을 고려하는 사회화된 언어로 변화한다. 즉, 전조작기 유아의 언어가 자기중심적 언어라면 구체적 조작기 유아의 언어는 사회적 언어 형태다.

> 혼잣말에 대해 처음으로 연구한 학자는 피아제와 비고츠키다. 피아제는 유아의 혼잣말을 '자기중심적 언어(egocentric speech)'라고 하며 유아의 인지적 미성숙의 결과로 나타나는 언어의 형태라고 한 반면, 비고츠키는 혼잣말을 '자기중심적인 말(egocentric speech)'이라고 하며 문제해결 및 사고의 과정에서 나타나는 언어의 형태로 보았다.

피아제는 자기중심적 언어의 유형을 세 가지로 구분한다(Ginsburg & Opper, 2006). 그것은 반복, 개인적 독백, 집단적 독백이다. 반복은 유아가 다른 사람의 말을 따라 하는 것으로 의사소통이 목적이 아니다. 개인적 독백은 유아가 혼자서 무엇인가를 큰 소리로 말하거나 혼자서 중얼거리는 것을 말한다. 집단적 독백은 두 명 이상의 유아가 함께 모여 놀이하고 있지만, 각각 혼자서 말하는 것으로 단지 자신의 관심을 말로 표현할 뿐이다. 집단적 독백은 적어도 두 개 이상의 독백이 동시에 발생하는 것일 뿐 의사소통이 목적이 아니다. 자기중심적 언어는 영유아기의 인지적 미성숙으로 나타나는 것으로 점차 인지가 발달하는 6~7세경에는 사라지고 사회적인 언어로 대치된다(강은경, 2003).

〈표 3-2〉 자기중심적 언어의 유형

- **반복:** 다른 사람이 하는 말이나 소리를 아무런 의미 없이 모방하거나 반복하는 것을 말한다. 반복은 다른 사람에게 말하려는 의도가 전혀 없다. 영아는 단순히 말이나 소리를 반복하는 활동 그 자체를 즐긴다. 지나가는 차가 '빵빵' 경적을 울리는 소리를 듣고 장난감 자동차를 가지고 "빵 빵." 하는 소리를 반복해서 내며 노는 모습을 볼 수 있다.
- **독백:** 유아가 어떤 행동을 하면서 생각을 큰 소리로 말한다. 이때 유아가 하는 말은 말을 듣는 특정 대상이 있는 것이 아니다. "나는 그림을 그리고 싶어. 색연필이 어디 있지? 색연필이 없네. 이걸로 그려야지."를 예로 들 수 있다.
- **집단적 독백:** 여러 명의 유아가 모여 앉아 말을 주고받는다. 그러나 유아가 하는 말은 의사소통이 일어나지 않는 의미 없는 상호 교환적 반응이다. 즉, 자신이 하는 말을 이해해 주기를 바라지도 않고 함께 행동해 주기를 바라는 것도 아니다. "지원: 이거 어디에다 두지. 은지: 아, 이거구나. 자동차 멋지다."를 예로 들 수 있다.

2) 비고츠키의 언어 발달 이론

사회문화적 구성주의 이론은 유아의 언어 발달에 사회적 상호작용의 역할을 강조한다. 언어습득에서 사회적 상호작용의 중요성을 처음 제기한 학자는 러시아의 심리학자 비고츠키다. 그는 언어의 사회적 기원을 강조한다. 즉, 언어는 의사소통 맥락에서 다른 사람과의 상호작용을 통해 발달한다(Berk & Winsler, 1995; Bodrova & Leong, 2007).

[그림 3-10] 심리학자 비고츠키 (L. Vygotsky, 1896~1934)[1)]

성인은 유아의 언어사용을 중재하는 역할을 한다. 성인이 근접발달 영역(ZPD)에서 유아에게 언어적 상호작용에 참여할 기회를 제공하고 확장함으로써 유아의 언어 발달을 촉진한다. 사회문화적 구성주의 관점에서 언어습득 과정을 살펴보면 다음과 같다.

(1) 근접발달 영역(ZPD)

비고츠키는 인지발달을 촉진하는 중요한 요소로 교사와 유아, 유아 상호 간의 상호작용을 들고 있다. 성인 혹은 또래와의 상호작용은 발달을 촉진하는 중요한 요인이지만 '근접발달 영역(the zone of proximal development: ZPD)' 안에서 상호작용이 이루어질 때 더 효과적이다. 근접발달 영역은 유아의 현재 발달 수준인 '실제적인 발달 수준(actual development level)'과 바로 위의 발달 수준인 '잠재적 발달 수준(potential development level)' 사이의 영역을 말한다(Vygotsky & Cole, 1978).

비고츠키의 ZPD개념은 브루너의 '비계설정(scaffolding)'과 유사한 개념이다. 비계설정은 유아가 효과적으로 발달을 성취하도록 성인이 유아에게 도움을 제공하는 것을 말한다(Bruner, 2011, pp. 132-146). 비계설정이란 말은 건물을 세울 때 인부들이 재료를 운반하여 오르내릴 수 있도록 건물 외부에 두꺼운

[그림 3-11] 건설현장의 비계

1) 38세의 짧은 생애를 살다간 유대계 러시아 심리학자로 180여 편이 넘는 논문, 저서, 연구물을 남겼다.

판자 또는 금속으로 만들어진 발판을 세우는 것을 말한다. 성인은 유아의 발달을 촉진하기 위해 비계설정을 하는데 유아의 과제수행 능력 정도에 따라 도움을 조절해 가며 제공하는 것을 말한다. 즉, 유아의 능력이 향상함에 따라 교사나 성인의 도움은 점차 줄여 가고 결국에는 유아가 혼자서 과제를 해결해 나가도록 한다(Rogoff, 1990; Wood, Bruner & Ross, 1976).

비계설정과 마찬가지로 ZPD에서 성인은 도움을 점차 줄여 가며 유아의 능력을 발달시킨다. ZPD에서 발달이 일어나는 과정을 살펴보면 다음과 같다. 첫째, 유아가 스스로 문제나 과제를 해결하기 전에 자신보다 유능한 성인, 교사, 부모, 또래의 도움을 받는 단계다. 이때 도움은 질문이나 피드백, 시범 등을 통해 주어지며 유아는 지시대로 따라 하거나 모방하면서 과제를 수행한다. 두 번째 단계는 다른 사람의 도움 없이 유아 스스로 과제를 수행하지만, 완전히 자신의 능력으로 발달한 것은 아니다. 이때 유아의 수행은 혼잣말로 자기 안내를 받으며 과제를 수행하는 자기조절 단계다. 세 번째 단계는 유아가 자기조절 단계에서 벗어나 더욱 원활하게 과제수행을 하는 단계로 과제수행이 자동화되는 단계다. 이 단계에서 유아는 더는 다른 사람의 도움이 필요하지 않으며 진정한 의미에서 발달이 이루어진 단계라 할 수 있다. 마지막 단계는 새로운 과제수행과 발달을 위해 ZPD로 되돌아가서 다시금 타인의 도움과 자기조절, 자동화의 단계를 거치며 발달을 이루어 간다(Gallimore & Tharp, 1990).

- 비계설정(scaffolding)은 비고츠키가 제시한 개념은 아니다. 비계설정이란 용어는 브루너(1978)에 의해서 처음 사용된 것으로 '어린아이 또는 초보자가 어떤 도움도 없는 상황에서 혼자의 노력으로는 해결할 수 없는 문제나 과제 또는 목표를 수행 달성할 수 있도록 상호작용에 참여를 지원하는 과정'으로 정의된다. 즉, 처음에 혼자서 문제해결을 할 수 없는 유아가 적절한 도움을 받고 문제를 해결하게 되고 또 다른 유사한 문제 상황에서 독립적으로 문제를 해결할 수 있게 된다. 이 과정에서 유아가 다른 사람에게서 받는 보조적 도움의 과정을 비계설정이라 한다.

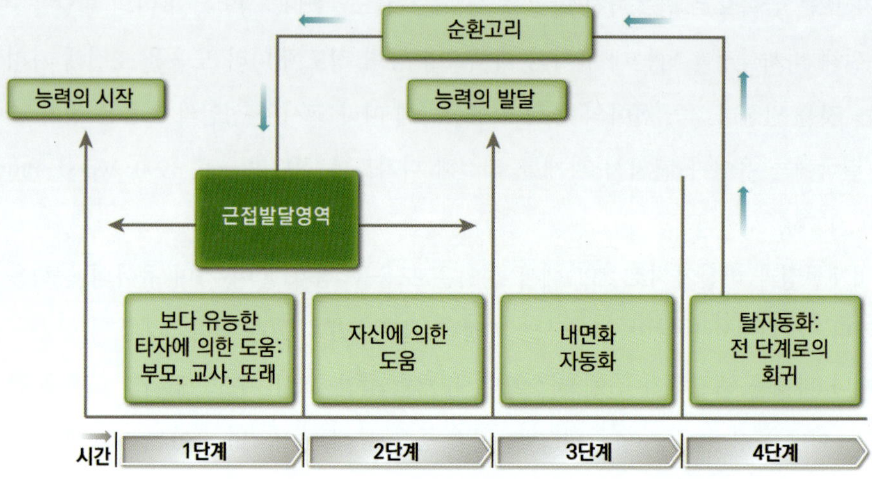

[그림 3-12] ZPD와 발달과정

사회문화적 구성주의 관점에서 성인은 유아의 언어 발달을 촉진하기 위해 중요한 역할을 한다. 초보 언어 사용자인 유아는 숙련된 언어 사용자인 성인 혹은 또래 친구의 도움을 받아 점차 숙련된 언어 사용자가 된다. 이때 초보 언어 사용자와 성인의 상호작용은 근접발달 영역(ZPD) 안에서 이루어져야 하며 근접발달 영역 안에서 성인은 유아의 언어사용을 중재하는 역할, 즉 유아가 대화에 참여하도록 적절한 도움과 기회를 제공해야 한다. 이것을 언어적 비계설정이라 한다(Wertsch, 1991).

유아의 언어 발달을 촉진하기 위해 사용되는 언어적 비계설정은 성인과 또래, 또래 유아가 함께 대화하면서 적절한 도움을 제공하는 것이다. 질문하기 비계설정 방법의 예를 통해 유아의 언어능력을 촉진하는 교사의 역할을 살펴볼 수 있다.

〈표 3-3〉 질문하기 비계설정 방법의 예

유아: 난 어제 엄마랑 롯데리아에 갔어요.
교사: 오 그랬어.
유아: 어~~.
교사: 뭘 먹었니?
유아: 새우버거랑, 사이다랑, 감자튀김요.
교사: 놀이방에는 갔었니?
유아: 네.
교사: 뭐 하고 놀았어?
유아: 미끄럼도 타고 말도 탔어요.

확장하기 비계설정 방법은 아동이 사용하는 문장보다 더 복잡한 문장이나 의미를 사용하거나 정확한 발음을 들려주는 모델로서의 교사 역할이다. 예처럼 교사는 근접발달 영역 안에서 전략적인 비계설정을 통해 유아에게 언어적 상호작용에 참여할 기회를 제공하고 확장함으로써 유아의 언어 발달을 촉진할 수 있다.

〈표 3-4〉 확장하기 비계설정 방법의 예

유아: (자신의 옷을 가리키며) 저기 새 옷.
교사: 오! 새 옷을 샀구나.
유아: (웃는다.)
교사: 무슨 색의 옷이니?
유아: 분홍색.
교사: 그래 분홍색의 옷을 샀구나. 어디서 샀어. 그 옷?
유아: 엄마랑 마트에서요.
교사: 마트에서 엄마가 사 주셨구나.

〈표 3-5〉 언어적 비계설정의 유형과 예

유형	예
시범(demonstration) : 모범적인 발화에 대한 시범 보여 주기	교사: (교사가 한복 사진과 그 아래에 '이것은 한복입니다.'라는 글이 있는 활동지를 보여 주며) 이것을 무엇이라고 읽지? 유아: 한복. 교사: 그래 '이것은 한복입니다.' 유아: '이것은 한복입니다.'
이해 확인(comprehension check) : 교사의 의도를 유아가 이해했는지 확인하기	교사: 이게 뭘까? 유아: 인형이요. 교사: 응. 이건 곰 인형이지. 곰 인형은 인형의 한 종류이기도 하지요. 유아: 네.
명료화 요구(clarification request) : 유아의 의도를 명확하게 말하도록 요청하기	교사: 식탁은 어디에 두나요? 유아: 부엌(잘 들리지 않는 작은 목소리로 대답함). 교사: 큰 소리로 다시 한번 말해 보겠니? 유아: (큰 소리로) 부엌이요.
반복(repetition) : 유아 혹은 교사 자신의 발화를 반복하기	교사: 오늘 날씨가 어때? 유아: 흐려요. 교사: 오늘 날씨가 흐리다고요? 유아: 네.
재구성(reformulation) : 유아의 이해 혹은 발화를 촉진하기 위해 바꿔 말하기	유아: 선생님. 질문 있어요. 교사: 어떤 질문이니? 유아: 송아지는 왜 고기를 먹지 않고 풀을 먹어요?
도움 주기(hint) : 유아의 이해나 발화를 돕기 위한 도움 제공하기	교사: 추석에는 무엇을 하죠? 유아: 떡 …… 송편. 교사: 추석에는 보름달 모양의 무엇을 만들죠? 유아: 추석에는 송편을 만들어요.
칭찬(praise) : 유아의 반응이나 발화를 칭찬하기	교사: 지난 주말에 무엇을 했어요? 유아: 수영장에 갔어요. 교사: 누구랑 갔나요? 유아: 엄마랑 아빠랑 그리고 할머니랑 수영장 갔어요. 교사: 잘했어요.

(2) 언어 발달 단계

언어는 낮은 수준의 사고 기능에서 높은 수준의 사고 기능으로 발달을 촉진하는 역할을 하는 정신의 도구(tools of the mind)로 모든 사회문화권에서 볼 수 있다(Bodrova & Leong, 2010, pp. 19-24). 고차적인 정신기능 발달을 촉진하는 언어는 외적 언어에서 자기중심적 언어를 거쳐 내적 언어로 내면화되는 과정을 거친다. 이때 외적 언어는 사회적인 언어로 다른 사람들과의 대화를 목적으로 한다. 반면에 자기중심적 언어인 혼잣말은 자신과의 대화(communication with the self)로 사회적인 언어와 내적인 언어적 사고(inner verbal thought)의 중간 단계에서 나타나는 언어의 형태다. 혼잣말은 4~7세에 일어나고 대략 4~5세경에 최고조에 달하다가 약 7~8세에는 감소한다. 비고츠키는 언어 발달을 4단계로 나누어 설명한다(강은경, 2003).

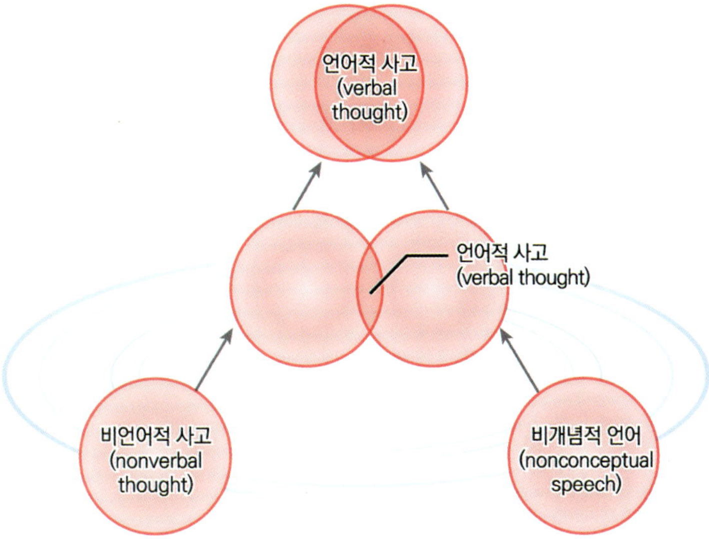

[그림 3-13] 언어 발달 과정

■ **1단계: 원시적 자연적 언어 단계(primitive natural speech stage)**

출생부터 1세까지 비언어적 사고와 비개념적 언어가 독립적으로 나타나는 시기다. 이 단계에서 영아는 자신의 욕구를 표현하기 위해 운다든지 만족감을 표현하기 위해 옹알거리기, 성인의 자극에 반응하며 옹알거리기, 분명한 개념의 이해가 없이 첫 단어를 말하기 등의 언어적 행동을 보인다. 이 시기는 비언어적 사고와 비개념적 언어가 점차 통합되어 2단계로 발전하게 된다.

■ **2단계: 순수 심리적 언어 단계(native psychological speech stage)**

순수 심리적 언어 단계는 2세가 되면 시작된다. 이 단계에서는 언어 이전의 사고와 사고 이전의 비개념적 언어가 점차 통합되며 의식적이고 개념적인 언어적 사고가 나타난다. 이 시기의 유아는 언어가 상징적 기능을 가진다는 것을 알게 되고 단지 조건화를 통해서만 언어를 학습하는 것이 아니라 스스로 사물의 명칭을 학습하려고 노력한다. 이 시기의 유아는 상당한 수준의 어휘를 습득한다. 그러나 언어의 본질적인 기능을 이해하지 못하고 단순히 문법적 구조만을 사용하기 때문에 이 시기 유아가 사용하는 언어는 순수하다.

■ 3단계: 자기중심적 언어 단계(egocentric speech stage)

이 시기의 유아는 손가락을 사용하여 셈하기를 하는 등의 외적인 조작을 통해 문제를 해결한다. 이 과정에서 유아는 다른 사람의 반응을 전혀 요구하지 않고 혼자서 중얼거리는 자기중심적 언어를 사용한다. 자기중심적 언어는 다음 단계의 내적 언어로 연결해 주는 중요한 역할을 한다.

■ 4단계: 내적 언어 단계(inner speech stage)

이 시기 유아는 아무런 소리를 내지 않고 머릿속에서 언어를 다룬다. 셈하기를 할 때 손가락을 사용하거나 혼잣말을 하지 않고도 머릿속으로 암산하는 것을 예로 들 수 있다. 이 시기의 유아는 내적 언어를 사용하여 문제를 논리적으로 해결할 수 있게 된다.

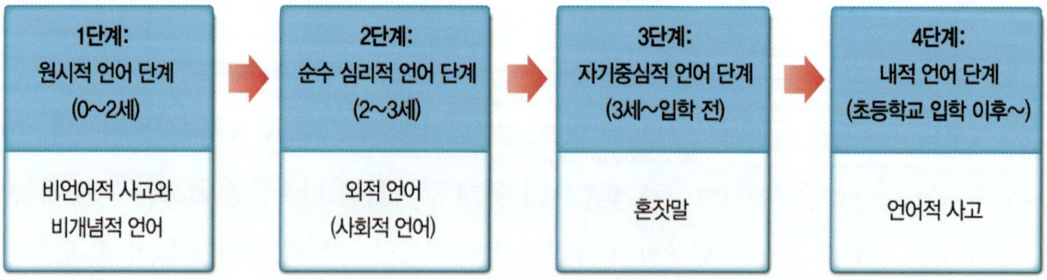

[그림 3-14] 언어 발달 단계

3) 구성주의 이론의 평가

언어 발달 촉진을 위한 상호작용주의 이론에서의 시사점은 다음과 같다.

- 피아제의 인지적 구성주의적 관점에 의하면 언어 발달은 인지발달을 전제로 한다. 따라서 언어 발달을 위해 인지발달을 촉진할 수 있는 환경과의 상호작용이 활발히 이루어져야 한다.
- 사회적 구성주의 관점에 따르면 또래 상호작용을 활용한 협동학습은 언어 발달 촉진을 위해 중요하다. 또래 협동학습은 더욱 유능한 유아가 다소 유능하지 않은 유아를 이끌며 수행을 돕는 것으로 또래 간 언어적 상호작용이 활발히 이루어지고 과제 수행뿐만 아니라 언어 발달을 촉진한다.
- 사회적 구성주의 관점에서는 유아와 성인과의 언어적 상호작용이 중요하다. 성인은 유아와 일대일 혹은 소집단을 이룬 유아와 적극적으로 대화하고 상호작용함으로써 언어 발달을 촉진한다.
- 성인은 유아의 혼잣말 사용을 격려해야 한다. 다른 유아를 방해하지 않는다는 것을 전제로 유아 스스로 과제해결을 위해 사용하는 자기중심적 언어사용을 격려할 때 언어 발달뿐만 아니라 사고발달을 촉진할 수 있다. 따라서 유아가 과제를 해결하는 동안 끊임없이 혼잣말을 하도록 격려해야 한다.
- 성인은 자신의 행동과 유아의 행동을 말로 표현해 주고, 과제해결을 위해 사용하는 사고과정을 유아에게 말로 표현해 준다. 유아도 자신의 과제해결 과정에서의 생각을 교사 혹은 다른 유아에게 말로 표현할 때 언어 발달을 촉진할 수 있다.

활동 3-1

다음의 개념들을 언어 발달과 관련하여 설명해 봅시다.

1) 강화, 모방, 관찰학습

2) 언어획득기제(LAD), 보편 문법

3) 상징적 언어, 상징적 사고, ZPD, 내면화과정

04

음성언어 발달

1. 언어 이전 시기
2. 언어 이후 시기
3. 유아어의 특성
4. 음성언어 발달 촉진을 위한 교사의 역할

04 음성언어 발달

언어는 수용 언어와 표현 언어로 분류할 수 있다. 수용 언어에는 듣기와 읽기, 표현 언어에는 말하기와 쓰기가 있다. 4장 음성언어 발달에서는 듣기와 말하기 발달을 살펴보고, 5장 문해 발달에서는 읽기와 쓰기 발달로 구분하여 살펴보고자 한다.

1 언어 이전 시기

1) 듣기 발달

(1) 신생아기

인간은 언제부터 듣기가 가능한가? 6~7개월 된 태아도 소리에 반응하기 시작하고 엄마의 자궁 안에서 언어를 이미 듣고 배우기 시작했기 때문에 태어나는 순간부터 언어를 이해할 수 있다고 한다. 갓 태어난 신생아도 사람의 얼굴을 알아볼 수도 있고, 다른 사람의 행동을 흉내 내기도 한다. 다른 사람의 소리에 반응하며 엄마의 소리를 구별할 수도 있다.

신생아를 둔 부모는 아기와 상호작용할 때 과장된 억양과 명확한 발음으로 짧은 문장을 사용한다. "우리 아기 잘 자 쪄." 혹은 "맘마 먹자." 등으로 부모가 사용하는 이상한 억양의 말을 '아기 말(baby talk)'이라고 한다. 아기 말은 신생아의 모국어 습득과 언어 발달에 도움을 준다.

(2) 영아기

영아는 아직 말할 수 없어도 다른 사람이 말하는 단어의 의미를 이해할 수 있고 간단한 지시나 자신의 이름 등에 반응한다(이세희, 2006; Hirsh-Pacek & Golinkoff, 1991). 9개월에서 10개월 정도의 영아는 의미 있는 말을 이해할 수 있으며 12~14개월경의 영아도 단어의 의미를 맥락과 관계없이 이해할 수 있다. 부모들은 약 8개월 정도에도 영아가 단어를 이해할 수 있다고 생각한다(Bates, Dale, & Thal, 1995). 영아가 초기에 이해하는 단어는 주로 사람이나 사물 이름이지만 점차 행동어나 눈에 보이지 않는 사물이나 사람에 대한 단어도 이해하게 된다(Benedict, 1976). 16개월에서 18개월 정도가 되면 문장을 이해할 수 있게 되고 간단한 지시를 수행할 수 있게 된다(곽금주 외, 2005). 3세 정도가 되면 자신의 경험에 비추어 기본적인 문법구조를 지닌 문장을 이해할 수 있으며, 4~5세가 되면 구와 절이 포함된 복잡한 문장을 이해할 수 있게 된다(김영태 외, 2003). 영아의 듣기 발달 특징은 다음의 〈표 4-1〉과 같다.

〈표 4-1〉 영아기 듣기 발달 특징

월령	특징
0~3개월	• 소리를 인식한다. • 소리에 대한 반응으로 미소를 짓거나 머리를 돌려 쳐다보거나 동작을 멈추거나 놀라는 반응 등을 한다. • 큰 소리에 반응한다. • 양육자의 목소리를 구별한다. • 갑작스러운 소리에 놀라는 반응을 보인다. • 말하는 사람의 얼굴을 본다. • 친숙한 소리에 조용해진다.
4~6개월	• 소리에 의미를 연관시키기 시작한다. • 이름을 부르면 반응한다. • 발성의 억양변화에 반응한다. • 정확하게 말소리의 근원을 찾기 시작한다. • 자신의 목소리를 듣는다. • 목소리가 들려오는 쪽을 정확하게 바라본다. • 울고 있을 때 다른 사람이 영아에게 말을 걸면 잠시 울음을 멈춘다. • 친숙한 사람의 음성, 화내는 음성 등을 구별하여 표정이나 몸짓으로 반응한다.
7~9개월	• 정확하게 소리의 근원을 찾는다. • 초 분절적 요소, 길이, 높이, 강도를 구분할 수 있다. • 주의집중 시간이 더 길어진다. • 다른 사람들 간의 대화를 듣고 있는 것처럼 보인다. • "엄마" "아빠" "빠이빠이" 등의 익숙한 낱말을 들을 때 관심을 보인다(예: "빠이빠이" 소리에 웃으며 쳐다본다). • "안 돼"라는 말에 반응하며 하던 행동을 멈추거나 주춤한다. • "이리 와." "빠이빠이" 하며 손짓하면 적절한 행동으로 반응한다. • 몸짓을 하면서 간단한 말로 요구하는 동사 '주세요.'나 '이리 와', '어부바' 등 3~5개 정도를 이해하는 것 같다. • 특정한 소리나 말, 상황에 따라 규칙적으로 따라 하는 행동이 있다(예: 죔죔, 도리도리 등). • 음악을 들으면 박자에 맞춰 적절한 몸짓이나 손동작으로 반응할 때가 있다.

월령	특징
10~12개월	• "안 돼." 이외의 부정적 명령(예: "하지 마." "만지지 마." 등)에 하려던 행동을 멈춘다. • 말하는 사람의 말투로 그 사람의 기분이나 감정을 아는 것 같다. • 새로운 낱말 듣는 것을 좋아한다. • 주위에서 들리는 배경 소리와 엄마의 말소리를 구분해서 엄마의 말에 귀를 기울일 수 있다. • 때때로 말로 요구했을 때 어른에게 장난감이나 물건을 줄 수 있다. • 때때로 간단한 명령을 따른다(예: "내려놔." "앉아." 등). • 음악이나 말로 한 요구에 맞게 몸동작이나 손동작으로 반응한다.

출처: 김미정(2012), pp. 58-62.

영유아의 언어 발달을 위해서는 영유아와 상호작용하는 부모의 행동이 중요하고, TV나 테이프를 들려주는 것은 영유아의 언어 발달을 촉진하지 못한다는 연구결과가 있다. 이것은 단순히 우유를 먹이고 기저귀를 갈아주는 보호의 수준을 넘어 섬세하고 민감하게 아기에게 반응하고 자극을 주는 것이 중요하기 때문이다. TV와 테이프는 영아의 눈높이에 맞추어 적절한 반응을 하지 못하기 때문에 영유아의 언어 발달을 촉진하진 못한다. 교사와 부모와의 직접적인 상호작용이 영유아의 언어 발달을 촉진하는 것이다.

2) 말하기 발달

영아가 음성과 주변의 소리를 지각해도 생리적 미성숙으로 소리를 내기가 쉽지 않다. 영아가 소리를 내기 위해서는 음성기관의 발달이 선행되어야 한다. 영아의 소리 산출은 뇌의 신경체계 발달과 성숙에 영향을 받는다. 예를 들어, 영아의 옹알이는 영아의 신경세포가 분화되기 시작하면서 나타난다. 영아의 표현 언어 발달은 울음, 옹알이, 한 단어 등을 통해 자신의 요구나 의도를 표현하는 것으로 발달한다.

(1) 울음

신생아는 하루 30분에서 3시간까지 때와 장소를 가리지 않고 울다가 2개월 정도가 되면 점차 우는 시간이 줄어든다. 신생아의 울음은 언어는 아니나 아기의 감정과 생리적 욕구를 표현하는 첫 번째 수단이다. 울음은 부모와 아기가 주고받는 대화의 시작이다. 아기가 울면 부모는 아기를 안고 말을 거는 반응을 하거나 아기가 처한 불쾌한 상황을 없애 주려 애를 쓴다. 아기의 불쾌한 상황이 해결되면 아기의 울음은 그치게 된다. 신생아의 울음은 본능적인 발성이기는 하지만 점차 배고픈 울음, 불쾌의 울음, 고통의 울음으로 분화되고 점차 모국어의 리듬에 민감하게 반응하며 소리의 차이를 구분하게 된다.

(2) 쿠잉

영아의 울음이 무의미하고 반사적인 발성의 한 형태라면, 생후 6주에서 8주 사이에 나타나는 쿠잉은 의도적인 발성이다. 쿠잉(Cooing)은 "우우우~~." "이이이~~." "아아아~~." 등의 모음으로 구성된 발성이 주를 이룬다. 이 시기에 영아는 소리를 산출하기 위해 혀와 입을 조작하는 연습을 하고, 목소리의 강도와 음도를 실험하는 것으로 이후의 소리 산출에 중요한 역할을 한다.

(3) 옹알이

[그림 4-1] 옹알이 하는 영아

신생아가 내는 소리는 동물의 울음소리와 비슷하지만 얼마 후 인간에게서만 찾아볼 수 있는 발성을 하는데 이것이 옹알이(babbling)다. 옹알이는 울음과 달리 언어행동의 발생기반이며 말하기 행동의 원초적 형태다. 울음은 욕구충족이 목적이기 때문에 욕구가 충족되면 곧 중단된다. 옹알이는 욕구충족의 결과로 주어진 즐거움과 기쁨의 상황일 때 더욱 많이 나타난다. 어느 정도 발성 기관이 발달한 영아는 울음이 아닌 "바바~~." "아아~~."와 같은 소리를 내고 입술을 부르르 떠는 소리를 내고 웃기도 한다. 옹알이는 신경계의 성숙과 환경적 영향의 상호작용으로 점차 발달해 간다(김사현, 1990).

옹알이는 4~6개월 정도에 자주 나타나기 시작한다. 초기에는 '바바(baba)'와 같은 한 음절이 반복되는 형태로 나타난다. 6~7개월경의 영아는 말소리에 가까운 소리를 내며 옹알이를 한다. '바바, 바바…….' '다다, 다다…….'처럼 자음과 모음을 짝을 지어 반복하거나 '다, 마, 가'처럼 자음과 모음의 결합이 반복되지 않는 옹알이를 한다. 8~10개월의 영아는 메아리처럼 성인의 음성이나 리듬을 모방하며 따라 하는 수준에서 옹알이를 한다. 우리나라 영아의 경우 6개월에 마마(mama), 바바(baba), 부부(bubu) 등이 반복되며 나타나고 7~8개월부터는 엄마, 아빠라는 말을, 9개월에는 '까까'라는 말을 시작한다(강명재, 1991).

부모는 옹알이 시기에 음절을 결합해서 말하는 것을 보고 영아가 말을 시작한다고 생각한다. 옹알이는 단순한 발성 놀이가 아니다. 자신이 내는 옹알이 소리를 듣지 못한다면 나중에 다양한 소리를 내지 못하게 된다.

옹알이는 모든 영아에게 나타나는 보편적인 현상으로 옹알이를 통해 말의 억양과 소리 크기를 가지고 노는 가운데 모국어를 연습한다. 옹알이는 음성언어의 표현발달에 중요한 역할을 하는데 양육자와의 상호작용을 통해 다양한 소리를 듣는 경험을 많이 한 영아가 옹알이와 발성의 발달이 더 촉진된다(주영희, 2005).

옹알이의 특징을 요약하면 다음과 같다.

- 옹알이는 즐거운 상태에서 나오는 발성이다.
- 옹알이도 발달한다. 처음에는 옹알이의 양과 종류가 모든 음소를 발성할 만큼 다양한 소리로 확대되고 발달해 가지만 일정 시간이 지나면 양육자의 강화와 모방으로 특정한 음소를 제한적으로 발성하는 방향으로 발달한다.
- 옹알이는 학습요인에 의해 영향을 받는다. 양육자의 강화와 모방으로 옹알이는 촉진된다. 청각 장애아나 적절한 자극을 받지 못하는 시설에서 자란 영아의 경우 옹알이의 양과 종류가 상대적으로 적게 나타난다.
- 옹알이는 반복 경향성을 가진다. 옹알이에는 마마(mama), 바바(baba), 부부(bubu) 등의 음의 반복 경향성이 나타난다.
- 옹알이는 단지 영아가 자신의 욕구충족을 목적으로 내는 발성이 아니라 양육자와의 정서적인 결합을 목적으로 하는 발성이며 일종의 음성놀이다. 이러한 옹알이를 사회적 옹알이라고 한다.

- 영아의 옹알이를 촉진하는 방법에는 무엇이 있을까? 옹알이 시기 영아의 언어 발달을 촉진하기 위해서는 아기가 보고 있는 모든 것을 이야기해 주자. 시시콜콜 영아의 옹알이에 장단을 맞추고 아기의 눈을 보며 설명해 주는 양육자의 행동은 옹알이 시기 영아의 언어 발달을 촉진한다.

(4) 몸짓언어

의사소통의 방법에는 언어적 의사소통의 방법과 비언어적 의사소통의 방법이 있다. 음성언어 발달이 충분히 이루어지지 않은 영아는 몸짓언어를 통해 다른 사람과 의사소통한다. 몸짓은 영아가 알고는 있지만, 언어능력의 제한으로 말하지 못하는 것을 표현하는 것으로 약 8개월경에 사용하기 시작한다.

몸짓언어 유형은 지시적 몸짓(deictic gestures), 관습적 몸짓(conventional gestures), 표상적 몸짓(representational gestures)의 세 범주가 있다. 지시적 몸짓에는 건네 주기, 보여 주기, 뺃기, 밀기, 가리키기가 있으며 관습적 몸짓에는 손 흔들기, 고개 젓기, 고개 끄덕이기가 있고 표상적 몸짓에는 이 닦기, 머리 빗기, 음식 먹기 등이 있다. 지시적 몸짓은 의사소통하는 과정에서 말하는 사람의 의도를 파악할 수 있게 하는 것으로 9~13개월경에 주로 나타난다. 9~11개월쯤의 영아는 사물과 물건을 가리키거나 건네는 등의 지시적인 몸짓과 손 흔들기(안녕의 의미), 고개를 젓기(싫어요.) 등의 관습적인 몸짓을 사용하기 시작한다. 영아는 자신이 의도하는 물건이나 형태를 반영하여 모양을 만드는 표상적 몸짓, 즉 '전화기'를 표현하기 위해 주먹을 귀에 가져다 대는 등의 몸짓을 통해 생각을 전달하기도 한다(김현미, 2014). 표상적 몸짓은 상징적 몸짓이라고 하기도 하는데 의사소통의 상황이 달라져도 영아가 전하고자 하는 의미가 일관성 있게 나타나는 몸짓을 말한다(전경은, 2012). 이처럼 영아는 몸짓을 이용하여 생각이나 감정을 표현할 수 있으며, 교사나 양육자가 영아의 몸짓을 잘 관찰한다면 영아의 생각이나 욕구를 파악할 수 있다.

베이비 사인(baby sign)은 영아가 의사소통을 위해 일상생활 속에서 가장 많이 쓰는 물체의 이름이나 활동, 감정 등을 단순화시켜 동작과 결합한 다음 영아가 표현할 수 있게 만든 아기 언어를 말한다(Johnston, Durieux-Smith, & Bloom, 2005). 영아가 베이비 사인을 이용해 의사소통하는 것은 여러 가지 이점이 있다. 첫째, 영아에게 다른 사람과 의사소통하는 기쁨을 일찍 느끼게 해 준다. 둘째, 베이비 사인의 사용은 양육자가 영아의 행동을 관찰하고 이해하지 않고는 사용할 수가 없기에 영아의 행동에 민감하게 반응해 주어야 한다. 양육자의 이러한 행동은 영아에게 안정적 애착을 형성하도록 도와준다. 셋째, 음성언어와 결합하여 반복적으로 사용되는 베이비 사인은 영아의 음성언어 발달에도 도움을 준다(김현미, 2014; Doherty-Sneddon, 2008).

영아가 베이비 사인을 시작하는 시기에 교사의 역할이 중요하다. 교사가 영아에게 베이비 사인을 알려 줄 때는 영아가 인지할 수 있는 상황에서 알려 주어야 한다. 예를 들어, 우유를 마시고 있는 영아에게 "우유."라는 말과 함께 베이비 사인을 알려 준다. 둘째, 베이비 사인의 시작은 간단한 단어로 시작하고 점차 복잡한 단어 "주세요, 먹어요."로 확장해 간다. 셋째, 베이비 사인은 일상생활에서 자주 접하는 것과 "안녕, 잘 가, 주세요. 자고 싶어요." 등 영아의 기본적인 욕구를 충족해 주는 것일 때 효과적이다. 넷째, 영아가 베이비 사인을 인지하고 표현하기까지 오랜 시간이 걸리기 때문에 교사가 영아에게 베이비 사인을 알려 줄 때는 일관성 있게 계속해 반복 표현해야 한다(고승준, 2011; Beyer, 2007; Seal, 2010).

〈표 4-2〉 베이비 사인의 사용 예

김 교사가 영아들과 베이비 사인을 활용하여 의사소통하게 되면 영아의 요구나 생각을 잘 이해할 수 있고 영아도 자신의 의사를 더욱 자주 표현하고 적극적으로 의사소통에 참여하려는 의지를 보인다고 하였다. 예를 들면, 김 교사는 영아가 대변을 보고 난 후 엉덩이를 두드리며 [응가 했어요] 하고 표현을 할 때 교사가 이를 눈치채고 "응가 했어." 하고 기저귀를 갈아 주면 영아들이 좋아한다고 이야기하였다. 베이비 사인을 사용한 이후로 김 교사의 학급에서는 영아들이 자신만이 아니라 친구가 대변을 본 경우에도 엉덩이를 두드리며 사인으로 알려 주는 경우들이 많이 있었다고 한다.

원정이는 미끄럼틀 위로 올라가 교사에게 손바닥을 펴서 보여 주었다. 교사는 원정이에게 다가가 "파이팅해 달라고" 하고 이야기하자 원정이는 고개를 끄덕이며 손을 교사 쪽으로 내밀었다. 교사가 원정이에게 "파이팅" 하고 이야기한 후 원정이의 손바닥을 치자 다른 곳에서 놀이하던 영아도 미끄럼틀로 모이며 [파이팅] 사인을 해 달라고 손을 내밀었다. (2013. 5. 30. 자유 놀이 관찰)

출처: 김현미(2014), pp. 52-56.

(5) 음성모방

영아가 약 8개월 정도에 이르면 다른 사람의 말을 모방하기 시작한다. 8개월에서 12개월에 이르는 이 기간을 반향(echolalic) 단계라고 한다. 반향 단계에서 영아는 메아리처럼 다른 사람의 소리를 그대로 모방한다.

〈표 4-3〉 0~12개월 영아의 말하기 발달

월령	특징
0~3개월	• 배고프거나 화가 나면 울음으로 표현한다. • 좋다는 표현으로 소리를 내기 시작한다. (예: 목을 울리는 소리) • 혼자 있을 때나 이야기를 할 때 놀이에서 옹알이를 한다(단모음 발성). • 가끔 자음(h, k, g)을 사용한다. • 가끔 말소리에 대한 반응으로 발성을 하기도 한다.
4~6개월	• 필요하거나 원하는 것이 있으면 발성한다. • 노래에 반응하여 발성한다. • 투레질, 목을 울리는 소리를 내고 소리를 지른다. • 말소리에 반응하여 발성한다. • 좋거나 싫음을 표현하기 위해 다양한 발성을 하기 시작한다. • 혼자 있을 때나 다른 사람이 있을 때 발성한다. • 소리의 길이, 높이, 강도, 운율적 요소의 변화를 보이기 시작한다. • 2개 이상의 다른 모음을 붙여서 옹알이한다. (예: '아우' '우아' '이아' 등) • "ㅂ, ㅃ, ㅍ, ㅁ"가 들어간 소리를 산출한다. • 목이나 입술에서 나는 다양한 소리를 즐기며 논다.
7~9개월	• 모음과 자음을 결합하여 서로 다른 2음절 이상의 옹알이를 한다. (예: '아바' '아부' 등) • "빠빠." "음마." 등의 낱말처럼 들리는 음절을 말한다. • 모음 소리를 다양하게 낸다. (예: '애' '아') • 억양이나 소리 크기를 달리하여 자신의 감정을 표현한다. • 같은 음절을 반복하여 소리 낸다. (예: '바바' '다다' '가가' 등) • 이름이 불리면 발성으로 반응하기 시작한다. • 게임 놀이를 하며 놀이 중에 발성을 한다. (예: 까꿍 놀이, 손뼉치기 등) • 노래하는 것처럼 보인다.
10~12개월	• 정확하지는 않더라도 소리를 듣고 음절 수대로 모방한다. (예: '맘마' 하면 '아아') • "아." 혹은 "어."와 같은 소리를 감탄사처럼 사용한다. (예: 장난감을 주었을 때 "아." 하며 기뻐한다) • 짝짜꿍이나 까꿍 놀이와 같이 엄마와 자주 하는 놀이를 영아가 먼저 시작하기도 한다. • 통용되는 몇 가지 몸짓 언어를 사용한다. (예: 인사하기, 고개 젓기, 손가락으로 가리키기) • 이름을 부르면 대답하는 것 같은 소리를 내거나 행동을 한다. • 혼자 놀 때 어른의 억양 패턴을 지닌 알아듣기 힘든 다양한 말을 사용하기 시작한다. • 더욱 긴 말의 패턴을 사용하여 장난감이나 물건에 말한다. • 종종 노래나 리듬에 발성으로 반응한다. • 첫 낱말을 사용하기도 한다. (예: '안녕' '마마' '엄마') • 모음과 자음들이 체계적으로 다양해진다. (예: '바다') • 몇 가지 의미 있는 단어를 사용한다.

출처: 김미정(2012), pp. 58-62.

ㄹ 언어 이후 시기

1) 한 단어 시기

일반적으로 영아는 12개월경에 첫 단어를 산출한다. 대체로 엄마, 아빠, 맘마, 멍멍이 등 일상생활 속에서 중요한 사람이나 사물과 관련되는 단어다. 영아가 말하는 단어가 진정한 첫 단어인지를 알 수 있는 기준은 다음과 같다. 첫째, 영아가 의도를 가지고 단어를 말해야 한다. 예를 들어, 영아가 과자를 보고 '과자'라고 말을 하는 경우다. 어머니가 과자를 주며 '과자'라고 말을 하도록 한 다음 영아가 '과자'라고 하는 것은 진정한 의미에서 첫 단어라고 할 수 없다. 둘째, 성인이 사용하는 형태와 비슷한 소리를 내야 한다. 예를 들어, 엄마를 '마마'라고 하지 않고 '기기'라고 발음하면 첫 단어라고 할 수 없다. 셋째, 처음으로 사용한 단어를 계속 사용하며 본래의 맥락에서 벗어난 다른 상황에서도 사용할 수 있어야 한다. '과자'라는 단어를 여러 모양의 과자에도 사용할 수 있고 그림책에 나오는 과자를 보고도 '과자'라는 단어를 사용할 수 있어야 한다(Pence & Justice, 2010). 영아가 의미를 이해하고 첫 단어를 발음하는 것은 생후 1년 이후에나 가능하다.

영아가 초기에 산출하는 단어는 대부분 명사다. 그러나 이때 사용하는 단어는 한정된 문맥 안에서만 사용된다. 문맥과 상관없이 단어를 사용하는 것은 13~16개월 정도에 가능하다. 초기 어휘 습득은 느리게 진행되다가 16~24개월 정도에 어휘의 습득 속도가 빨라진다. 15개월에 평균 10개 정도의 단어를 사용하다가 20개월 정도가 되면 50개, 24개월에는 250~300개의 단어를 사용하며 표현한다. 이 시기를 어휘폭발 시기라 한다(이세희, 2006; Hoff-Ginsberg, 2001). 이 시기에 어휘폭발이 일어나는 이유는 단어가 특정 사물이나 사람, 상황을 말한다는 사실을 유아가 이해하기 시작하고, 인지적 발달로 인해 사물을 범주화할 수 있기 때문이다(Barrett, Harris, & Chasin, 1991).

영아의 어휘 습득은 새로운 개념을 형성해 가면서 단어의 형태와 의미를 연결하고 의미 관계를 이해하는 과정이다. 의미발달은 곧 개념발달과 관련이 있다. 영아는 개념발달을 촉진하는 다양한 환경적 맥락 속에서의 경험을 통해 의미 지식을 습득해 나간다. 영아가 처음으로 학습한 개념은 그 문화권에서 중요한 의미를 지니는 대상이나 사람, 행위인 경우가 많다. 영아는 경험을 통해 개념을 인지적으로 범주화한다. 이러한 개념 지식은 그 개념에 이름을 붙이는 어휘발달에 앞서 발달한다(주영희, 2005). 예를 들어, 자신의 집에서 키우는 개를 보면서 '개'의 여러 특징을 알게 되고, '개'의 개념을 먼저 알게 된 그 후에 '개'라는 단어와 개라는 대상물을 연결하며 단어를 학습한다. 그다음 '개'와 '말' '소' 등의 다른 동물들의 특징을 구별하게 된다. 또한 '개'와 '말' '소'의 공통점을 이해하면서 '동물'이라는 범주로 분류할 수 있게 된다.

영아의 개념과 의미발달은 직접적인 경험과 간접적인 대리 경험을 통해서 촉진된다. 직접 경험은 영아가 주변 환경 속에 있는 대상이나 사건에 직접 참여하고 조작하는 경험을 말하고, 간접 경험은 책이나 그림 속에 있는 대상이나 사건을 시각적으로 표상함으로써 개념을 형성하는 것을 말한다. 따라서 일상생활 속에서 교사나 부모와의 상호작용은 영아가 즐겁게 개념이나 의미를 발달시킬 수 있는 좋은 방법이다.

〈표 4-4〉 유아기의 어휘 및 문장의 발달

유아기의 어휘 및 문장의 발달
생후 1세경: 첫 단어를 획득.
15개월경: 10개의 어휘 습득.
18개월경: 약 0~50개의 어휘 습득.
2세경: 50개 이상의 어휘 습득, 두 개 단어를 합쳐서 문장을 구성하는 이어문이 나타나기 시작.
2.5세경: 400개의 어휘 습득.
3세경: 1,000개 이상의 어휘 습득, 3~4개 단어를 사용한 완전한 문장을 구성하는 세 단어 이상의 시기가 나타남.
4~5세경: 1,500~2,000개의 어휘 습득, 4~5개 단어를 사용해서 문장을 구성.
5~6세경: 2,000~2,500개의 단어를 습득, 6~7개 이상의 단어를 사용해서 문장을 구성, 간단한 단어를 정의할 수 있고, 반의어도 알게 되며 접속사, 전치사, 관사를 더 많이 사용.

출처: 한나영(2011), p. 9.

한 단어 시기에 유아어의 특징은 과잉 일반화(overgeneralization) 현상과 과잉 축소(underextension) 현상이다. 과잉 일반화는 유아가 단어를 지나치게 일반화하여 사용하는 것을 말한다(Pence & Justice, 2010). 과잉 일반화에는 범주적(categorical) 과잉 일반화, 유추적(analogical) 과잉 일반화, 관계적(relational) 과잉 일반화 현상이 있다. 범주적 과잉 일반화는 유아가 '개'라는 단어를 새롭게 배운 후 이 단어를 송아지, 고양이 등에 적용해

이 동물들을 '개'라고 부르는 것이다. 유추적 과잉 일반화는 유아가 알고 있는 단어를 지각적으로 유사한 다른 사물을 부를 때도 사용하는 것을 말한다. 예를 들어, 새롭게 학습한 '공'이라는 단어를 '달걀'이나 '귤'처럼 둥근 모양을 가진 지각적으로 유사한 다른 사물에도 적용하는 것이다. 관계적 과잉 일반화는 유아가 알고 있는 단어를 의미론적으로 관련 있는 다른 사물에도 적용하는 것을 말한다. 예를 들어, '우유'라는 단어를 젖소를 부를 때도 사용하거나 '인형'이라는 단어를 인형 바구니에도 사용하는 것이다. 이때 인형이라는 단어는 인형과 바구니의 관계를 의미한다.

과잉 축소 현상은 새롭게 학습한 단어를 자신이 알고 있는 사물에만 적용하는 현상을 말한다. 예를 들어, '개'라는 단어를 자신의 집에서 기르는 강아지에게만 적용하거나 '공'을 자신이 가지고 노는 공에만 적용하는 경우다.

유아가 과잉 확장과 과잉 축소의 오류를 범하는 이유는 범주 구성원 오류(category membership error), 화용론적 오류(pragmatic error)로 인한 것이다(Pence & Justice, 2010). 범주 구성원 오류는 유아가 개와 송아지를 같은 종류의 동물이라고 생각하기 때문이다. 개라는 단어가 무엇을 의미하는지를 잘 알기 때문에 송아지를 개라고 부른다는 것이다. 화용론적 오류는 유아가 개와 송아지 두 종류의 동물이 다르다는 것을 알고 있지만 송아지를 가리키는 단어가 무엇인지를 모르기 때문에 유아가 알고 있는 의미론적으로 유사한 개라는 단어를 가지고 송아지를 부르기 때문이다.

2) 두 단어 시기

18~24개월이 되면 한 단어 시기에서 두 단어를 사용하여 문장을 말하기 시작하는 두 단어 시기로 발달해 간다(이신미, 1989; Hoff-Ginsberg, 2001). 두 단어 시기는 약 3~4개월 정도의 짧은 기간으로 곧 세 단어 시기로 발달해 간다. 이 시기에 두 단어 혹은 세 단어를 사용하며 의사소통하는데 전보의 문장처럼 중요한 단어만을 나열하기 때문에 이것을 전보식 문장(telegraphic speech)이라고 한다. 이 시기에 유아가 사용하는 두 단어는 단순히 두 단어를 나열한 것처럼 보이지만 나름대로 규칙을 가지고 있다. 두 단어 시기에 나타나는 규칙은 주축 문법과 격 문법이다.

주축 문법(pivot grammar)은 유아가 어른의 문법을 모방하여 사용하는 것이 아니라 어른이 사용하는 문법 규칙과는 다른 유아 나름의 단어 조합 규칙을 가지고 있다는 것을 말한다. 주축 문법은 주축어(pivot word)와 개방어(open word)의 두 단어로 구성된다. 주축어는 고정되어 자주 나타나는 단어이고, 개방어는 사용빈도가 적고 주축어에 결합하여 있는 단어다. 예를 들어, "엄마, 쉬." "엄마, 까까." "엄마, 우유."라고 할 때 엄마가 주축어고, 쉬, 까까, 우유가 개방어다.

주축 문법에서 주축어는 다음과 같은 특징이 있다.

- 주축어는 고정된 자리에 위치해야 한다.
- 주축어는 다른 주축과 함께 사용되지 않는다.
- 주축어는 홀로 사용되어서는 안 된다.
- 주축어는 다른 개방어와 결합할 수 있어야 한다.

그러나 두 단어 시기의 유아어의 분석에서 주축어가 '더' 혹은 '빠이빠이' 등과 같이 단독으로 사용되기도 하고 주축어의 위치가 고정되기보다는 유동적인 경우가 많고, 유아가 두 단어를 두 개의 다른 상황에서 같이 사용하는 것을 관찰할 수 있다. 예를 들어, '엄마 양말(Mommy sock)'이라는 말은 '엄마의 양말(It's mommy's sock)'이라는 소유격 의미와 '엄마가 양말을 신겨 준다(Mommy is putting on my sock).'라는 행위의 두 의미로 사용될 수 있다. 그러나 주축 문법은 이러한 유아의 두 문장 발화의 의미를 구분할 수 없다는 문제점을 가지고 있다(이은미, 2005).

다음으로 두 단어 시기에 나타나는 규칙은 두 단어를 의미론적 관계에서 파악하는 격문법(case grammar)이다. 두 단어 시기에 가장 많이 나타나는 의미론적 관계는 행위자-행위, 목적-행위, 행위자-목적, 장소-행위, 장소-실체다. 가장 먼저 나타나는 의미론적 관계는 행위자-행위의 관계로 "엄마, 어부바." "아빠, 맴매." 등이 있다. 다음으로 목적-행위의 관계는 "빵 줘." "쉬 했다."가 있고 행위자-목적의 관계는 "엄마, 밥." "아야, 똥." 등이 있다. 장소-행위의 관계는 "빵빵 타." "기차 가."가 있고 장소-실체의 관계는 "엄마, 책." "아빠, 옷." 등을 예로 들 수 있다. 여기서 실체란 구별되는 개별 존재의 사물을 말한다.

생후 2년 전후 유아는 두 단어 문장에서 세 단어 문장을 사용하게 되는데 두 단어 문장에 단어 하나를 첨가하여 세 단어 문장을 만들어 간다. 예를 들어, "아빠, 학교."에서

"아빠, 학교 가."처럼 행위자-장소에 행위를 첨가함으로 행위자-장소-행위로 확장해 간다. 또한 "엄마, 흙."에서 "엄마, 흙 파."처럼 행위자-목적은 행위자-목적-행위로 확장해 간다. 이때부터 의미를 알고 언어를 사용하기 시작한다.

3) 다 어문 시기

만 3세경이 되면 유아는 세 단어 이상을 연결하여 문장을 구성하기 시작한다. 세 단어 문장 시기에는 단순히 단어를 나열해 문장을 구성했다면 세 단어 이상을 사용하여 문장을 구성하는 시기에는 우리말의 기본 구조를 산출하기 시작하며 일부 격 조사나 문장 어미 등 문법적 형태소를 첨가하면서 문장을 구성하기 시작한다. 이때 유아가 사용하는 문법적 형태소도 성인이 사용하는 것이 아니라 유아 나름의 문법적 형태소를 사용하는 것을 관찰할 수 있다. 유아가 사용하는 문법적 형태소의 특징은 문법의 과잉 일반화 현상이다. 예를 들어, 주격 조사 '가'에 대해 배운 유아가 "발가 아파(발이 아파)." 혹은 "선생님이가(선생님이)."라고 말하기도 한다. 이러한 현상은 2~4세에 주로 나타나며 문법을 습득해 가는 과정에서 나타나는 일시적 현상으로 볼 수 있다.

2~3세 유아는 문법에 숙달하게 되면서 주격 조사나 여격 및 공존격 조사를 중심으로 조사를 사용할 수 있게 되고 문장종결 어미들이 나타나기 시작한다. 조사의 경우에는 "엄마랑 애기랑." "나 두." "엄마하고 같이." 등의 예처럼 '랑' '하고' '도' '같이'와 같은 공존격 조사가 가장 먼저 발달한다. 다음으로 주격조사 '~이' '~가'가 발달한다. 다음으로는 "아빠 회사에 가." 또는 "멍멍이 바깥에 있어."에서와 같이 장소를 지칭하는 장소격 조사가 나타난다(이영자, 이종숙, 이정욱, 1997a). 문장종결 어미는 "엄마야."에서와 같은 호칭 어미나 "내 꺼야." 또는 "이리 와라." 등에서처럼 문장종결 어미가 가장 먼저 발달한다.

의문문의 사용은 유아와 깊은 관계가 있다. 사물에 대한 호기심이 많아 질문을 많이 하기 때문이다. 유아의

의문문 사용은 처음에는 문장의 끝을 올리는 의문문을 많이 사용하다가 점차 의문형 어미(~지, ~까, ~냐, ~니)나 의문사를 사용하는 의문문 사용이 증가한다(이영자, 이종숙, 이정욱, 1998). 예를 들어, 끝을 올려 의문문을 만드는 것은 "언니는?" "싸워?" "고양이가 먹어?" 등이 있다. 의문형 어미를 사용하는 의문문으로는 "내가 만들어 줄까?" "고양이는 이거 먹지?" "잘 먹냐?" "자동차 잘 가니?" 등이 있다. 의문사를 사용하는 의문문으로는 "뭐?" "왜요?" "엄마 어디 갔지?" "이거 누구 꺼야?" "누구야?" "어떤 거?" 등이 있다. 유아는 인지발달에 따라 제일 먼저 '무엇'이라는 질문을 하게 되고 인과관계를 이해하게 되면 '왜'라는 질문을 하게 된다. 다음으로 '어떻게' '언제' 등과 같은 의문문을 사용하게 된다.

4, 5세 이후에 구나 절이 포함된 비교적 복잡한 문장을 이해할 수 있게 되며, 문법 형태소의 기능을 잘못 이해하는 오류도 점차 감소한다. 단순한 구조의 이야기를 이해할 수 있게 되며, 대화에서도 대화 상대방의 입장을 고려할 수 있게 된다.

문장의 복잡성은 문장이 단문인가 중문인가 복문(내포문)인가로 분류된다. 유아는 중문과 복문을 접속사와 연결어미를 사용해 만든다. 유아가 사용하는 접속사는 '그리고' '그러나' '그래서' '그런데' '그러면' '그러니까' '그러다가'의 7가지다. '그리고' '그런데'는 1세에, '그러나' '그래서' '그러면'은 2세에, '그러니까' '그러다가'는 3세경에 나타난다. 연결어미는 '~고' '~데'가 가장 먼저 나타나고 다음으로 '~나' '~서' '~면'이다. 1~3세 유아의 경우 '~고' '~면'의 연결어미를 가장 많이 사용한다(이영자 외, 1997b).

3 유아어의 특성

유아어에는 성인과 달리 여러 가지 특성이 나타난다. 어휘사용과 문법사용의 두 가지 측면에서 유아어의 특징을 요약하면 다음과 같다(이신미, 1989).

1) 어휘의 특성

- 유아는 반복하는 것을 좋아한다. 예를 들면, 총소리를 흉내 낼 때 탕탕, 빠방빠방, 자동차 소리를 흉내 낼 때 칙칙폭폭, 칙칙폭폭 기차 소리, 애앵- 애앵- 불이 났어요

등 소리를 반복해서 낸다. 따라서 유아어에는 의성어, 의태어 등이 많이 나타난다.

- 어휘를 줄여 사용한다. 유아어에서는 한두 음만 발음하고 나머지는 생략해 버리는 축약 현상이 나타난다. 이것은 발음기관의 기능이 충분히 발달하지 못한 것과 관련이 있다. 예를 들면, 빠이빠이를 빠빠이로, 비행기를 뱅기, 할아버지를 하버지로 축약해 발음한다.
- 시제와 반대 관계의 어휘를 잘 사용하지 못한다. 유아들은 일상생활 속에서 시제를 정확하게 사용하거나 자주 사용하지 못한다. 예를 들어, "나 어제 유치원에 갈 거야." 혹은 집주인과 인사를 하며 "다음에 또 놀러 갈게요."라는 말을 한다.
- 독창적인 어휘를 사용한다. 유아들은 포클레인을 보고 코끼리 차라고 한다든지 홍시를 보고 찐득찐득한 감이라고 하기도 한다.
- 감탄어와 상징어를 많이 사용한다. 예를 들면, 기쁠 때 "야아, 야아, 신난다."라고 하거나 "멍멍이와 야옹이가 싸우고 있어요."라고 말을 한다.

2) 문법의 특성

- 문법의 과잉 일반화 현상이다. 유아는 자신이 학습한 문법 규칙을 규칙이 적용될 수 있다고 생각하는 모든 곳에 사용하는 오류를 보인다. 예를 들면, "이거 선생님이가 주었어요."라고 표현한다거나 "나 세수했다."를 "나 치약했다."로 과잉 일반화하여 사용하는 경우를 들 수 있다.
- 조사를 생략하거나 중복하거나 잘못 사용하는 경우가 많다. 예를 들면, "우리 버스 탔다." 혹은 "나 일등으로 밥 먹었다."와 같이 조사를 생략하거나 "선생님이가 온다." "바람이가 분다." 등과 같이 조사를 중복하여 사용하기도 한다. 마지막으로 "새가 두 마리가 있어." "이거가 있어." 등과 같이 조사를 잘못 사용하기도 한다.
- 주어와 술어를 도치하는 현상을 보인다. 예를 들면, "총 사 왔다, 아빠가." 혹은 "온다, 눈이가." 등과 같이 주어와 술어를 도치하여 사용하는 것이 특징이다.
- 부정어를 잘못 사용한다. 한 단어의 첫머리나 한 문장의 첫머리에 '안' 혹은 '못'을 붙여서 부정어로 표현한다. 예를 들면, "나는 안 바보야." "나는 안 신발 신을 거야." "안 다 먹었어." 등과 같은 표현을 사용한다.

4 음성언어 발달 촉진을 위한 교사의 역할

교사와 유아의 언어적 상호작용은 영유아 간의 언어적 상호작용보다 언어 발달을 더 촉진한다. 이 중에서도 언어 발달에 더 많은 영향을 주는 것은 언어적 상호작용의 양보다 언어적 상호작용의 질이다. 교사가 영유아에게 명령이나 지시어, 금지어보다 정보적 언어를 많이 사용하고 영유아의 질문에 잘 대답해 줄 때 영유아의 언어적 반응이 활발하다. 즉, 지시하고, 통제하고, 제한하는 교사나 영유아를 단순히 껴안아 주거나 직접 도와주는 교사보다 반응적 · 긍정적 · 수용적이고, 정보를 주고, 영유아에게 책을 읽어 주고, 선택권을 주고, 부드러운 제안을 하는 교사가 영유아의 언어 발달을 더 촉진한다(김지연, 2004; McCartney, 1984; Tizzard, Cooperman, & Joseph, 1972).

〈표 4-5〉 교사의 지시적 · 비지시적 언어 행동

- 지시적 언어 행동: 영아에게 언어 혹은 행동으로 표현하도록 명령형으로 말하는 것이다.
  예) 교사: "이건 저쪽에다 넣어."
- 비지시적 언어 행동: 영아에게 언어 혹은 행동으로 표현하도록 권유형으로 말하는 것이다.
  예) 교사: "그럼 여기에 블록을 쌓아 볼까?"

〈표 4-6〉 교사의 언어적 피드백 유형

- 칭찬하기: 영아의 언어와 행동표현에 대해 교사가 칭찬하기
  예) 영아: "선생님, 이거 내가 만들었어요."
  교사: "정말 잘 만들었네."
- 확인하기: 영아의 언어와 행동표현에 대해 교사가 확인하기
  예) 영아: "선생님, 저기 새가 날아가요."
  교사: "그래. 저기 새가 날아가고 있네."
- 반복하기: 영아의 언어와 행동표현에 대해 교사가 반복하기
  예) 영아: "여기에 돌을 올리는 거야."
  교사: "여기에 돌을 올리는 거야."
- 교정하기: 영아의 언어와 행동표현에 대해 교사가 교정하기
  예) 영아: "이거는 빨간색 블록이야."
  교사: "그건 빨간색이 아니고 초록색이야."
- 확장하기: 영아의 언어와 행동표현에 대해 교사가 첨가하여 말하기
  예) 영아: "눈사람이야."
  교사: "모자 쓴 눈사람이네."

활동 4-1

신생아의 모방능력은 탁월하다. 혀를 넣었다 내미는 엄마의 모습을 그대로 따라 할 수 있다. 이 실험을 처음으로 실시한 사람은 1977년 앤드루 멜조프(Andrew Meltzoff)와 키스 무어(Keith Moore)이다. 이것은 신생아가 다른 사람과 긴밀한 관계를 맺고 상호작용하고자 하는 본능을 보여 준다.

1. 신생아의 이러한 모방능력은 언어 발달과 관계가 있을까? 그 이유는 무엇이라 생각하는가?

2. 영아의 모방능력과 언어 발달이 관련이 있다면 이때 교사의 역할은 무엇인가? 영아기와 유아기로 나누어 생각해 보자.

활동 4-2

1. 영아가 몸짓언어를 사용하는 경우를 예를 들어 봅시다.

11개월 가은이가 거실에서 놀다 부엌에서 부르는 엄마의 소리를 들었다. 엄마에게 가려다 장난감 전화기에 걸려 넘어졌다. 가은이는 자신의 무릎과 전화기를 가리키며 '우우'라는 소리를 내며 운다. 부엌에서 달려온 엄마는 가은이가 무엇을 말하는지 알 수 없었다. 그러자 가은이는 계속해서 자신의 무릎과 장난감 전화기를 가리키며 '우우'라고 한다. 엄마는 전화기를 가리키며 "가은이가 전화기에 걸려 넘어졌구나."라고 하며 장난감 전화기를 보며 "때찌, 때찌"라고 하고 가은이의 무릎을 "호호" 불어 준다.

2. 유아교육 기관에서 영아와 함께 사용할 수 있는 베이비 사인을 만들어 보자.

예) [주세요]: 두 손을 포개어 앞으로 내민다.
[잠이 온다]: 양손을 뺨에 가져다 놓는다.

05

문해 발달

05 문해 발달

유아의 언어 발달은 음성언어 발달과 문자언어 발달로 나뉜다. 문해는 영어의 literacy로 문해 혹은 문식성으로 번역된다. 문해는 의사소통을 목적으로 문자를 통해 다른 사람과 의미를 주고받는 것으로 읽기와 쓰기가 여기에 해당한다. 문해 발달은 유아의 읽기와 쓰기 발달을 의미한다. '언제부터 읽기와 쓰기가 가능한가?' '유아는 언제부터 읽기와 쓰기를 할 수 있는가?' 등의 의문에 최근의 연구는 몇 살부터라고 분명히 제시하지는 않지만, 문해 행동이 이른 나이에 시작된다는 것에 동의한다. 유아는 문해 발달을 위한 타고난 선천적 능력이 있으며 풍부한 문해 환경 속에서 다른 사람과의 상호작용을 통해 자연스럽게 읽기와 쓰기를 습득해 간다.

유아의 문해 발달을 바라보는 관점은 다양하다. 초기 읽기, 쓰기 행동을 성숙의 결과로 보는 성숙주의 관점과 학습의 결과로 보는 행동주의 관점이 있으며, 최근에는 발생적 문해(emergent literacy) 관점이 대두되었다. 이 장에서는 문해 발달의 관점과 영유아기의 읽기, 쓰기 발달에 관해 살펴보고자 한다.

1 문해 발달 관점

1) 문해의 의미

문해(literacy)는 글을 통하여 의미를 구성하고 해석하며 다른 사람들에게 의미를 전달하고 전달받는 활동을 의미하는 것으로 읽기와 쓰기가 여기에 해당한다. 문해 언어(literate language)는 음성언어(oral language)와 대조되는 것으로 단어와 문장을 통해 정보가 전달되며 음성언어보다 맥락에 영향을 덜 받는다(Westby, 2005). 음성언어가 유아들이 친숙한 주제를 가지고 단순하고 반복되는 구문을 사용하며 친숙한 맥락 속에서 이루어지는 언어 활동이라면, 문해 언어는 친숙하지 않은 주제를 가지고 덜 맥락적인 상황 속에서 복잡한 구문을 사용하는 언어 활동이라고 할 수 있다. 따라서 유아에게 문해 언어는 음성언어보다 훨씬 어렵고 배우기가 어렵다.

유아는 문해 언어를 학습하고 발달시키기 위한 타고난 선천적 능력이 있다. 다른 사람과 소통하고 생각이나 감정, 정보 등을 다른 사람에게 전달하고 싶어 한다. 다른 사람과 의사소통하기 위해 유아는 읽기와 쓰기를 학습한다.

읽기와 쓰기는 단순히 글자를 해독하거나 글자를 베껴 쓰는 문해의 기초 수준의 기능과 글을 읽고 분석하고 비판 종합하며 생각을 글로 표현하는 고등기능 수준을 포함한다(노명완, 1990). 따라서 문해는 단순히 글자를 읽고 쓰는 수준을 넘어서 다른 사람의 생각을 이해하고, 다른 사람에게 생각을 표현하는 고차원적인 사고과정이다. 문해는 글을 아는 인지적 과정뿐 아니라 사회·문화적 과정까지도 포함하며, 그것은 문해 능력이 그 개인이 속한 사회·문화적 특성을 반영하기 때문이다(Goodman, 1983, 1986).

2) 문해 발달 관점

문해 교육과 관련하여 유아에게 언제, 무엇을, 어떻게 가르쳐야 하는가의 문제는 끊임없이 논란이 되어 왔고 학자마다 주장이 각기 다르다. 문해 발달을 바라보는 관점은 1920년대의 성숙주의 관점, 1960년대의 행동주의 관점, 그리고 1980년대의 상호작용 관점으로 변화되었다(Teale & Sulzby, 1986). 성숙주의 관점과 행동주의 관점은 전통적인 문해 발달 관점으로 읽기 준비도(Reading Readiness) 개념을 강조한다. 문해 발달의 상호작용 관점은 일상생활 속에서의 경험을 강조하는 발생적 문식성의 개념으로 현재까지 지지를 받고 있다.

(1) 성숙주의 관점

문해 발달을 설명하는 성숙주의 관점은 본격적인 읽기와 쓰기 전에 읽기와 쓰기를 위해 준비되어야 한다는 읽기 준비도를 강조한다.

성숙주의 관점에서 읽기 준비도 개념은 게젤(Gesell)의 성숙이론에 기초를 두고 있다. 초기 발달이론인 게젤의 성숙주의 이론에 따르면 발달은 사전에 결정된 유전적 요소, 즉 개인의 내적 유전 기제에 의해 성장하고 변화하는 것을 말한다. 환경적 요소는 단지 이러한 유전적 요소의 발현과정에서 지지하고 수정하는 역할을 할 뿐이다. 따라서 문해 발달의 관점에서도 읽기에 필요한 정신적·신체적 성숙이 이루어지고 난 뒤 어느 순간에 이르면 자신의 내적 기제에 의해 읽기와 쓰기를 쉽게 숙달하게 된다. 따라서 읽기, 쓰기의 문해 교육은 유아가 읽기, 쓰기를 할 수 있을 때까지 기다린 후 해야 한다. 읽기에 흥미를 보이기 전에 읽기 기술을 가르치는 것보다 유아가 준비된 적절한 시기에 문해 교육을 할 때 더 효과적이다.

성숙주의 관점에서 읽기 준비도 개념은 글자형태의 시각적 변별과 언어적 소리의 청각적 변별을 읽기 기초과정으로 보는 개념이다. 읽기 준비도 개념은 유아의 구어적 어휘능력은 어느 정도인지, 읽기에 대한 호기심은 어느 정도인지, 규칙을 따르는 능력은 있는지, 위, 아래, 개방, 폐쇄 등과 같은 개념은 이해하고 있는지, 선이나 동그라미를 있는 그대로 베껴 쓸 수 있는지 등을 읽기 준비도의 개념 안에 포함하고 있다. 따라서 유아의 읽기, 쓰기 지도는 문해 교육을 위한 준비교육으로 읽기에 필요한 인지적·사회적·신체적 준비를 시키는 시기다. 유아가 신체적·지각적·인지적 기술을 먼저 습득하고 성숙이 이루어진 후에 읽기, 쓰기 교육을 본격적으로 시작하는 것이 효과적이다. 읽기를 위한 준비 과정은 유아가 색칠하고, 종이를 자르고, 모양을 그려 보고 그림을 맞추어 보는 등의 활동에 참여하는 것이다(조정숙, 이차숙, 노명완, 2005; Burns, Griffin, & Snow, 1999).

- 유아들은 성숙이 이루어지면 읽기와 쓰기를 쉽게 학습한다. 그러므로 읽기, 쓰기 교육은 유아가 준비되는 적절한 시기에 해야 한다.

(2) 행동주의 관점

행동주의 관점에서의 읽기 준비도 개념은 1960년에서 1980년대까지 영유아들의 읽기, 쓰기 행동에 영향을 주었다. 행동주의 읽기 준비도 개념은 1957년 구소련이 인공위성인 스푸트니크(sputnik)를 발사한 이후에 미국에서 조기 교육을 강조하는 분위기 속에서 확산되었다.

행동주의 관점은 아동의 발달에 영향을 주는 요인으로 환경적 요인을 중요하게 생각한다. 유아의 언어습득은 선천적 요인에 의한 것이 아니라 강화, 모방, 반복 등과 같은 후천적 경험으로 이루어진다. 행동주의 읽기 준비도 개념은 체계적으로 잘 조직된 후천적 경험이 신체적 성숙보다 읽기 학습에 더 중요하다. 따라서 지능이 보통인 유아에게 체계적으로 잘 조직된 학습 경험을 제공하면 3~5세 이전에도 읽기 교육이 가능하다.

이처럼 행동주의 관점은 읽기 학습에 있어서 유아의 신체적 성숙보다는 잘 조직된 경험을 어떻게 제공할 것인가에 관심을 둔다. 충분히 성숙하지 않은 유아라 해도 학습 자료와 과제를 쉬운 것에서부터 어려운 것으로 적절히 배열하고, 단계별로 충분히 연습하는 기회를 제공하면, 유아의 연령과 상관없이 이른 나이에도 읽기를 학습을 할 수 있다. 행동주의 관점에서의 읽기, 쓰기 교수 방법은 시각 식별력과 시각언어, 청각 식별력과 청각 기억, 낱자 이름과 낱자 소리, 낱자 인지 등으로 조직되어 위계적인 순서에 따라 가르친다. 교사는 직접 읽기와 쓰기의 모델을 제공하고 유아들이 이것을 모방하거나 반복하도록 하여 읽기와 쓰기를 습득하도록 지도한다.

행동주의 읽기 준비도의 관점에 대해 요약하면 다음과 같다(McGee & Richgels, 2000).

- 듣기와 말하기는 영유아들이 자연적으로 습득할 수 있지만, 읽기와 쓰기는 배우기가 어려워 체계적이고 형식적인 교육이 필요하다.
- 문자언어 발달의 기준도 성인과 비슷한 수준에서 읽고 쓰기가 가능할 때 문자언어를 학습한 것으로 본다.
- 읽기와 쓰기에는 준비가 필요하다. 유아들을 읽을 수 있도록 준비시킨 후 읽기를 위한 기초 기술들을 가르칠 수 있다.
- 읽기 위해서는 읽기 준비가 필요하고 쓰기는 읽기를 학습한 후에 가능하다.

(3) 발생적 문해 관점

1980년대에 들어오면서 피아제의 인지적 구성주의와 비고츠키의 사회적 상호작용이론, 사회심리언어학의 영향으로 문해 발달에 관한 새로운 관점인 발생적 문해 개념이 대두되었다. 이 개념은 유아의 문자언어 행동이 서서히 나타난다는 의미로, '문해의 뿌리(the roots of literacy)'라고도 한다. 유아는 태어나면서부터 주변의 문해 환경 속에서 자연스럽게 글과 글자의 형태, 글과 글자를 인식하게 되고, 말과 글자를 관계 짓는다는 이 개

넘은 유아기의 문해 발달과정과 성격을 이해하는 새로운 틀을 제공한다(Goodman, 1986).

발생적 문해(emergent literacy)에서 발생(emergent)이라는 단어의 뜻 자체가 발달의 의미를 포함한다. 즉, 영유아의 문해 발달이 출생과 함께 시작되며 일생 계속되는 과정이라는 의미다. 형식적으로 언어를 지도해야 한다는 의미보다 일상생활의 자연스러운 상황에서 학습해야 한다는 의미를 포함한다. 이것은 유아가 읽기와 쓰기를 형식적으로 지도받기 훨씬 이전부터 자연스러운 문해 환경 속에서 문해에 관한 지식을 습득한다는 것이다. 예를 들어, 부모님이 책을 읽고 편지를 쓰는 행동을 보며 책에 관심을 가지고 읽어 보려고 한다. 이를 통해 영유아는 자연스럽게 책의 의미와 글자의 의미, 글과 글자의 의미, 형태, 규칙을 알고 음성언어와 문자언어의 관계를 알아 읽고 쓰는 행동을 학습한다. 이처럼 발생적 문해 관점에서 유아의 문해 학습은 점진적인 과정으로 일상생활 속에서 문해환경과의 상호작용을 통해 발달한다.

[그림 5-1] 책을 탐색하는 영아

발생적 문해 관점의 특징을 살펴보면 다음과 같다(Crawford, 1995; Goodman, 1989; McGee & Richgels, 1996; Sulzby & Teale, 1991).

- 문해 학습은 유아가 형식적 지도를 받기 이전부터 시작되며 유아가 말을 배우는 것과 같은 방법으로 읽기와 쓰기를 배운다. 주로 가정과 지역사회의 비형식적 문해 환경을 통해서 학습한다. 읽기와 쓰기는 유사한 활동이며 상호 관련성이 있는 활동이다. 유아의 문해 활동을 관찰해 보면 읽기와 쓰기를 분리하기는 어렵다. 유아는 그리거나 끼적인 글자들에 다시 의미를 부여하며 읽는 행동을 한다. 이처럼 유아는 쓰는 것을 통해 읽기를 배우고 읽기를 통해 쓰는 것을 배운다. 따라서 읽기와 쓰기의 두 활동은 상호 관련성이 있다.
- 영유아의 듣기, 말하기, 읽기, 쓰기의 능력은 서로 분리해 발달하는 것이 아니라 거의 동시에 상호통합적으로 발달한다. 즉, 행동주의 관점에서 주장하는 것처럼 읽기를 배운 후에 쓰기를 할 수 있는 것이 아니라 듣기, 말하기, 읽기, 쓰기가 동시에 상호 관련성을 가지며 발달한다.

- 영유아의 문해 능력은 문해 환경과의 적극적인 상호과정을 통해 발달한다. 영유아가 문해 환경과 상호작용할 때 성인의 역할이 중요하다. 성인이 영유아의 수준을 고려하여 근접발달영역에서 상호작용할 때 영유아의 문해 능력은 더욱 촉진되고 발달한다.
- 유아의 문해 능력은 성인에 의해 인위적이고 형식적인 지도를 통해 발달하기보다는 일상생활 중에서 의미 있고 자연스러운 문해 경험을 통해 발달한다. 즉, 유아의 문해 능력은 성인과 또래 간에 읽기와 쓰기를 함께하는 상호작용으로 발달한다. 예를 들어, 유아가 가족들과 함께 읽고 쓰는 활동을 할 때 가족들이 사용하는 전략을 자연스럽게 배운다.
- 읽기와 쓰기도 듣기, 말하기와 마찬가지로 의미 있는 활동에 참여할 때 문해 지식을 습득한다. 유아는 음식점 놀이나 병원놀이, 생일잔치 등과 같은 의미 있는 문해 사건에서 읽기와 쓰기를 가장 잘 학습한다. 생일잔치에 초대장을 만들고 메뉴판을 구성하고 초청하고 싶은 친구의 이름을 읽고 쓰는 활동은 유아에게 의미 있고 재미있는 활동이다. 유아는 의미가 풍부한 문해 사건에서 활동할 때 문해 지식을 잘 습득한다.

〈표 5-1〉 문해 발달 관점 비교(이차숙, 2004 p. 182)

	성숙주의	행동주의	인지적 상호작용주의	사회적 상호작용주의
언어관	• 언어는 학습의 대상 • 음성언어가 문자언어에 선행함	• 언어는 학습의 대상 • 음성언어가 문자언어에 선행함	• 언어는 사고를 반영함 • 음성언어와 문자언어의 차이에 관심이 없음	• 언어는 사고를 촉진함 • 음성언어와 문자언어는 동시에 발달함
문자언어 학습관	• 일정한 정신연령이 되어야 문자언어 학습이 가능함 • 음성언어의 습득 후에 문자언어 습득이 이루어짐	• 체계적으로 가르치면 초기에도 문자언어 학습이 가능함 • 음성언어 습득 후에 문자언어 습득이 이루어짐.	• 사고 발달단계에 따라 언어습득이 이루어짐	• 출생 직후 성인과의 상호작용을 통해 문자언어를 습득함 • 형식적인 교육을 통하지 않고도 문해 환경 속에서 자연스럽게 습득 • 음성언어와 문자언어 습득이 동시에 이루어짐
시사점	• 문자언어 지도 이전에 학습 준비도	• 문자언어 지도 이전에 음성언어 지도를 먼저 함 • 체계적인 언어 교수 내용과 방법 강조 • 조기 언어교육 강조	• 언어 발달을 촉진하기 전에 사고를 촉진하는 환경 제공	• 풍부한 문해 환경 조성 • 성인과의 상호작용 강조

ㄹ 문해 발달을 위한 선행 조건

유아가 읽기와 쓰기를 위해서는 먼저 문자 인식, 음운 인식, 구문 인식, 인쇄물에 대한 이해가 선행되어야 한다. 이 중에서 문자 인식, 음운 인식, 구문 인식은 유아의 상위 언어능력과 관련이 있는데 상위 언어능력이란 언어의 내용보다는 언어의 형태나 구조를, 언어의 사용보다는 언어에 대한 사고를 강조하는 것을 말한다(마송희, 2010). 본격적인 읽기와 쓰기를 위해 선행해야 할 요소들을 구체적으로 살펴보면 다음과 같다.

1) 문자 인식

문자 인식이란 다양한 형태의 문양이나 글씨, 상징 등을 활용하여 생각을 전달하거나 정보를 얻는 것을 의미한다. 유아가 읽기와 쓰기를 하기 전에 인쇄물은 의미를 포함하고 있다는 것을 알기 시작한다. 부모가 필기도구를 가지고 메모를 하는 모습을 보거나 책이나 주변 환경에서의 인쇄물을 보면서 문자를 인식하기 시작한다. 자기 이름을 표시하는 글자에 대해 알게 되고 이름에 쓰이는 글자를 배우게 되며 문자에 대해 자각하기 시작한다. 맥락에 의존한 읽기를 하는 유아는 인쇄물에서 인쇄된 글자가 아니라, 철자의 색, 모양, 특별한 상표 디자인, 전체적인 그림 등을 단서로 문자를 인식한다.

유아가 문자를 알게 되는 상황을 4가지로 정리해 보면 다음과 같다(주영희, 2005; Goodman, 1986).

첫째, 유아는 동일 상황이나 배경 속에 있는 인쇄된 문자들을 통해서 문자를 인식한다. 예를 들어, 과자 봉투의 글자나 가게 이름이 적힌 간판의 글자는 읽을 수 있는데 배경이나 상황이 없고 글자만 있는 글자는 읽지 못한다.

둘째, 유아는 책이나 잡지, 신문, 편지와 같은 인쇄물을 통해 글자에 대해 인식한다. 책이나 잡지 등과 같은 인쇄물에 얼마나 노출되었는가에 따라 글자에 대한 유아의 인식 정도는 다르다. 특히 부모가 이른 나이에 동화책을 읽어 주거나 상호작용을 많이 하는 경우 유아의 글의 기능과 의미에 대한 이해는 더욱 빨라진다.

셋째, 유아는 실제 쓰기 활동을 하면서 글자와 쓰기의 기능에 대해 이해한다. 예를 들어, 2세 유아에게 자신의 이름을 써 보라고 하면 지그재그의 선이나 동그라미를 그려 놓고 자신의 이름을 썼다고 자랑스러워한다. 이렇게 이른 나이에 유아가 쓰기 활동을 직접 해 보면서 쓰기가 그리기와 다르고 읽기와도 다르다는 것을 알게 되고 쓰기의 기능도 이해하게 된다.

넷째, 유아는 글자에 대한 메타 언어적 인식 과정을 통해 글자에 대한 지식을 발달시킨다. 예를 들어, '콩'과 '공', '우유'와 '두유'의 차이를 인식하거나 '나비'와 '나이'에서 동일 음소가 'ㄴ'이라는 것을 알게 되는 과정을 통해 글자에 대한 지식을 발달시킨다.

〈표 5-2〉 유아를 위한 문해 활동 예(김호연, 김진희 역, 2012, p. 22)

(유아의 초기 문자인식)
- 유아는 과자 봉투, 건물의 간판 등을 통해 문자를 인식한다.
- 유아가 글자를 보는지 확인한다.
- 유아에게 유아가 좋아하는 과자 봉투를 보여 주고 "이게 뭐지?"라고 물어본다.

(유아의 문자인식을 돕기 위한 양육자의 행동)
- 유아가 자주 대하는 단어를 가리키면서 그 단어들이 무엇인지 묻는다.
- 유아가 보고 가리킨 단어를 말해 준다.
- 단어에 대응하는 사물이나 사진을 보여 준다.
- 유아가 보는 단어에 대해 간단한 질문을 한다.

(유아의 문자인식을 돕는 활동)
- 유아에게 어떻게 그 글자를 알게 되었는지 질문한다.
- 유아에게 어디서 그 단어를 볼 수 있었는지 질문한다.
- 유아가 사진, 단어, 숫자의 차이를 알고 있는지 확인한다.

2) 음운 인식

음운 인식(phonological awareness)이란 단어를 이루는 낱자의 소리를 구별하고 낱자의 소리가 결합해 낱말이 된다는 사실을 아는 것을 말한다. 유아가 읽고 쓰기를 하기 위해서는 음운 인식이 선행되어야 한다. 음소 인식은 음운 인식 중에서 말소리의 가장 작은 단위인 음소(phoneme)를 구분하여 지각하는 것을 말한다. 음소가 모여 음절을, 음절이 모여 단어를 구성한다.

음운 인식 능력은 말하기 능력이 어느 정도 확립되고 난 이후에 발달한다. 유아가 글자를 해독(decoding)하면서 낱말 속의 소리에 관심을 가지며 음운을 인식하기 시작한다.

음운 인식 능력이 있는 유아는 그렇지 못한 유아보다 글을 더 쉽게 읽을 수 있다. 음운 인식 능력이 있는 유아는 한 단어를 구성하는 음절이나 음소의 개수를 세거나 단어를 음절이나 음소로 분리할 수 있으며 특정 단어의 음절이나 음소를 다른 음절이나 음소로 대치할 수 있다. 음운 인식 능력이 발달한 유아는 자소·음소 간의 대응 관계와 자·모음의 결합 원리(alphabetic principle)를 알게 되고 그 결과로 읽기 기술을 쉽게 습득하게 된다.

3) 말과 글의 관계 인식

읽기와 쓰기를 하려면 음운 인식과 함께 말과 글의 관계를 알아야 한다. 말과 글의 관계를 안다는 것은 청각적인 소리 자료를 그에 대응하는 시각적인 문자자료에 일대일로 관련짓는 것을 말한다. 즉, 낱자를 구성하는 자소인 자음과 모음이 말소리인 음소와 관련이 있고 자음과 모음이 합쳐서 음절과 글자를 이룬다는 것을 이해하는 것이다. 음소는 말소리의 가장 작은 단위로 아무런 의미가 없어 유아들이 이것을 이해하는 것은 어렵다.

한글은 과학적인 원리에 따라 만들어진 언어로 음소와 자소의 대응이 일정하고 규칙적이다. 그래서 말과 글의 관계를 이해하는 것이 상대적으로 쉽다. 어린 유아의 경우 말과 글의 관계는 인식하지 못하나 점차 단어의 철자와 소리가 관련성이 있다는 것을 알게 된다. 초기에는 친숙한 몇몇 자음에만 국한하여 말과 글의 관계를 인식하나 점차 맞춤법에 맞는 철자법을 학습할 정도로 확대된다(이지현, 2011).

4) 구문 인식

읽기와 쓰기를 위해서는 구문 인식이 선행해야 한다. 구문 인식이란 이 문장이 문법적으로 맞는지 또는 이 문장이 전하고자 하는 의미를 잘 표현하고 있는지와 같이 문장에 대해 생각하는 것을 말한다. 대부분의 어린 유아는 문법의 오류와 의미의 오류를 구별하지 못한다. 문법의 오류와 의미의 오류를 파악할 수 있는 구문 인식 능력은 5, 6세 사이에 현저하게 발달한다(마송희, 2010).

연구에 의하면 부모나 교사가 복잡한 복문을 많이 사용하는 경우 유아도 복문을 많이 사용하고 구문 인식 능력이 다른 유아보다 앞섰다. 유아의 구문 인식 능력을 알아보는 활동으로는 오류문장을 수정하거나 같은 의미의 문장을 말해 보기, 내포문이나 접속문으로 구성해 보기 등이 있다. 예를 들어, 오류문장 수정하기는 '엄마가 접시를 사과를 담았어요.' '나는 배불러서 안 밥 먹어요.'라는 문장의 오류를 찾아서 바르게 수정하여 들려주는 것이다. 같은 의미의 문장 말해 보기는 '사탕이 맛있어.'라는 문장을 '맛있는 사탕'이라는 다른 문장으로 바꾸어 말해 주는 것이다. 내포문이나 접속문으로 구성하기는 '반창고를 붙인 후 약을 발라요.'의 문장을 '약을 바르고 반창고를 발라요.'라는 문장으로 바꾸어 들려주는 것이다(정주원, 2005).

5) 인쇄물에 대한 이해

인쇄물에 대한 이해는 인쇄물에 사용되는 구성요소와 조직원리 등을 이해하는 것을 말한다. 이것은 인쇄물에서 문장부호가 어떻게 사용되는지, 본문은 왼쪽에서 오른쪽으로 조직되고 문장에서 첫 단어와 단어에서의 첫 글자를 구별할 수 있는 것을 말한다. 하지만 인쇄물의 관례는 사회문화, 시대에 따라 다르다. 인쇄물이 그 사회의 문화나 언어를 반영하기 때문이다. 한글도 지금은 가로쓰기가 보편적이나 이전에는 세로쓰기가 보편적이었다.

문해 능력 발달과 유아의 인쇄물에 대한 개념은 밀접한 관련이 있다. 예를 들어, 인쇄물에 대한 개념이 낮은 유아는 철자와 단어, 인쇄물을 왼쪽에서 오른쪽으로 읽는다는 것과 책의 앞뒷면을 구별하는 것을 어려워하고 인쇄물이 의미를 전달한다는 것도 알지 못했다. 인쇄물에 대한 개념은 유아의 초기 읽기, 쓰기 발달에서 중요하며 이후의 학업 성취와도 관련이 있다. 특히 유아가 일상생활에서 접할 수 있는 간판, 상표, 도로 표지판, 안내문과 같은 환경 인쇄물들은 유아의 문해 능력 발달에 중요하다(김은영, 2010; 손승희, 2012; Morris, 1993; Tummer, Herriman, & Nesdale, 1988).

1세 영아의 경우 인쇄물 개념에 대한 이해가 거의 나타나지 않고, 2세 영아는 친숙한 책의 앞장과 책의 위, 아래를 구분하는 정도다. 3세 유아는 책의 앞면, 읽기의 방향, 글자를 하나씩 구분할 수 있고 문장의 부호나 글자 속의 자·모음의 위치, 낱말의 개념 등을 이해할 수 있다. 연구에 의하면 유아는 책에 대한 개념, 인쇄물의 방향 등과 같은 개념을 먼저 습득하고 상급인쇄물 개념은 가장 늦게 획득하였으며 나이가 많을수록 인쇄물 개념을 더 많이 획득하였다(김은영, 2010; Clay, 2002; Mason, 1980a).

〈표 5-3〉 인쇄물 개념 검사 도구

Clay의 Concept About Print Test(CAP, 2000)를 김선희(2003)가 수정・번안한 도구는 개별검사이며, 24개 문항으로 구성되어 있다. 인쇄물 개념 검사의 내용을 살펴보면 다음과 같다. 채점은 정답 혹은 오답으로 하고, 0점에서 24점까지 나올 수 있다. 검사 소요시간은 대략 5~10분 정도다. CAP은 24개 문항과 지침서, 검사용 동화책으로 구성되어 있다.

하위변인	문항 번호와 내용
상급인쇄물 개념	17. 쉼표 24. 조사의 띄어쓰기 18. 따옴표 16. 마침표 19. 받침 찾기 15. 물음표 22. 단어 개념
인쇄물 관례	4. 읽는 방향 5. 왼쪽으로 돌아옴 2. 인쇄물이 내용을 반영함
책에 대한 개념	1. 책의 앞면 3. 글이 시작하는 곳
인쇄물의 방향	9. 글의 본문이 뒤집힘 20. 뒤집을 수 있는 단어 23. 단어의 시작과 끝 6. 글자 하나씩 짚기 7. 시작과 끝 개념 8. 그림이 뒤집힘 11. 왼쪽부터 읽기 21. 글자 개념
인쇄물의 순서	13. 글자 순서 바뀜(시작, 끝) 12. 단어 순서 바뀜 14. 글자 순서 바뀜(중간) 10. 줄 순서 바뀜
전체	24문항

3 문해 발달: 읽기와 쓰기 발달

1) 읽기 발달

(1) 읽기 발달단계

읽기 발달에 대한 관점은 3가지의 관점이 있으나 최근에는 주로 출생 직후부터 시작하여 점진적으로 발달해 간다는 발생적 문해의 관점을 취하고 있다. 즉, 읽기 발달은 출생 직후부터 시작되며 문해 환경과의 상호작용으로 점진적으로 발달한다는 견해다.

[그림 5-2] 함께 책 읽는 유아

영유아 읽기 발달과정 연구를 살펴보면, 2~3세의 유아는 주위의 글자에 관심을 가지고 책과 글자는 읽는 것임을 인식하기 시작한다. 3~4세의 유아는 책을 볼 때 그림이 아닌 글자를 읽어야 한다는 것을 알고 있으며, 글을 왜 읽어야 하지라는 질문에도 책을 읽기 위해서 혹은 학교에 가려고, 공부를 잘하려고 등으로 대답을 한다. 4~5세의 유아는 책은 왼쪽에서 오른쪽으로 읽어야 한다는 것을 알고 있고, 소리와 글자 간에 일대일 대응을 하며 주위에서 아는 글자를 읽어 보려고 한다. 자신의 이름이나 친구들의 이름에 있는 글자를 알고 읽을 수 있으며 아는 글자가 다른 상황이나 다른 맥락에서 제시되더라도 읽을 수 있다. 5~6세의 유아는 주변에서 자주 볼 수 있는 글자를 읽고 가족과 친구들의 이름을 읽는다(이기숙, 김영실, 현은자, 1993).

학자에 따라 영유아의 읽기 발달단계는 다양하게 구분된다. 매슨은 유아의 읽기 발달단계를 맥락 의존(context dependency)단계, 시각적 인식(visual recognition)단계, 철자-발음 분석(letter-sound analysis)단계로 구분한다(Mason, 1980b). 맥락 의존단계의 유아는 맥락이 포함된 간판(sign)이나 상표(logo)를 1개에서 10개 정도 읽을 수 있고, 시각적 인식단계의 유아는 철자 이름, 단어 읽기, 철자-발음 지식에 관심을 가지며 맥락이 없어도 몇 개의 시각 단어를 읽을 수 있다. 철자-발음 분석단계에서는 맞춤법에 따라 글자를 잘 읽을 수 있다.

이영자와 이종숙(1985, 1996)은 영아의 읽기 발달을 7단계로 설명한다. 1단계는 읽기 이해 전 단계로 말없이 그림만 쳐다보다가 이어서 손으로 책의 그림을 지적하거나 부모가 하는 대로 따라서 명명하는 읽기 행동이 점차 나타난다. 2단계는 이야기를 구성할 수 없다는 것을 자각하고 "난 못 읽어요."라는 말을 한다. 3단계에는 그림을 보고 마음대로 이야기를 만드는 책 옹알이가 나타난다. 4단계는 그림을 보고 의미가 비슷하게 이야기를 만드는 읽기 행동이 나타난다. 5단계는 여전히 책 옹알이 형태이지만 일부 단어나 구절을 암기하여 이야기를 만드는 읽기 행동이 나타난다. 6단계에는 글자를 읽어야 한다는 것을 이해하지만 글자를 읽을 수 없다는 것을 인식하여 "난 못 읽어요."와 같은 반응을 하기도 한다. 마지막 7단계는 글자를 읽는다.

〈표 5-4〉 영유아의 읽기 발달단계

Mason(1980b)	• 맥락 의존(context dependency)단계 • 시각적 인식(visual recognition)단계 • 철자-발음 분석(letter-sound analysis)단계
이영자, 이종숙 (1985, 1996)	• 1단계: 읽기 이해 전 단계 • 2단계: 이야기 구성 능력이 없어 "난 못 읽어요."라고 반응하는 단계 • 3단계: 책 옹알이 단계 • 4단계: 그림 보고 의미가 비슷한 이야기 구성 단계 • 5단계: 일부 단어나 구절을 암기하여 읽는 단계 • 6단계: 글자를 읽을 수 없어 "난 못 읽어요."라고 반응하는 단계 • 7단계: 글자를 읽는 단계
이차숙(2004)	• 발생적 문식성 단계 • 초기 문식성 단계 • 독자적 문식성 단계
McGee와 Richgels(2000)	• 출생~2세: 초기 문해 경험 단계 • 3~5세: 읽기와 쓰기의 초보자 단계 • 5~7세: 실험적 읽기와 쓰기 단계

이차숙(2004)은 영유아의 읽기 발달단계를 발생적 문식성 단계, 초기 문식성 단계, 독자적 문식성 단계로 구분한다. 발생적 문식성 단계는 유치원 입학 전 시기로 거리의 표지판이나 상품의 이름을 읽고 책을 읽기 시작하는 시기다. 이 시기에 가정이나 유아 교육기관에서 풍부한 문해 환경을 제공하면 그렇지 못한 유아보다 어휘발달이 더 풍부하고 음성언어와 문자언어의 기본적인 특성을 배울 수 있으며 자연스럽게 읽기, 쓰기를 배울 수 있다. 초기

문식성 단계는 유치원 입학~초등 1학년 초로 이 시기의 아동은 읽을 줄 아는 글자도 있고 부모님이나 교사의 도움을 받아 글을 읽으려고 노력한다. 어떤 유아는 초등학생처럼 유창하게 글을 읽을 수도 있다. 이 시기의 유아에게도 풍부한 문해 경험을 지속할 수 있는 비형식적이고 실제적인 문해 환경을 제공할 필요가 있다. 이 시기는 비형식적인 문해 환경을 제공하면서 동시에 자소 음소 대응규칙이나 읽기에 필요한 기술들을 직접 지도하는 형식적인 지도가 병행되어야 한다. 독자적 문식성의 단계는 초등 1학년 후반에서 3학년 시기로 이 시기의 아동은 자소와 음소의 대응규칙을 적용하며 읽기를 할 수 있다. 어휘력도 더 풍부해지고 미묘한 글의 내용을 이해할 수 있으며 읽기를 통해 주변 세계를 이해할 수 있다.

맥기와 리치겔스는 영유아기의 읽기와 쓰기 단계를 초기 문해 경험 단계, 읽기와 쓰기의 초보자 단계, 실험적 읽기와 쓰기 단계로 구분한다. 단계별 특징을 살펴보면 다음과 같다(김명순, 신유림, 2000).

초기 문해 경험 단계는 출생에서 2세경의 영아시기로 책에 관심을 보이고 책을 가지고 놀면서 책은 재미있고, 읽기는 즐거운 것이라는 것을 알게 된다. 이 시기의 영아들은 부모와의 상호작용을 통해 책은 재미있고 전달하고자 하는 의미를 담고 있으며 책 속의 그림이 실제 사물을 표현하거나 어떤 행동을 상징하는 것이라는 사실을 알게 된다. 이 시기의 부모나 교사들은 함께 책 읽기 활동을 통해 사물에 명칭을 붙이거나 책 속에서 등장하는 것들과 행동에 관해 이야기를 나누면서 읽기 능력을 촉진할 수 있다.

초기 문해 경험 단계

- 문자언어로 생각이나 감정, 의미 등을 전달 할 수 있다는 것을 이해한다.
- 읽고, 쓰는 흉내를 낸다. 책장을 넘기기도 하면서 자신이 기억하고 있는 이야기 내용을 이용해 책을 읽는 척한다.
- 글자와 말소리를 맞추기 시작한다.

읽기와 쓰기의 초보자 단계는 3세에서 5세경의 유아시기로 주변의 인쇄물에서 의미를 구성해 간다. 이 시기의 유아들은 주변에서 관찰할 수 있는 상징이나 표시가 무엇을 의미하는지를 질문하기도 하고, 나름대로 상징이나 표시의 의미를 말하기도 하며 읽어 보기도 한다. 점차 맥락이나 친숙한 물건이 없어도 상징을 이해하고 전달하고자 하는 의미가 무엇인지를 알고 반응한다. 예를 들어, 맥도날드의 로고나 십자가의 표시만으로도 그것이 무엇을 의미하는지를 안다.

읽기 · 쓰기 초보 단계

- 상품에 있는 글자나 자주 보는 간판의 글자 등 맥락이 함께 제시된 글자를 읽기도 한다. 그러나 글자만 제시했을 때에는 읽지를 못한다.
- 아무렇게나 써 놓고 의미를 부여해 가면서 읽기도 한다. 그러나 나중에 다시 읽을 때는 읽지 못하거나 다른 의미로 읽기도 한다.

실험적 읽기 단계는 5세에서 7세경의 유아시기로 성인의 읽기와 쓰기 행동을 주의 깊게 관찰하면서 성인 수준에서의 읽기와 쓰기를 하고자 노력한다. 그러나 이 시기 유아의 읽기와 쓰기는 성인들의 관례적인 읽기와 쓰기 형태와는 다르다. 다만 성인의 관례적 문해 행동을 관찰하고 실험적으로 시도해 보려는 단계다. 이 시기의 유아는 자신의 읽기, 쓰기가 성인과 다르다는 것을 알고 "나는 못 읽어요." "나는 못 써요."라는 말을 한다. 따라서 이 시기에 교사나 부모의 긍정적인 지지와 지원은 유아가 읽기와 쓰기에 적극적으로 참여하도록 하므로 유아가 읽기와 쓰기를 하지 못할 때 교사나 부모에게 도움을 요청할 수 있는 허용적인 분위기를 만들어 주는 것이 좋다.

실험적 읽기 단계

- 글자에 주의를 많이 기울이며 정확한 글자가 무엇인지에 관심을 가진다.
- 자신의 이름이 들어 있는 글자를 읽을 수 있고 자신이 알고 있는 글자를 이용해 자소와 음소를 대응시키며 말을 만들기 시작한다.
- 글을 이해하기 위해 발음뿐만 아니라 기억, 맥락, 그림 등을 사용할 수 있다.
- 글자를 읽을 때 처음 글자가 아니라 가능하다면 모든 글자를 자소와 음소를 대응시켜 가며 읽으려고 애쓴다.

〈표 5-5〉 영유아의 읽기 관련 행동

신체적 읽기 관련 행동
• 그림책의 그림에 눈을 맞추지만, 책을 만지려 하지 않음(2~4개월) • 책을 손으로 잡고 입으로 가져가 빨고 씹으면서 책을 탐색함/그림책을 흔들고 구기고 휘두름(5~10개월) • 빳빳한 종이로 된 그림책을 양손으로 잡고, 책을 펼치고 덮으면서 탐색함(6~8개월) • 성인이 잡고 있던 왼쪽 책장을 잡아 성인이 책장을 넘기도록 도움(7~8개월) • 의도적으로 종이 책장을 찢음(7~15개월) • 그림책에 대한 시각적 주의집중이 현저히 증가하며 그림책에 대한 물리적 조작은 감소함/책장을 한 장씩 넘기지 못하므로 어색한 동작으로 책장을 넘김(8~12개월) • 미숙한 그림책 다루기로 인해 책장을 찢기도 하지만 탐색을 하면서 일부러 찢는 행동은 감소함(12~14개월) • 거꾸로 놓인 책을 바로 세워 돌리거나, 책의 그림을 보려는 듯 머리를 기울임(11~15개월) • 책장을 뭉텅이로 잡고 넘기다가 확 놓아 버림(14~15개월) • 디지털 텍스트의 기본 기능을 조작함(24~30개월)

언어적 읽기 관련 행동
• 눈을 크게 뜨고 진지한 표정으로 몇 분 동안 그림을 집중해서 봄(2~4개월) • 성인이 책을 읽어 주는 동안 구구거리거나 꾸르륵 소리를 냄(4~6개월) • 그림에서 친숙한 대상을 가리키는 단어를 이해하는 듯함(7~9개월) • 삽화를 가리키는 동안 알아들을 수 없는 소리를 냄(7~10개월) • 그림을 알아볼 때 소리 내어 웃거나 미소 지음/그림을 손으로 가리킴(8~12개월) • 삽화를 가리키고, 끝 억양을 올리면서 "그거 뭐야?"라고 말하듯 소리를 냄(10~12개월) • 동물이나 다른 소리를 냄(10~13개월) • "~는 어디 있니?"라고 물으면 친숙한 대상을 올바로 가리킴/발음이 부정확하더라도 삽화에 제시된 대상의 이름을 말함(11~14개월) • 책 옹알이를 사용함(13~18개월) • 그림을 손가락으로 가리키면서 "이거 뭐야?"라고 묻거나, 다른 방식으로 그것의 이름이 무엇인지를 요구함(13~20개월) • 텍스트의 친숙한 부분이나 삽화를 자기 말로 묘사함(16~20개월) • 예측 가능한 텍스트를 성인과 함께 읽다가 성인이 멈추면 다음에 나올 단어를 말함(16~24개월) • 2~4의 단어로 된 문장(전보문)을 사용하기 시작함. 예컨대 책에 나오는 그림이나 사건을 설명함(18~24개월) • 읽거나 들은 것을 이해함을 드러내는 방식으로 주인공과 사건에 관해 이야기함(20~26개월) • 예측 가능한 노래나 스토리를 읽어 주는 동안 맞장구 침(16~30개월) • 책이나 좋아하는 주인공에 대해 말할 때 좀 더 복잡한 문장을 사용함(24~30개월) • 책을 읽는 동안 간단한 질문을 하고 대답함/이야기를 읽어 줄 때마다 매번 같은 질문을 함(27~30개월) • 좋아하는 이야기를 성인이 읽어 주다가 멈추고 기회를 주면 전체 문구를 암송함(20~30개월) • 이야기를 읽어 주는 상황을 떠나서도 이야기 언어로 놀이함(27~30개월)

인지적 읽기 관련 행동

- 그림으로 제시된 친숙한 대상을 가리키는 단어를 이해함(7~9개월)
- 그림책 속에 제시된 사물이나 행위를 실제 세계와 연결함(10~14개월)
- 자기가 좋아하는 페이지를 찾거나 그 페이지를 펼쳐서 책을 들어 보임으로써 특히 그 부분을 잘 이해하였다는 듯 좋아하는 페이지에 대한 선호를 나타냄(11~14개월)
- 내용을 토대로 텍스트를 선택하며, 따라서 그림책 몇 가지에 대해서 이해하고 있음을 드러냄(10~15개월)
- 책을 읽어 달라고 성인에게 가져옴. 한 번 읽은 다음 다시 책을 성인에게 주면서 다시 읽어 달라고 함(12~16개월)
- 책을 함께 읽을 때 단어나 삽화를 손가락으로 가리킴으로써 성인의 손가락 행동을 모방함(15~20개월)
- 성인에게 읽어 달라고 하려고 책 선반이나 바구니 속에서 좋아하는 책을 찾기 시작함(16~20개월)
- 텍스트에 나타나거나 언급된 행위를 수행함(12~23개월)
- 텍스트에 묘사된 상황이나 주인공에 대한 감정 이입을 드러냄(18~24개월)
- 텍스트 간의 관련을 찾음(20~24개월)
- 자기 자신에게 읽어 주고, 인형이 볼 수 있도록 책을 들고 읽어 주는 흉내를 냄(17~25개월)
- 책 읽기를 하는 동안, 텍스트의 사건을 자신의 경험과 연결함(20~26개월)
- 책에 나오는 상황을 책 읽기 밖의 상황과 연결함(20~30개월)
- 친숙한, 보통 예측 가능한 텍스트를 읽다가 잘못 읽거나 단어를 빼 먹을 때 이의를 제기하고 수정함(28~30개월)
- 성인에게 책이나 디지털 텍스트를 읽어 달라고 요청함. 단순하고 예측 가능한 텍스트인 경우에는 매우 정확하게 텍스트 일부분을 암송할 수 있음(28~30개월)

출처: 박한나(2017), pp. 10-12.

(2) 읽기 발달 촉진 전략

- 유아에게 이야기 그림책과 정보 그림책을 균형 있게 읽어 주는 것이 어휘발달과 문해능력 발달에 효과적이다. 현실적이고 이성적인 성향의 유아는 그림책보다 정보 그림책이 주는 현실적이고 명확한 정보에 매력을 느끼기 때문이다(Caswell & Duke, 1998).
- 책의 내용과 관련된 노래와 의성어와 의태어를 포함하는 재미있는 말소리를 활용한다. 유아들은 기억에 남는 의성어와 의태어 표현을 많이 사용하고 좋아하기 때문에 이러한 활동은 유아의 음성언어와 어휘발달, 그리고 음운 인식에 도움이 된다.
- 유아가 책을 읽으면서 새로운 단어를 접할 때, 교사나 성인은 그 개념을 직접적이고 명시적으로 지도하기보다는 내용과 관련된 삽화를 손으로 짚어 주는 힌트를 제공하거나 이야기의 상황이나 맥락을 통해 유아가 스스로 의미를 추론해 볼 수 있도록 지도한다.

- 책 읽는 동안 성인이 등장인물과 사건의 내용을 분석하도록 하는 질문이나 사건에 대해 예측해 보도록 하는 질문, 이야기의 내용에 대해 유아가 평가하도록 하는 질문 등을 적절하게 사용한다. 예를 들어, "침대에서 누가 가장 먼저 자고 있었지?"(사실적 질문), "모두 잠에서 깨었을 때, 날씨가 왜 화창하게 개었을까?"(추론적 질문) 등을 할 수 있다.
- 함께 책을 읽으면 유아는 의미구성 능력과 어휘력, 언어능력이 발달한다. 함께 책을 읽는 동안 성인들은 유아에게 적절한 피드백을 제공하거나 책장을 넘기고 그림이나 글자에 관심을 보이는 유아의 행동을 격려한다. 적절한 질문을 통해 사고를 확장해 준다. 그러나 함께 책 읽기 활동에서 주의할 점은 교사나 부모가 주도하기보다는 영유아가 책 읽기에 주도적으로 참여하도록 해야 한다.

- **예견하기 전략**

  예견하기 전략은 이야기책 표지를 제시하고 제목을 읽어 주면서 유아와 상호작용하는 전략이다. 이때 교사는 "이야기의 주인공은 무엇을 할 것 같아요?" "만약 네가 주인공이라면 어떻게 할 것 같아요?" 등의 이야기와 관련된 구체적인 질문을 하거나 "이런 책 읽어 본 적 있어요?" "여러분은 이런 경험을 해 본 적이 있어요?" 등의 유아 경험과 관련짓는 질문을 통해 읽어 주고자 하는 동화의 이야기 내용을 예측하도록 하고 이야기의 내용에 흥미와 관심을 가질 수 있도록 한다(김현지, 신은미, 1999).

  교사: '나랑 같이 놀자'(제목을 읽어 준다) 어떤 내용일 것 같으니?
  유아 1: 친구들이 나하고 놀아 주지 않아서 심심해서요. 혼자 노는 거요.
  유아 2: 심심해서요. 거울 봐요.
  교사: 그럼 너희들은 그럴 때 어떻게 하는데? 어떤 생각이 들어?
  유아 1: 화나요.
  유아 3: 같이 놀자고 말해요.
  교사: 너희도 그런 경험 해 본 적 있어?

  이처럼 영유아의 사전경험과 관련된 질문 그리고 이야기의 내용을 추론하고 상상력을 촉진하도록 하는 내용과 관련된 개방적 질문은 유아들의 사고력과 어휘력, 읽기 능력을 발달시킨다(Dickinson & Smith, 1994; Laakso, Poilkkeus, & Lyytinen, 1999).

- 피드백과 확장하기는 유아의 어휘 능력과 문해 능력 발달을 촉진한다. 유아의 자발적 반응에 대해 성인이 격려하고 인정해 주는 피드백과 영유아의 단어나 문장 사용에서의 오류를 수정해 다시 들려주는 확장하기는 유아의 어휘와 문해 능력 발달을 촉진한다(McCabe & Peterson, 1991; Ninio & Bruner, 1978).

- 일상생활 속에서 인쇄물과 상호작용한다. 영유아는 태어나는 순간부터 주변의 인쇄물 환경에 노출된다. 거리의 간판이나 과자봉지, 장난감 포장지 등 일상생활 속에서 수많은 인쇄물을 관찰하고 보게 된다.
- 풍부한 읽기 자료를 제공한다. 다양한 종류의 책을 영유아들이 쉽게 꺼내 볼 수 있는 곳에 두거나 일상생활 속에서 흔히 볼 수 있는 인쇄물을 다양하게 제공한다.

2) 쓰기 발달

(1) 쓰기 지도를 위한 관점

쓰기는 생각이나 감정, 경험을 문자언어를 사용해 다른 사람에게 의미를 전달하는 것을 말한다. 쓰기는 다른 사람의 말이나 써 놓은 글자를 그대로 옮겨 적는 베껴 쓰기 수준과 생각이나 감정, 경험을 논리적으로 작문하는 수준으로 나눌 수 있다.

발생적 문해의 관점에서 쓰기는 맞춤법이나 철자법에 맞게 쓰기를 하는 것뿐만 아니라 그림이나 낙서, 긁적거림까지 포함한다. 긁적거림을 '낙서하기' '연필로 하는 몸짓'이라고 하며 영아의 옹알이에 비유하여 '쓰기 옹알이'라고 한다(정남미, 2000; Clay, 1975). 이러한 초기 쓰기 행동은 보통 만 3세 이전부터 일상생활 속에서 많이 관찰할 수 있다.

그러나 전통적인 쓰기 관점인 읽기 준비도 관점에서는 유아가 쓰기를 하기 위해서는 소근육이 발달하여 연필을 잡을 수 있어야 하고 눈과 손의 협응이 이루어져야 한다. 쓰기 규칙을 먼저 이해해야 한다. 쓰기 지도는 쉬운 것부터 어려운 것으로 위계적으로 나아가며 말하기, 듣기, 읽기가 충분히 이루어지고 난 다음 이루어질 때 효과적이다. 쓰기 지도는 대집단에서 교사의 직접적인 지도로 글자를 따라 베껴 쓰는 반복훈련을 통해 이루어진다.

전통적인 쓰기 관점인 발음 중심 쓰기 지도의 특징을 요약하면 다음과 같다.

- 쓰기는 형식적이고 직접적인 지도를 통해 습득된다.
- 쓰기는 반복적인 연습을 통해 습득된다.
- 쓰기는 쉬운 것에서부터 어려운 것으로 나아가며 지도해야 한다.
- 유아의 쓰기 지도의 목표는 성인의 쓰기 수준인 관례적 쓰기 수준이다.

- 쓰기 활동은 다른 사람과의 상호작용 활동보다는 혼자서 조용히 쓰는 독자적 활동을 할 때 더 효과적이다.
- 관례적 쓰기 이전의 쓰기는 쓰기 활동으로 볼 수 없다.

C19 : 이거는 이렇게 칸 나눴어요~.
이거는 엄마 아빠!
이거는 친구!
이거는 물고기!
이거는 나 이름!

(관찰, 2016. 10. 13.)

[그림 5-3] 만 3세 유아의 쓰기 활동

출처: 심우영(2007), p. 79.

최근의 발생적 문해 관점은 유아의 쓰기가 한순간에 갑자기 출현하는 것이 아니라 출생 후부터 유아가 스스로 구성해 가는 과정으로 본다(Schickedanz, 2002). 유아기의 쓰기는 그림, 긁적거리기, 창안적 철자, 맞춤법이 맞지 않는 글자, 자모음을 거꾸로 쓰는 글자, 실제 글자 등의 다양한 형태로 나타난다. 이 시기에 중요한 것은 유아가 정서적인 긴장감 없이 쓰고 싶은 것을 자유롭게 쓸 수 있도록 실수를 허용하는 쓰기 환경을 만들어 주는 것이다. 실수를 허용하는 허용적인 쓰기 환경은 유아가 글씨나 철자법보다는 자신이 쓰고자 하는 내용에 초점을 맞추고 유아가 자신의 방식으로 쓰도록 격려하는 것을 말한다.

영유아와 성인의 쓰기 상호작용은 쓰기 발달과 문해 지식 발달에 중요한 역할을 한다. 성인과 쓰기 상호작용을 통해 그리기와 쓰기는 재미있는 활동이고, 다른 사람과 상호작용하는 데 필요하다는 것을 알게 된다. 일상생활 속에서 자연스럽게 글을 써 보는 기회를 자주 가지는 비공식적인 쓰기에서 점차 맞춤법이나 철자법에 맞게 쓰는 공식적인 쓰기로 나아가도록 지도하는 것이 영유아의 쓰기 발달을 촉진하는 효과적인 전략이다(이차숙, 1998).

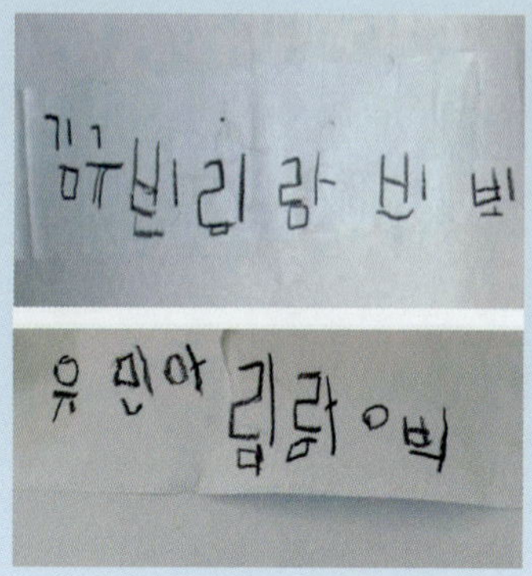

C19 : 이거는 이렇게 칸 나눴어요~ 이거는 엄마 아빠!
C12 : 뭐 하고 있어
C4 : 나 이름 책!
C12 : 이게 뭔데
C4 : (색연필로 가리키며)
"김OO! 보세요 책이에요.~"라고 써 있는 거야!
C12 : (종이를 가져와) 나도 할래!
근데 나는 이름 못 그리는데, 어떻게 하지?
C4 : 내가 해줄게. "유OO! 책이에요."

(관찰, 2016. 11. 25.)

[그림 5-4] 만 3세 유아의 이름 긁적거리기

출처: 심우영(2007), p. 80.

〈표 5-6〉 총체적 언어 관점과 발음 중심 관점에서의 쓰기 지도 비교(김소양, 1995, p. 28)

총체적 언어 쓰기 관점	발음 중심 쓰기 관점
• 다양한 쓰기 자료 활용	• 출판된 연습지 사용
• 유아의 다양하고 창의적인 작품 강조	• 관례적 형식의 결과물 강조
• 단어 베끼기보다는 의미를 강조	• 의미형성보다는 단어 베끼기 강조
• 놀이를 통한 유목적적 쓰기 활동 강조	• 제한된 영역에서 지필 도구를 통한 쓰기 활동 강조
• 유아의 창안적 글자 쓰기 강조	• 유아의 실수에 대한 교사의 수정 지도
• 개별적 쓰기 지도	• 집단적 쓰기 지도
• 교육기관의 일과 활동을 통한 쓰기 지도	• 형식적으로 조직된 쓰기 활동
• 교사와 또래 간 상호작용적 쓰기 활동	• 유아 독자적 쓰기 활동

(2) 쓰기 발달단계

초기 유아의 쓰기 행동은 쓰기 도구에 대한 탐색으로 시작하여 수직으로 긁적거리기, 수평으로 긁적거리기, 우연한 원형 자국 출현, 획의 출현, 의도적 자형 출현, 창안적 철자 사용, 관례적 철자로 표현하는 것이 어렵다는 것을 이해하며, 철자를 쓰기 싫어함, 관례적 철자 표기 나타남 등의 과정을 거쳐 발달한다(Schickedanz, 1990). 슐츠비는 유아의 초기 쓰기가 그리기, 긁적거리기, 글자 비슷한 모양으로 선 긋기, 창안적 글자 쓰기, 표준적 글자

쓰기의 다섯 가지 형태로 나타난다고 하였다(Sulzby, 1985). 잘롱고의 문자 이전의 쓰기 단계는 무질서한 긁적거리기, 조절된 긁적거리기, 긁적거리기에 명명하기, 문자적 쓰기 단계인 유사글자 쓰기 및 글자 쓰기, 부분적으로 관례적인 문자 쓰기, 관례적인 쓰기 단계로 발달한다(Jalongo, 1992).

우리나라 유아의 창안적 철자 발달단계를 연구한 조선하(2003)는 유아의 철자 발달단계를 6단계로 구분한다. 1단계는 창안적 철자 발달 이전 단계로 원이나 도형이 나타나고 글씨의 특징인 가로 선 형태가 나타나는 단계이고, 2단계는 문자형태 출현 단계로 단어에 대한 개념이 형성되지만, 단어의 모양이나 자·모음을 구별하지 못하는 단계다. 3단계는 미완성 문자 출현단계로 불완전하나 글자의 형태가 나타나되 단어의 음절이나 음의 특징은 보이지 않는 단계다. 4단계는 음절 수를 인식하고 음에 따라 철자를 써 가는 단계로 음절을 나눌 수 있고, 말하는 소리와 관련하여 철자를 쓰는 단계로 접두사, 접미사의 이해가 나타나는 단계다. 5단계는 불완전한 음-음절 연결 단계로 표준 철자의 특징을 이해하고 단순한 음의 표기는 가능하나 다음 음과 연결하여 표시하는 데 어려움을 보이며 오류가 나타난다. 6단계는 표준 철자 단계로 철자를 이해하고 의미도 이해하는 단계다. 단계별로 유아가 쓴 철자를 살펴보면 다음 [그림 5-6]과 같다.

[그림 5-5] 쓰기 활동을 하는 영아

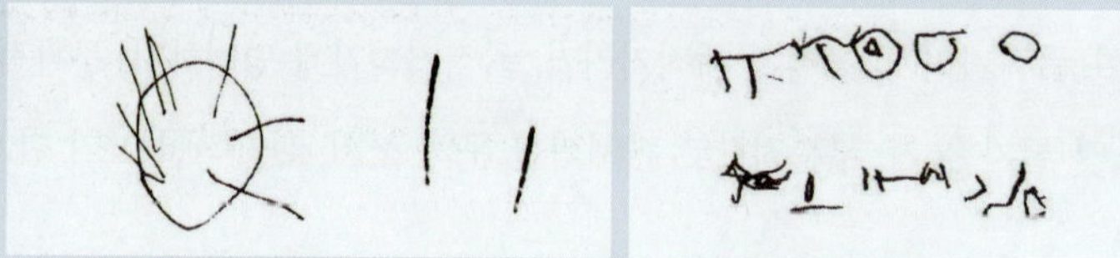

1단계: 해와 다리, 책상을 쓴 유아의 글

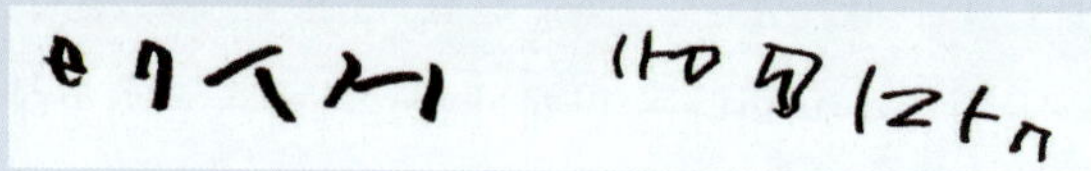

2단계: 그림자와 날개를 쓴 유아의 글

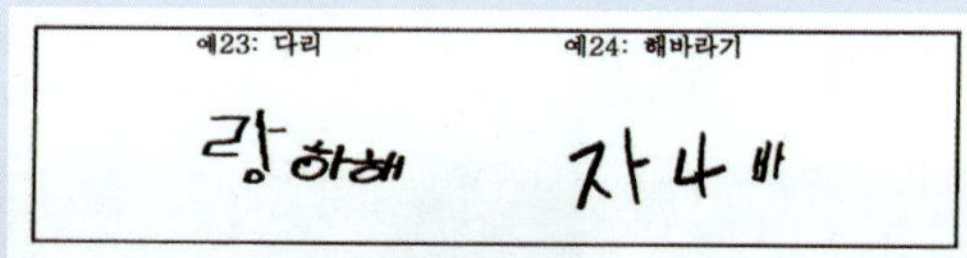

3단계 다리와 해바라기를 쓴 유아의 글

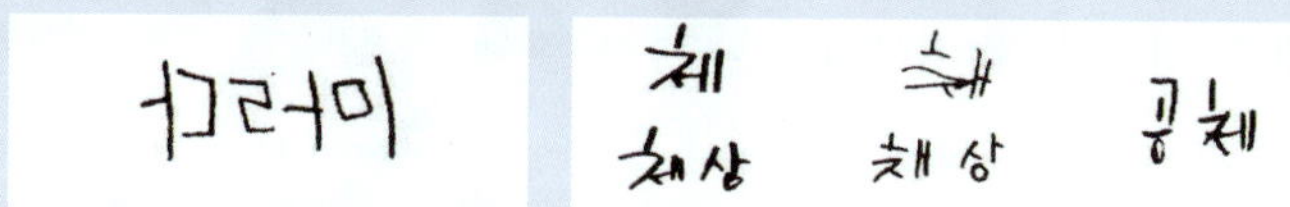

4단계: 다리미와 공책, 책상을 쓴 유아의 글

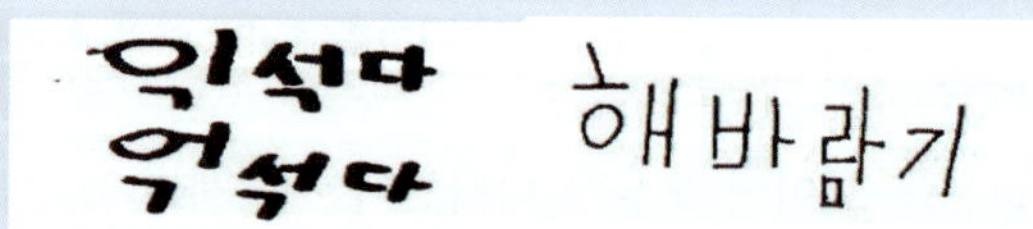

5단계: 해바라기, 있었다/없었다를 쓴 유아의 글

[그림 5-6] 유아의 창안적 철자 발달단계

출처: 조선하(2003).

이영자와 이종숙(1985, 1990a, b)의 유아 쓰기는 긁적거리기 단계(세로 선이 나타나는 단계와 가로 선이 나타나는 단계로 구분됨), 한두 개의 자형이 우연히 나타나는 단계, 자형이 의도적으로 한두 개 나타나는 단계, 글자의 형태가 나타나고 가끔 자모음의 방향이 틀리는 단계, 단어 쓰기 단계(자모음의 방향이 틀린 단계와 정확한 단계로 구분됨), 문장 쓰기 단계(부분적으로 틀린 단계, 틀린 글자 없이 완전한 단계)로 발달한다.

김소양(1995)은 쓰기 발달단계를 6단계로 구분한다. 1단계는 무질서한 긁적거리기 단계로 비직선적 긁적거리기에서 직선적으로 조절된 긁적거리기로 발달 하고, 2단계는 반복적 형태의 긁적거리기 단계다. 3단계는 자모음 형태의 출현단계이며 4단계는 글자의 형태가 나타나고 가끔 창안적 글자가 나타나는 글자형태의 출현단계다. 5단계는 단어 쓰기 단계로 완전한 단어형태가 나타나고 창안적 글자가 나타나다가 점차 관례적 쓰기로 완전한 단어형태가 나타난다. 마지막 6단계는 문장 쓰기 단계로 문장형태에서 부분적으로 창안적 글자가 나타나다가 점차 관례적 쓰기로 완전한 문장형태가 나타난다.

〈표 5-7〉 쓰기 발달단계

Schickedanz(1990)	• 수직으로 긁적거리기 • 수평으로 긁적거리기 • 우연한 원형 자국 출현 • 획의 출현 • 의도적 자형 출현 • 창안적 철자 사용 • 관례적 철자로 표현하는 것을 어려워함 • 관례적 철자 표기
Sulzby(1985)	• 그리기 • 긁적거리기 • 글자 비슷한 모양으로 선 긋기 • 창안적 글자 쓰기 • 표준적 글자 쓰기
Jalongo(1992)	• 무질서한 긁적거리기 • 조절된 긁적거리기 • 긁적거리기에 명명하기 • 유사글자 쓰기 및 글자 쓰기 • 부분적으로 관례적인 문자 쓰기 • 관례적인 쓰기 단계
조선하(2003)	• 1단계: 창안적 철자 발달 이전 단계 • 2단계: 문자형태 출현단계 • 3단계: 미완성인 문자 출현단계 • 4단계: 음에 따라 철자를 써 가는 단계 • 5단계: 철자를 쓰나 오류가 나타나는 단계 • 6단계: 표준 철자 단계

이영자, 이종숙 (1985, 1990a, b)	• 긁적거리기 단계 • 한두 개의 자형이 우연히 나타나는 단계 • 자형이 의도적으로 한두 개 나타나는 단계 • 글자의 형태가 나타나고 가끔 자모음의 방향이 틀리는 단계 • 단어 쓰기 단계 • 문장 쓰기 단계
김소양(1995)	• 1단계: 무질서한 긁적거리기 단계 • 2단계: 반복적 형태의 긁적거리기 단계 • 3단계: 자모음 형태의 출현단계 • 4단계: 글자 형태의 출현단계 • 5단계: 단어 쓰기 단계 • 6단계: 문장 쓰기 단계

3) 쓰기 발달 촉진 전략

쓰기 발달 촉진을 위한 전략은 다음과 같다.

- 소리 내어 쓰기는 유아가 보는 앞에서 교사가 생각하고 글을 쓰는 행동을 소리를 내며 하고 유아는 교사의 이러한 쓰기 행동을 관찰하는 것을 말한다.
- 함께 쓰기는 협동적 글쓰기로 교사는 대필자 혹은 쓰기 전문가의 역할을 한다.
- 안내적 쓰기는 유아가 직접 글을 쓰는 과정에서 교사는 유아들이 표현하고자 하는 의미를 어떻게 나타낼 수 있는지를 도와주는 역할을 한다.
- 유아들의 실험적인 철자법을 수용한다. 유아들은 자기 나름의 방법으로 쓰기를 한다. 교사는 유아의 창의적이고 실험적인 쓰기는 자연적인 것이며 쓰기의 한 과정임을 인정하고 수용하는 태도로 쓰기를 지도해야 한다.
- 유아들이 자신의 관심과 경험, 흥미를 바탕으로 쓰기 주제를 선택할 수 있도록 지도해야 한다.
- 유아 주변의 환경 인쇄물은 다양하고 풍부하다. 유아들이 좋아하는 과자봉지, 장난감 포장지, 거리의 간판들, 이러한 환경 인쇄물과의 상호작용은 유아의 읽기와 쓰기 발달을 촉진한다.
- 유아가 그리기와 쓰기 활동을 할 때 성인과의 상호작용은 유아들의 쓰기 발달을 촉진한다. 유아들이 그리거나 긁적거리는 활동을 할 때 성인의 반응은 여러 가지 방법

으로 유아의 쓰기 활동을 지원하고 격려한다. 유아의 무의미한 그림이나 긁적이는 행동도 의미나 의도를 가진 행동으로 보고 피드백을 한다. 이러한 상호작용은 유아의 쓰기 발달을 촉진한다.

[그림 5-7] 만 3세 쓰기 활동 〈자연물로 글자 만들기〉

출처: 심우영(2007), p. 55.

활동 5-1

주변에서 유아의 문해 출현과 관련되는 유아들의 행동에는 어떤 것들이 있을까?

- 예: 형이나 누나가 쓰던 연필을 잡고 벽에 낙서하는 행동

활동 5-2

유아들의 읽기 발달을 촉진하는 유아 교육기관에서의 문해 활동에는 어떤 것이 있을까? 형식적 문해 활동과 비형식적 문해 활동으로 구분하여 말해 봅시다.

활동 5-3

문해 활동 관찰하기

- 어떤 문해 자료를 사용하고 있는가?
- 부모 또는 교사는 어떤 종류의 문해 활동을 하며 얼마나 자주 하는가?
- 영아와 함께 책 읽는 활동을 하고 영아들이 사용하는 책 읽기 전략을 관찰해 보자.
- 영아들이 그리는 활동을 관찰하고 이들이 가지고 있는 문해 지식에는 어떤 것들이 있는지를 추론해 보자.
- 부모 또는 교사들과의 면담을 통해 영아들의 읽기와 쓰기에 대해 어떠한 신념을 가지는지 조사해 보자.

활동 5-4

유아의 쓰기 활동 관찰하기

2~3명의 유아와 함께 역할극 놀이를 준비하는 활동을 해 본다. 역할극 놀이에 필요한 소품과 함께 읽기와 쓰기를 할 수 있는 다양한 도구들을 함께 준비하자. 역할극 놀이를 준비하는 과정에서 다양한 쓰기 도구들(예: 색연필, 색종이, 크레파스, 종이 등)을 활용하여 역할극 놀이를 준비하도록 하자. 준비 과정에서 유아가 읽기와 쓰기를 어떻게 하는지를 말과 행동을 자세히 관찰해 보자.

06

영유아 언어 지도의 목표와 내용

06 영유아 언어 지도의 목표와 내용

국가 수준의 보육과정은 영유아의 연령에 따라 0~1세, 2세, 3~5세를 위한 보육과정으로 편성되어 있다. 그 가운데 의사소통 영역은 영유아가 듣고 말하는 것을 즐기며 상황에 맞는 언어를 익혀 바른 언어생활을 하도록 하고 일상생활에 필요한 의사소통 능력과 상상력을 기르기 위한 영역(교육부, 보건복지부, 2019)이다. 표준보육과정과 누리과정 의사소통 영역에 제시된 영유아의 언어 지도를 위한 기본 목표와 내용 체계는 다음과 같다.

1 표준보육과정 의사소통 영역의 목표

1) 0~2세 표준보육과정 의사소통 영역의 목표

표준보육과정에 제시된 영아를 위한 의사소통 영역의 목표는 〈표 6-1〉과 같이 0~1세를 위한 목표와 2세를 위한 목표가 통합적으로 되어 있다.

0~1세 영아를 위한 목표는 '일상생활에서 의사소통 능력을 기른다.'이며 의사소통 능력의 기초를 형성하는 경험을 하도록 듣기와 말하기, 읽기와 쓰기, 책과 이야기와 관련된 하위 목표가 있다. 하위 목표는 첫째, 영아가 일상생활에서 다른 사람의 말이나 이야기를 듣고 말하기를 즐기고, 둘째, 읽기와 쓰기에 관심을 가지는 것이다. 셋째는 영아가 다양한 책과 이야기를 접하며 재미를 느끼는 것이다.

2세 영아를 위한 목표도 '일상생활에서 의사소통 능력을 기른다.'이다. 하위 목표는 첫째, 영아가 일상생활에서 듣기와 말하기를 즐기고, 둘째, 읽기와 쓰기에 관심을 가지며, 셋째, 책과 이야기에 재미를 느끼는 것이다.

0~2세 영아가 주변의 소리나 말소리를 접하며 언어에 자연스럽게 관심을 갖도록 하고, 읽기와 쓰기, 책과 이야기에 관심을 갖기를 기대하고, 언어적·비언어적 의사소통 장면과 과정에 관심을 갖고 즐겨 참여하기를 기대한다. 책과 이야기를 접하는 데서 나아가 책에 관심을 가지고 이야기에 재미를 느끼기를 기대한다.

2) 3~5세 누리과정 의사소통 영역의 목표

3~5세 유아를 위한 누리과정의 의사소통 영역의 목표는 '일상생활에 필요한 의사소통 능력과 상상력을 기른다.'이며 듣기와 말하기, 읽기와 쓰기, 책과 이야기를 통한 상상하기에 관련한 하위 목표가 있다.

하위 목표 첫째는 '일상생활에서 듣고 말하기를 즐긴다.'이며 둘째는 '읽기와 쓰기에 관심을 가진다.', 셋째는 '책이나 이야기를 통해 상상하기를 즐긴다.'이다. 일상생활에 필요한 의사소통 능력을 기르기 위해 우선 바른 태도로 관심 있게 듣고 대상과 상황에 맞게 바르고 고운 말로 말하도록 하는 데 주안점을 두고 있다. 의사소통은 상호적 과정이므로 상대방의 말을 주의 깊게 듣고 그 말의 내용을 이해하여 상대의 이야기에 관련하여 말하는 능력은 의사소통의 출발점이 된다. 더불어 자신의 경험과 생각과 느낌을 말할 수 있을 때 상호 소통이 전개될 수 있다. 읽기 및 쓰기에 관한 하위 목표는 3~5세 유아가 말과 글의 관계에 관심을 갖고 읽기, 쓰기에 관심을 갖도록 하는 것이다. 직접적인 읽기 및 쓰기 능력보다는 읽기에 대해 관심을 갖는 것, 그리고 자신의 생각을 글자와 비슷한 형태로 표현하는 데 초점을 두고 있다. 또한 유아가 책에 관심을 가지고 상상하기를 즐기며 동화, 동시에서 말의 재미를 느끼도록 한다.

〈표 6-1〉 영유아 연령별 의사소통 영역의 목표와 하위 목표(0~2세 표준보육과정 및 3~5세 누리과정 의사소통 영역)

연령	0~1세	2세	3~5세
목표	일상생활에서 의사소통 능력을 기른다.	일상생활에서 의사소통 능력을 기른다.	일상생활에 필요한 의사소통 능력과 상상력을 기른다.
하위 목표	1) 일상생활에서 듣기와 말하기를 즐긴다. 2) 읽기와 쓰기에 관심을 가진다. 3) 책과 이야기에 재미를 느낀다.	1) 일상생활에서 듣기와 말하기를 즐긴다. 2) 읽기와 쓰기에 관심을 가진다. 3) 책과 이야기에 재미를 느낀다.	1) 일상생활에서 듣고 말하기를 즐긴다. 2) 읽기와 쓰기에 관심을 가진다. 3) 책이나 이야기를 통해 상상하기를 즐긴다.

영유아를 위한 의사소통 영역의 목표는 0~2세 영아 공통의 목표와 유아를 위한 목표로 구분되어 일상생활에서 의사소통 능력을 기르는 데 초점을 두고 있으며 점차 영유아

들이 언어가 주는 재미와 상상을 즐기기를 기대하고 있다.

2 표준보육과정 의사소통 영역의 내용

0~2세 표준보육과정에서 의사소통 영역의 목표에 따른 내용범주는 듣기와 말하기, 읽기와 쓰기에 관심 가지기, 책과 이야기 즐기기로 구성되어 있고 각 내용범주에 대하여 0~1세, 2세를 위한 내용으로 조직되어 있다. 3~5세 누리과정의 의사소통 영역은 3~5세 연령 통합적으로 내용범주가 구성되어 있으며 듣기와 말하기, 읽기와 쓰기에 관심 가지기, 책과 이야기 즐기기에 관한 세부 내용이 마련되어 있다.

듣기와 말하기, 읽기와 쓰기에 관심 가지기, 책과 이야기 즐기기의 각 내용범주에 따른 하위 내용은 다음의 〈표 6-2〉와 같이 연령이 증가할수록 보다 세분화 및 확장되고 심화된 내용으로 조직되어 있어 영유아가 의사소통 영역의 보육목표 및 내용을 계열성 있게 경험하도록 하고 있다.

〈표 6-2〉 영유아 연령별 의사소통 영역의 내용범주 및 내용(0~2세 표준보육과정 및 3~5세 누리과정 의사소통 영역)

내용범주	0~1세	2세	3~5세
듣기와 말하기	• 표정, 몸짓, 말과 주변의 소리에 주의를 기울인다. • 상대방의 이야기를 들으면서 말소리를 낸다. • 표정, 몸짓, 말소리로 의사를 표현한다.	• 표정, 몸짓, 말에 주의를 기울여 듣는다. • 상대방의 이야기를 듣고 말한다. • 자신의 요구와 느낌을 말한다.	• 말이나 이야기를 관심 있게 듣는다. • 자신의 경험, 느낌, 생각을 말한다. • 상황에 적절한 단어를 사용하여 말한다. • 상대방이 하는 이야기를 듣고 관련해서 말한다. • 바른 태도로 듣고 말한다. • 고운 말을 사용한다.
읽기와 쓰기에 관심 가지기	• 주변의 그림과 상징에 관심을 가진다. • 끼적이기에 관심을 가진다.	• 주변의 그림과 상징에 관심을 가진다. • 끼적이며 표현하기를 즐긴다.	• 말과 글의 관계에 관심을 가진다. • 주변의 상징, 글자 등의 읽기에 관심을 가진다. • 자신의 생각을 글자와 비슷한 형태로 표현한다.
책과 이야기 즐기기	• 책에 관심을 가진다. • 말놀이와 이야기에 재미를 느낀다.	• 책에 관심을 가지고 상상한다. • 말놀이와 이야기에 재미를 느낀다.	• 책에 관심을 가지고 상상하기를 즐긴다. • 동화, 동시에서 말의 재미를 느낀다. • 말놀이와 이야기 짓기를 즐긴다.

의사소통 영역의 각 내용범주별로 내용을 살펴보면 다음과 같다.

1) 듣기와 말하기의 내용

0~1세를 위한 듣기와 말하기의 내용은 영아가 다른 사람의 표정, 몸짓, 말 등에 주의를 기울이며, 상대방의 이야기를 듣고 말소리를 내고, 표정, 몸짓, 말소리로 자신의 의사를 표현하는 내용이다(교육부, 2024; 보건복지부, 2020, p. 79).

■ 표정, 몸짓, 말과 주변의 소리에 주의를 기울인다

0~1세 영아가 주변 사람의 표정과 몸짓에 관심을 가지고 반응하며, 주변에서 들리는 다양한 말소리와 소리에 주의를 기울여 듣고 소통하는 내용이다(보건복지부, 2020, p. 80). 영아 주변의 자연물이나 사람들로부터 그리고 생활 속에서 다양한 언어적 비언어적 자극이 발생한다. 이러한 자극에 영아가 주의를 기울이고 관심을 갖고 듣는 것이다.

■ 상대방의 이야기를 들으면서 말소리를 낸다

0~1세 영아가 주변에서 말하는 이야기에 주의를 기울여 들으면서 다양한 발성과 옹알이로 반응하고 점차 적극적으로 말소리를 내며 소통하는 내용이다(보건복지부, 2020, p. 80). 영아가 주의를 기울여 듣고, 들은 소리에 대응하여 영아도 말소리로 반응을 보임으로써 신호와 반응을 주고받는 소통의 경험을 갖는 것이다.

■ 표정, 몸짓, 말소리로 의사를 표현한다

0~1세 영아가 표정과 몸짓의 비언어적인 방법을 포함하여 점차 말소리와 같은 언어적인 방법으로 표현(보건복지부, 2020, p. 80)하게 되면서 소통의 방식을 다양하게 활용하여 의사를 표현하는 내용이다. 소통 상대에게 영아도 표정, 몸짓, 말소리 등을 다양하게 활용하여 자신의 요구, 감정, 상태 등을 표현하는 것이다.

2세를 위한 듣기와 말하기의 내용은 영아가 다른 사람의 표정, 몸짓, 말에 주의를 기울여 듣고, 상대방의 이야기를 듣고 말하며, 표정, 몸짓, 단어로 자신의 의사를 표현하며, 자신의 요구와 느낌을 자유롭게 말하는 내용이다(교육부, 2024; 보건복지부, 2020, p. 180).

■ 표정, 몸짓, 말에 주의를 기울여 듣는다

2세 영아가 상대방의 표정, 몸짓, 말에 주의를 기울여 적극적으로 들으며, 상대방의 생각과 의도를 파악하고, 다양한 말과 소리의 차이에 관심을 가지고 듣는 내용이다(교육부, 2024; 보건복지부, 2020, p. 181). 의사소통의 기초가 되는 듣기 능력을 기르도록 영아가 상대방의 언어적·비언어적 표현에 주목하고 그 속에서 의미를 파악하려 시도하는 것이다.

■ 상대방의 이야기를 듣고 말한다

2세 영아가 상대방의 말 혹은 이야기를 듣고 반응하며 자신의 느낌, 생각을 상대방에게 말하는 경험을 하는 내용이다(보건복지부, 2020, p. 181). 영아가 소통하는 상대방에게 반응하도록 하는 것이다. 들려주는 이야기에 대해서는 이야기에 관해 반응하고 질문에 대해서는 질문의 내용에 따라 자신이 생각하는 것, 자신의 요구와 느낌을 말한다.

■ 자신의 요구와 느낌을 말한다

2세 영아가 상대방에게 자신의 요구와 느낌을 자유롭고 편안하게 말하는 경험을 하는 내용이다(보건복지부, 2020, p. 181). 자발적으로 또는 질문에 따라 영아가 자신의 요구와 느낌, 상태, 경험 등을 표정, 몸짓, 말로 표현하도록 한다. 소통은 언어적 소통으로 한정되지 않는다. 영아가 언어 및 비언어를 포함하여 다양한 소통 방식을 활용하도록 한다.

3~5세 유아를 위한 듣기와 말하기의 내용은 유아가 다른 사람의 말이나 이야기를 관심 있게 듣고, 자신의 경험, 느낌, 생각을 상황에 적절한 언어를 사용하여 말하고, 고운 말을 사용하는 내용(교육부, 보건복지부, 2019, p. 74)이다.

■ 말이나 이야기를 관심 있게 듣는다

유아가 다른 사람이 하는 말과 흥미로운 주제, 익숙한 경험이 담긴 이야기에 관심을 가지며 듣는 내용이다(교육부, 보건복지부, 2019, p. 75). 유아가 또래 친구나 교사 등과 이야기를 나누고 관심 있게 들을 만한 이야기를 들으면서 언어에 귀를 기울이도록 하는 것이다.

■ 자신의 경험, 느낌, 생각을 말한다

유아가 상대방에게 자신의 경험, 느낌, 생각을 자유롭게 말하는 내용이다(교육부, 보건복지부, 2019, p. 75). 또래와 놀이하거나 함께 이야기를 나누거나 교사와 이야기를 나누면서 맥락에 부합하는 내용으로 자기 의견을 말한다.

■ 상황에 적절한 단어를 사용하여 말한다

유아가 때와 장소, 대상과 상황을 고려하여 적절한 단어와 문장을 선택하여 말하는 내용이다(교육부, 보건복지부, 2019, p. 75). 또래를 비롯해 다른 사람들과 이야기 나눌 때 대화 상대가 누구이며 어떤 사람인가, 대화의 맥락이 어떠한가를 고려하여 대상과 맥락에 부합하는 언어로 말하는 것이다.

■ 상대방이 하는 이야기를 듣고 관련해서 말한다

유아가 다른 사람이 이야기하는 내용을 듣고 말하는 사람의 생각, 의도, 감정을 고려하여 말하는 내용이다(교육부, 보건복지부, 2019, p. 76). 유아가 대화할 때 상대의 말에 담긴 의미를 신중하게 파악하고 말하는 이의 입장, 감정을 고려하여 그에 따라 언어적 반응을 하도록 하는 것이다.

■ 바른 태도로 듣고 말한다

유아가 말하는 사람에게 주의를 기울이며 듣는 내용이다. 말을 끝까지 듣고, 자신의 의견을 말하는 내용이다(교육부, 보건복지부, 2019, p. 76).

■ 고운 말을 사용한다

유아가 일상생활에서 자주 쓰는 유행어, 속어, 신조어, 상대방을 비난하는 말을 사용하지 않고, 우리말을 바르게 사용하는 내용이다(교육부, 보건복지부, 2019, p. 76).

2) 읽기와 쓰기에 관심 가지기의 내용

0~1세 영아를 위한 읽기와 쓰기에 관심 가지기의 내용은 영아가 주변의 그림과 상징에 관심을 가지고, 자유롭게 끼적이기에 관심을 가지는 내용이다(교육부, 2024; 보건복지부, 2020, p. 86).

■ 주변의 그림과 상징에 관심을 가진다

0~1세 영아가 자신의 주변의 친숙한 그림이나 표지판, 상표와 같은 주변의 친숙한 상징에 관심을 가지는 내용이다(보건복지부, 2020, p. 86). 일과 중 환경에서 자주 접하는 놀이 영역 표지, 영아의 이름표, 놀잇감이나 책의 그림과 글자, 교사가 써 주는 글자나 표시 등에 관심을 가진다.

■ 끼적이기에 관심을 가진다

0~1세 영아가 손에 무엇인가를 쥐고 벽이나 바닥면에 끼적이기를 시도하며 의도적으로 움직여 어떤 결과가 나타나는 것에 관심을 가지는 내용이다(보건복지부, 2020, p. 86). 영아가 자발적으로 끼적이거나 그림 위에 따라서 선을 그어 보거나 교사가 끼적인 선 위에 모방하여 끼적이며 쓰기에 관심을 가진다.

2세 영아가 주변의 그림과 상징에 관심을 가지고, 이를 활용하여 자유롭게 끼적이며 표현을 즐기는 내용이다(교육부, 2024; 보건복지부, 2020, p. 180).

■ 주변의 그림과 상징에 관심을 가진다

2세 영아가 주변 인쇄물의 그림이나 표지판, 상표와 같은 상징, 자신의 이름과 같이 친숙한 글자에 관심을 가지며 상징 읽기를 시도하는 내용이다(보건복지부, 2020, p. 187). 영아가 어린이집의 일상에서 접하는 그림책, 화보, 일과표, 환경판의 다양한 그림과 글자 등 인쇄물이나 다양한 글자 자료에 주목하고 읽기를 흉내 내거나 읽어 보려 시도한다.

■ 끼적이며 표현하기를 즐긴다

2세 영아가 다양한 쓰기 도구를 이용하여 의도적으로 끼적이며 이를 상징화하며 표현하는 것에 관심을 갖고 즐기는 내용이다(보건복지부, 2020, p. 187). 영아가 진행 중인 놀이나 활동에 필요한 그림을 그리거나 놀이에서 경험한 내용을 그리기로 표현해볼 수 있다. 책이나 자료를 보고 인상적이었던 대상을 끼적이기로 표현해 볼 수 있고 교사는 영아의 말을 적어 주어 영아들이 쓰기를 통한 표현에 관심을 가질 수 있다.

3~5세 유아를 위한 읽기와 쓰기에 관심 가지기의 내용은 유아가 말과 글의 관계에 관심을 가지고, 주변의 상징, 글자 등을 읽으며, 자신의 생각을 글자와 비슷한 형태로 표현해 보는 내용이다(교육부, 보건복지부, 2019, p. 74).

■ 말과 글의 관계에 관심을 가진다

유아가 일상에서 말이 글로, 글이 말로 옮겨지는 것에 관심을 갖는 내용이다(교육부, 보건복지부, 2019, p. 77). 하루일과를 지내는 동안에 또는 놀이를 하는 중에 유아들은 말을 글로 옮겨 적거나 글을 말로 읽어야 하는 맥락을 경험하게 된다. 필요에 따라 말을 글로 쓰거나 글을 읽어야 하는 다양한 상황을 통해 말과 글의 관계를 체험하게 된다.

■ 주변의 상징, 글자 등의 읽기에 관심을 가진다

유아가 일상에서 자주 보는 상징(표지판, 그림문자 등)이나 글자 읽기에 관심을 가지는 내용이다. 유아가 상징이나 글자에는 사람들의 생각과 감정, 정보가 담겨 있다는 것을 이해하는 내용이다(교육부, 보건복지부, 2019, p. 77). 유아는 놀이나 활동 과정에서 또는 일상생활 속에서 상징, 표지판, 그림문자, 글자자료를 접하게 된다. 스스로 읽으려 시도하거나 교사가 읽어 주는 과정에서 읽기를 경험하게 되고, 읽기 자료가 가진 의미를 경험하게 된다. 비상구 표시를 읽으며 그것이 위기 시의 대피로임을 알게 되고 사물함에 붙인 이름표를 보고 사물함의 소유자를 구분하게 된다.

■ 자신의 생각을 글자와 비슷한 형태로 표현한다

유아가 자신의 생각이나 말을 끼적거리거나 글자와 비슷한 선이나 모양, 글자와 비슷한 형태로 표현하는 내용이다(교육부, 보건복지부, 2019, p. 77). 유아들은 자신을 나타내기 위해 이름 글자를 쓰거나 또래와 소통할 때 기호나 글자 등을 활용한다. 활동 관련한 다양한 경험을 표상하기 위해서 그림, 기호, 글자 등을 활용하게 되고 이러한 과정에서 자신의 말과 생각, 아이디어를 쓰기로 나타낸다.

3) 책과 이야기 즐기기의 내용

책과 이야기 즐기기의 내용은 **0~1세 영아**가 책과 이야기에 관심을 가지고 재미를 느끼는 내용이다(교육부, 2024; 보건복지부, 2020, p. 79).

■ 책에 관심을 가진다

0~1세 영아가 다양한 형태의 책을 탐색하는 경험을 하며 책에 대한 관심을 가지고 책과 자신의 경험을 관련짓고 상징 행동을 하며 상상해 보면서 책에 대한 선호가 생기는 내용이다(보건복지부, 2020, p. 90). 영아가 감각적 탐색 대상으로 책을 경험하며 관심을 가지고 책 속의 내용이나 그림과 관련지어 언어적, 비언어적으로 반응해 보며 책에 대한 선호와 흥미를 기르는 것이다.

■ 말놀이와 이야기에 재미를 느낀다

0~1세 영아가 다양한 말소리를 접하며 재미를 느끼고, 이야기를 자주 접하게 되면서 점차 자신이 좋아하는 이야기에 대한 선호가 생기게 되는 것과 관련되는 내용이다(보건복지부, 2020, p. 90). 책의 이야기를 비롯해 교사 등이 이야기를 들려주면서 영아가 말놀이와 이야기를 반복적으로 접하고 재미를 느낄 수 있도록 한다.

2세 영아가 다양한 책과 이야기에 관심을 가지고 상상하기를 즐기며, 말놀이와 이야기 짓기에 재미를 느끼는 내용이다(보건복지부, 2020, p. 180).

■ 책에 관심을 가지고 상상한다

2세 영아가 주변의 다양한 책을 보는 것을 즐기며 책의 내용을 자유롭게 상상하는 내용이다. 영아는 선호하는 책이 생기고, 책을 만들기도 하며 책 보기를 즐기게 되는 내용이다(보건복지부, 2020, p. 192). 탐색 대상으로 책을 접하는 데서 나아가 책보기를 즐기며 책의 내용이나 책과 관련된 감각적 자극을 활용하여 상상의 나래를 펼쳐 본다. 내용을 언어적・비언어적으로 실행해 보거나 그림이나 장면을 흉내 내고 확장해 볼 수 있다.

■ 말놀이와 이야기에 재미를 느낀다

2세 영아가 다양한 표현의 말과 이야기 짓기를 즐기면서 말과 이야기의 변화에 재미를 느끼게 되는 내용이다(보건복지부, 2020, p. 192). 일상 중의 장면이나 놀이 활동 중에 낱말 자체를 소재로 한 말놀이에 참여하고 기존의 경험과 연계된 이야기를 꾸미거나 가상의 이야기를 꾸며 보면서 이야기를 지어 보고 말의 재미를 느껴 본다.

3~5세 유아를 위한 책과 이야기 즐기기의 내용은 유아가 다양한 책에 관심을 가지고 상상하며, 동화, 동시에서 말의 재미를 느끼고, 말놀이와 이야기 짓기를 즐기는 내용이다(교육부, 보건복지부, 2019, p. 74).

■ 책에 관심을 가지고 상상하기를 즐긴다

유아가 책에 흥미를 느끼며 책 보는 것을 즐기고 상상하는 즐거움을 경험하는 내용이다(교육부, 보건복지부, 2019, p. 78). 유아가 자유롭게 좋아하는 책을 택하고 책 속의 그림이나 내용에 주목하여 읽기를 시도하거나 기억하는 내용에 따라 읽기를 흉내 내 볼 수 있다. 책의 내용에 관련된 몸짓이나 표정, 말로 자기의 생각을 표현하거나 상상을 시도해 볼 수 있다.

■ 동화, 동시에서 말의 재미를 느낀다

유아가 동화와 동시를 자주 들으며 우리말의 재미와 아름다움을 느끼는 내용이다(교육부, 보건복지부, 2019, p. 78). 유아들에게 다양한 동화나 동시를 들을 기회를 마련해 주고 이와 같은 활동을 반복함으로써 유아들은 우리말의 재미와 아름다움을 경험할 기회를 가질 수 있다.

■ 말놀이와 이야기 짓기를 즐긴다

유아가 끝말잇기, 수수께끼, 스무고개 등 다양한 말놀이를 즐기는 내용이다. 자신의 경험, 생각, 상상을 기초로 새로운 이야기를 만드는 과정을 즐기는 내용이다(교육부, 보건복지부, 2019, p. 78). 유아들의 자유로운 놀이 가운데 일어나는 상상하기를 격려하고 지원함으로써 유아들은 말놀이 및 이야기 짓기를 즐길 수 있다.

활동 6-1

1. 영유아를 위한 의사소통 영역의 목표 중 0~1세를 위한 듣기 관련 목표를 골라 봅시다.

① 일상생활에서 듣기와 말하기를 즐긴다.

② 읽기와 쓰기에 관심을 가진다.

③ 책을 통해 상상하기를 즐긴다.

2. 영유아를 위한 의사소통 영역의 목표 중 3~5세를 위한 읽기 관련 목표를 제시해 봅시다.

활동 6-2

1. 다음과 같은 맥락에서 교사가 어떻게 지원하면 좋을지 제안해 봅시다.

[2세 영아가 동화책 속의 호랑이를 가리키며 두 팔을 웅크려 뻗으며 "호랑이, 어흥."이라고 말한다. 교사는 "그래, 호랑이가 어흥 하는구나!"라고 말한다. 영아는 다음 그림을 가리키고 네 발로 엎드리듯 한 채 "음매."라고 한다. 교사는 "음매……, 어떤 동물이니?"라고 묻는다. 영아는 "소."라고 대답한다.]

2. 유아를 위한 말하기와 듣기 내용 중 '바른 태도로 듣고 말하기'에 관해 어떤 맥락에서 어떻게 지도하면 좋을지 말해 봅시다.

3. 유아들이 표정, 몸짓, 말로 의사 표현을 하는 놀이 장면을 관찰하고 기록해 봅시다.

〈부록〉

2024년 12월 「2024 개정 표준보육과정(0~2세)」 발표

2024 개정 표준보육과정(0~2세)은 영유아의 주도성과 놀이를 통한 배움을 강조하고, 현장의 다양성과 자율성을 추구하는 누리과정(3~5세)과의 연계를 강화하여, 영아가 발달단계에 따라 맞춤형으로 교육·보육을 받을 수 있도록 설계되었는데, 개정된 주요 사항은 다음과 같다.

- 현장의 혼란을 최소화하고 영아의 발달 특성을 고려하여 기존 표준보육과정의 0~1세, 2세, 3~5세(누리과정) 체계를 유지한다.
- 누리과정과의 연계를 강화하여 기존 6개 영역을 누리과정과 동일하게 5개로 조정하고, 0~1세·2세로 나누어진 영역별 목표를 0~2세로 통합하였다.
- 그중 의사소통 영역의 기존 목표는 0~1세의 경우 '의사소통 능력의 기초를 형성한다.' 2세의 경우 '의사소통 능력과 상상력의 기초를 형성한다.'에서 개정 목표는 '일상생활에서 의사소통 능력을 기른다.'로 통합되었다.

다음은 0~2세 표준보육과정 의사소통 영역의 목표 및 내용에서 변화된 부분이다(밑줄 부분).

0~1세 의사소통 영역의 목표 및 내용

<table>
<tr><th></th><th colspan="2">현행</th><th colspan="2">개정안</th></tr>
<tr><td>1. 목표</td><td colspan="2">의사소통 능력의 기초를 형성한다.
1) 일상생활에서 듣기와 말하기를 즐긴다.
2) 읽기와 쓰기에 관련된 관심을 가진다.
3) 책과 이야기에 관심을 가진다.</td><td colspan="2">일상생활에서 의사소통 능력을 기른다.
1) 일상생활에서 듣기와 말하기를 즐긴다.
2) 읽기와 쓰기에 관심을 가진다.
3) 책과 이야기에 재미를 느낀다.</td></tr>
<tr><td rowspan="4">2. 내용</td><td>내용범주</td><td>내용</td><td>내용범주</td><td>내용</td></tr>
<tr><td>듣기와 말하기</td><td>· 표정, 몸짓, 말과 주변의 소리에 관심을 갖고 듣는다.
· 상대방의 이야기를 들으면서 말소리를 낸다.
· 표정, 몸짓, 말소리로 의사를 표현한다.</td><td>듣기와 말하기</td><td>· 표정, 몸짓, 말과 주변의 소리에 주의를 기울인다.
· 상대방의 이야기를 들으면서 말소리를 낸다.
· 표정, 몸짓, 말소리로 의사를 표현한다.</td></tr>
<tr><td>읽기와 쓰기에 관심 가지기</td><td>· 주변의 그림과 상징에 관심을 가진다.
· 끼적이기에 관심을 가진다.</td><td>읽기와 쓰기에 관심 가지기</td><td>· 주변의 그림과 상징에 관심을 가진다.
· 끼적이기에 관심을 가진다.</td></tr>
<tr><td>책과 이야기 즐기기</td><td>· 책에 관심을 가진다.
· 이야기에 관심을 가진다.</td><td>책과 이야기 즐기기</td><td>· 책에 관심을 가진다.
· 말놀이와 이야기에 재미를 느낀다.</td></tr>
</table>

2세 의사소통 영역의 목표 및 내용

<table>
<tr><th></th><th colspan="2">현행</th><th colspan="2">개정안</th></tr>
<tr><td>1. 목표</td><td colspan="2">의사소통 능력과 상상력의 기초를 형성한다.
1) 일상생활에서 듣기와 말하기를 즐긴다.
2) 읽기와 쓰기에 관심을 가진다.
3) 책과 이야기에 재미를 느낀다.</td><td colspan="2">일상생활에서 의사소통 능력을 기른다.
1) 일상생활에서 듣기와 말하기를 즐긴다.
2) 읽기와 쓰기에 관심을 가진다.
3) 책과 이야기에 재미를 느낀다.</td></tr>
<tr><td rowspan="4">2. 내용</td><td>내용범주</td><td>내용</td><td>내용범주</td><td>내용</td></tr>
<tr><td>듣기와 말하기</td><td>· 표정, 몸짓, 말에 관심을 갖고 듣는다.
· 상대방의 이야기를 듣고 말한다.
· 표정, 몸짓, 단어로 의사를 표현한다.
· 자신의 요구와 느낌을 말한다.</td><td>듣기와 말하기</td><td>· 표정, 몸짓, 말에 주의를 기울여 듣는다.
· 상대방의 이야기를 듣고 말한다.
· 〈삭 제〉
· 자신의 요구와 느낌을 말한다.</td></tr>
<tr><td>읽기와 쓰기에 관심 가지기</td><td>· 주변의 그림과 상징, 글자에 관심을 가진다.
· 끼적이며 표현하기를 즐긴다.</td><td>읽기와 쓰기에 관심 가지기</td><td>· 주변의 그림과 상징에 관심을 가진다.
· 끼적이며 표현하기를 즐긴다.</td></tr>
<tr><td>책과 이야기 즐기기</td><td>· 책에 관심을 가지고 상상한다.
· 말놀이와 이야기에 재미를 느낀다.</td><td>책과 이야기 즐기기</td><td>· 책에 관심을 가지고 상상한다.
· 말놀이와 이야기에 재미를 느낀다.</td></tr>
</table>

3~5세 의사소통 영역의 목표 및 내용은 변화없이 현행과 같다.

출처: 교육부(2024. 12).

07

듣기 · 말하기 지도

1. 듣기 지도
2. 말하기 지도
3. 일과 중의 듣기 · 말하기 지도

07 듣기 · 말하기 지도

듣기와 말하기는 의사소통 과정의 기본적 요소로 서로 분리할 수 없는 과정이다. 따라서 영유아가 자연스럽게 의사소통을 관찰하고 의사소통에 직접 참여하여 듣고 말하는 기회를 갖도록 해 준다. 일정한 시간과 특정한 공간에서만 지도하는 것이 아니라 영유아와 일상적으로 대화를 나누는 것이 중요하다. 매일매일 대화하는 중에 영유아는 새로운 말과 발음을 익히며 의사소통 기술을 습득할 수 있다. 이때 양방향적 의사소통이 중요하다. 번갈아 말하고 눈을 맞추고 주목하며 인내심(www.forepath.org)을 갖고 진정으로 들어 준다. 의사소통을 늘 성인이 먼저 시작하는 것은 아니다. 영유아도 의사소통의 신호를 보내므로 그때 성인이 그 시도를 놓치지 않고 반응해 주는 것이 중요하다. 성인이 좋은 본보기가 되어 영유아의 의사소통 시도에 적절히 반응하고 지원해 주어 영유아가 의사소통 과정에 적극 참여할 수 있도록 한다. 이처럼 일상생활 속에서 듣기와 말하기를 통합하여 지도하고 더불어 체계적 활동을 통해 지도한다.

1 듣기 지도

듣기는 단순히 소리를 듣는 것 이상을 포함하는 능력으로 모든 언어소통 기능의 기초가 된다. 의사소통에서 듣기는 말소리를 귀로 들어 지각하고, 그 말소리를 언어로 인지하여 의미 있게 처리하며, 그 의미를 이해하고 해석하여 언어적 · 비언어적으로 반응하는 과정으로 이루어진다. 듣기를 지도할 때 고려할 점과 방법은 다음과 같다.

1) 듣기 지도 시 고려할 점

영아를 위한 듣기 지도에서 고려할 점을 살펴보면 다음과 같다.

첫째, 영아 주변의 성인들이 바람직한 듣기의 모델이 되어 준다. 교사 본인이 영아의 표정이나 몸짓, 말을 통한 의사소통 시도에 온전히 주의를 기울이고 영아의 말을 적극적으로

[그림 7-1] 영유아의 눈높이에 맞추어 자세를 취하고 눈맞춤하는 모습

바람직한 듣기의 모델이 되어 주는 교사, 양육자
열심히 흥미 있게 들어 주는 교사를 통해 영유아는 의사소통의 즐거움을 경험할 뿐 아니라 바른 듣기의 과정과 방법을 관찰하고 배울 수 있다.

듣는 모습을 보여 준다. 언어적으로 반응하거나 고개를 끄덕이기, 표정이나 눈으로 반응하기 등을 통해 잘 듣고 있음을 보여 준다.

둘째, 영아의 발달 수준에 맞는 다양한 듣기 경험을 제공한다. 영아의 이해수준과 흥미에 부합하는 개별적 듣기 경험을 마련한다.

셋째, 맥락을 활용하여 지도한다. 영아와 교사는 일과 중에 개별적 상호작용의 기회가 많다. 매일 함께하는 일과 중에 느긋하게 대화한다. 산책이나 실외 놀이 중 듣게 되는 자연의 소리나 생활 소음, 사람들의 말소리를 듣기 지도에 활용한다.

넷째, 듣고 이해하는 수준이나 흥미에는 개인차가 있다는 점을 고려한다. 영아가 주변의 소리나 말소리에 호기심을 갖도록 격려한다. 예를 들어, 영아가 청각적 자극에 주의를 기울이는지를 관찰하고 영아가 소리에 관심을 보일 때 함께 주목하거나 공감을 표시하며 영아의 듣기를 격려해 준다.

다섯째, 듣기 지도를 위한 환경을 고려한다. 영아의 분리불안이나 심리적 스트레스는 일과 경험이나 사회적 상호작용에 부정적 영향을 준다. 영아가 심리적으로 안정되어야 하며 일과 중 개인 간의 상호작용 기회가 충분해야 한다. 또한 소리를 탐색할 수 있는 다양한 교재교구 그리고 소리에 주목할 수 있는 물리적 여건이 마련되어야 한다.

유아를 위한 듣기 지도에서 고려할 점은 다음과 같다.

첫째, 유아가 일상생활 속에서 듣기의 필요성과 중요성(한유미 외, 2013; 홍혜경 외, 2021)을 느낄 기회가 있어야 한다. 듣기는 내용의 이해뿐 아니라 효율적 의사소통의 한 방편임을 배워야 한다(이차숙, 노명완, 1994). 이렇게 일상생활 및 사회생활에서 바르고 정확한 듣기의 필요성과 가치, 효과를 느낄 때 잘 듣고자 하는 동기를 가질 수 있다.

둘째, 유아가 바람직한 듣기의 모델을 접하도록 해 준다. 교사 본인이 유아의 의사소통 시도에 진정으로 주의하며 적극적으로 듣는 태도를 취한다. 예를 들어, 유아가 말할 때 눈높이를 맞추고 응시하며 들어 준다. 적절한 언어적 반응 외에 표정이나 몸짓을 통해 반응을 보여 줄 수 있다. 교사 외에도 다른 성인이나 영상자료를 통해 듣기의 모델을 접할 기회를 갖는다.

셋째, 유아의 이해 수준과 흥미에 적합하고 다양한 듣기 경험(김은심, 조정숙, 2021; 한유미 외, 2013; 홍혜경 외, 2021)을 제공한다. 일상생활에서 자연스럽게 또는 체계적 교수과정을 통해 발달수준, 흥미에 적합한 다양한 듣기 경험을 제공한다. 예를 들어, 유아들이 함께 놀면서 상호작용할 때 관련된 놀이 노래를 들려주면 즐겁게 듣고 따라 부르게 된다. 체계적 교수과정에서 유아가 대화에 참여하고 이야기를 나누며 동화나 동시 등의 문학을 접할 기회를 마련한다. 듣는 내용도 유아들의 이해 및 흥미에 부합하는 시, 소설, 이야기, 서술, 보고, 묘사, 설명, 설득, 광고 등의 다양한 내용(이차숙, 노명완, 1994)을 포함하도록 한다.

넷째, 적절한 맥락을 활용하여 듣기를 경험하도록 지도한다. 일과가 전개되는 중에 또는 개별적 상호작용이나 집단 시간을 통해 유아와 매일 편안하게 대화를 나누면서 듣기를 경험하도록 한다. 관련 활동이나 장면에서 듣기 자극을 활용하여 지도한다. 새로운 낱말이나 문장 표현은 직접적 경험이 이루어질 때 또는 관련된 상황에서 들을 수 있도록 맥락을 포착하여 지도한다. 예를 들어, '비사치기'나 '투호'와 같은 낱말은 해당 활동이 이루어질 때, '만국기가 펄럭인다.'라는 표현은 펄럭이는 만국기를 보는 장면에서 더 쉽게 익히고 기억할 수 있다.

다섯째, 듣고 이해하는 과정에 개인차가 있음을 고려한다. 듣기는 소리를 지각하는 것에서 나아가 이해하는 정신적 과정(Jalongo, 2000)으로 유아의 발달수준에 따라 들은 내용을 이해하는 정도가 다를 수 있다. 교사는 늘 교사와 유아 간 그리고 유아와 유아 간 상호소통의 여부를 파악한다. 또한 유아가 주의를 기울여 들을 뿐 아니라 목적과 상황에 따라 적절하게 듣기 기능을 활용할 수 있도록 개별적으로 지도한다.

여섯째, 듣기를 위한 심리적·물리적 환경을 조성한다(한유미 외, 2013; 홍혜경 외, 2021). 학대나 스트레스와 같은 부정적 요소가 없고, 언어가 풍부하고 온정적 돌봄이 이루어지는 심리·사회적 환경을 조성해야 한다. 더불어 듣기 활동을 위한 적절한 물리적 환경을 조성하는 것도 중요하다. 듣기 활동을 위해 녹음기나 카세트, 오디오 등의 기구나 장비, 각종 도서류나 손 인형 등을 마련하며 방해받지 않고 주의를 기울일 수 있는 영역을 설정하고 구성한다.

2) 듣기 지도를 위한 활동

듣기란 주변의 다양한 청각적 자극 중 특정 자극에 주의를 기울여 수용하고 그 자극을 종합하여 의미를 구성하는 활동이다. 표준보육과정 의사소통 영역의 내용체계를 고려해 다음과 같은 활동으로 듣기를 지도할 수 있다.

(1) 다양한 소리 듣기

원활한 의사소통을 위해서는 주변의 불필요한 자극이 아닌 상대방의 메시지나 말에 선택적으로 주의를 기울일 수 있어야 한다. 다양한 소리를 접하며 필요한 자극에 주의를 기울여 듣고, 소리를 인지하여 구분하며 말소리에 주의를 기울이는 활동을 할 수 있다.

[그림 7-2] 딸랑이를 흔들며 소리 들어 보기

영아가 말소리를 포함해 다양한 소리에 흥미를 갖고 귀 기울이며 소리를 변별하는 기회를 갖도록 한다. 영아에게 만지거나 흔들면 소리가 나는 다양한 놀잇감과 교구를 제공하여 자유롭게 다양한 소리를 탐색하도록 한다. 나무막대나 돌, 나뭇잎 등의 자연물이나 재활용품(종이상자, 캔, 병 등)을 활용해 소리를 내고 자신의 몸으로 낼 수 있는 소리도 탐색해 보게 한다.

영아가 익숙한 말소리에 주의하고 반응하도록 영아에게 익숙한 사람들이 자주 말을 걸어 주고 상호작용을 시도한다. 짧고 재미있는 노래를 들려주거나 라임을 들려주는 것도 좋다. 교사는 영아의 반응에 말로 대응해 주면서 풍부한 언어적 자극을 제공한다. 특히 영아가 친숙한 낱말의 발음에 흥미를 보이며 반응하고, 높낮이와 세기 등 말소리의 차이에 반응하도록 영아에게 말할 때는 억양과 어조 등을 조절하여 말을 걸어 준다.

유아의 경우 자유로운 소리 탐색 활동과 교사가 계획한 체계적 활동을 시도한다. 일과 중 유아의 자유로운 소리 자극 탐색을 격려한다. 또한 유아가 개별적으로 또는 집단으로 다양한 소리 자극을 탐색, 변별하고 실험하는 활동을 해 본다. 교사가 소리를 들려주고 무슨 소리인지 맞춰 보거나 소리의 방향과 출처를 맞춰 보기, 소리 중 같은 소리를 찾아내거나 다른 소리를 찾아내기, 들려주는 소리의 높은음과 낮은음을 구별하기 등의 활동으로 소리를 탐색한다. 더불어 다양한 음악을 감상한 후 그 느낌과 생각을 몸짓이나 말, 그리기 등으로 표현해 본다.

유아가 말소리에 주의하여 듣도록 일과 중에 교사는 유아의 주의집중 수준 및 이해도를 고려하여 말을 걸어 주고 의사소통을 시도한다. 일상생활이나 방송에서 수집한 다양한 말소리 또는 주변 사람들(예: 영유아 자신, 교사, 가족, 친구들 등)에게 채록한 말소리를 활용하는 활동도 좋다. 말소리를 들려주고 나서 누구의 목소리인지 맞춰 보거나 말의 내용, 말소리의 출처 등을 맞춰 본다. 노랫말에 귀 기울이며 노래를 듣거나 라임을 듣고 흥얼거리는 것도 좋다.

[그림 7-3] 풀잎피리

https://terms.naver.com/entry.naver?docId=6508699&cid=60476&categoryId=60476

이러한 활동을 위하여 〈표 7-1〉과 같은 여러 가지 실물 자료, 자연현상이나 동물, 사물에서 채록한 소리, 일상생활에서 채록한 소리, 그 밖의 녹음 자료 등을 활용할 수 있다.

〈표 7-1〉 다양한 소리와 말소리 듣기 활동을 위한 자료

소리의 원천		예
자연	자연현상	바람 소리, 비 오는 소리, 천둥소리 등
	동물	우짖는 소리, 싸울 때 내는 소리, 아플 때 내는 소리 등
기계나 물건	사물	• 소리가 나는 다양한 사물: 두드리기, 긁기, 문지르기, 흔들기, 뭉치기 등으로 내는 소리 • 악기처럼 소리를 내는 사물 • 기계의 소리
음악	노래, 음악	• 어린이 음악, 고전음악, 민속음악, 현대음악 등 • 명곡의 일부 멜로디, 동요의 일부 멜로디 등
거리, 일상생활	일상생활	물 끓는 소리, 샤워기에서 물 떨어지는 소리, 문을 여닫는 소리, 계단 오르는 소리, 승강기 소리, 자동차 소리 등
사람	신체로 내는 소리	손뼉치기, 손바닥 비비기, 손바닥이나 주먹으로 두드리기, 발 구르기, 혀 차기, 입술로 내는 소리, 재채기 소리, 하품 소리 등
	말소리	유아들의 혼잣말, 유아 간의 대화, 유아의 노래 등
		사람들의 대화 소리, 노랫소리, 다투는 소리, 감탄사 등
		전철이나 버스의 안내방송, 뉴스를 전달하는 아나운서의 말소리, 상품 광고 소리, 스포츠 중계하는 소리 등

(2) 말 · 이야기 듣기

① 일상생활에서 경험과 관련된 말 듣기

구체적인 경험에 관련된 말을 알아듣고 반응하며, 일상생활에서 친숙하고 반복되는 낱말과 문장을 듣고 이해하는 경험을 갖는다.

[그림 7-4] 이를 닦으며 이 닦기에 관해 말로 표현해 주는 교사

"00이 칫솔이 어떤 것인지 찾아보자."
"이" 해보자. "치카치카" 솔질을 하자---

영아와 상호작용할 때 교사는 영아의 이름을 자주 불러 주고 영아가 경험하는 활동이나 사물, 놀잇감의 명칭을 반복해서 들려준다. 더불어 영아의 반응에 호응해 주어 영아가 자신의 이름이나 사물 명칭을 인식하고 나아가 경험과 말소리를 연결하여 듣도록 지원한다.

교사는 영유아를 위해 일상생활에서 맥락과 관련된 내용을 [그림 7-4]의 예처럼 구체적인 말로 표현해 주거나 자신이 하는 일, 생각을 짧은 이야기로 들려주어 영유아가 상황에 맞는 어휘와 표현을 들을 기회를 준다. 교사는 목소리의 높낮이나 음색을 다양하게 변화시켜 말해줌으로써 영유아가 주목하여 들을 수 있게 한다.

유아가 다양한 낱말과 발음에 주의를 기울여 듣고 구별하며, 낱말과 문장을 듣고 이해하는 경험을 갖는다. 관심을 갖고 귀 기울여 듣는 태도를 기르기 위해 귓속말로 말하거나 개별적으로 말을 주고받는 기회를 마련한다. 낱말 게임이나 라임을 활용해서 낱말과 발음에 귀를 기울여 듣고 인식하는 활동을 할 수 있다. 유아가 낱말의 발음을 구별하고 비슷한 발음을 구별할 수 있도록 음소, 음절을 인식하는 활동을 해 본다. 예를 들어, 제시된 낱말 중에서 같은 음소가 포함된 낱말을 짝지어 보거나 특정 낱말에서 음소를 대치하거나 탈락시키면 어떤 소리가 나는지 알아본다. 들려주는 낱말과 첫소리나 끝소리가 같은 낱말을 말해 보거나 제시된 실물(또는 사물의 그림)의 이름과 같은 낱자가 들어간 낱말을 말하는 활동을 할 수 있다. 낱말을 들려주고 음절수를 세어 보거나 첫말이 같은 낱말 또는 끝말이 같은 낱말을 찾아보면서 음절을 인식하는 활동을 할 수 있다.

짧은 문장을 듣고 이해하는 활동으로 유아의 생활경험이 담긴 사진자료를 보며 이야기를 나누고 문답 시간을 가질 수 있다. 교사의 간단한 언어적 지시를 따라 유아가 동작을 취하거나 조작하기, 지시대로 형태를 그리거나 점토로 모양을 완성하기, 교사의 설명에 해당하는 것(사물이나 그림 등)을 말하거나 찾아내기 등을 할 수 있다.

교사는 일상적으로 다양한 맥락에서 특정 경험이나 활동이 이루어질 때 관련된 표현을 정확히 말해 주어서 유아가 맥락에 해당하는 낱말과 문장을 반복해 들을 수 있게 해 준다.

낱말과 짧은 문장에 주의를 기울여 정확하게 듣도록 다음과 같은 놀이를 활용하는 것도 효과적이다.

듣기 놀이 활동의 예

- **귓속말 전달하기 놀이**
  유아들을 몇 집단으로 나눈 후 교사가 각 집단의 한 유아에게만 짧은 문장을 전해주고 집단내에서 그 문장을 전달하도록 한다. 3세 유아의 경우 낱말 전달하기로 진행할 수 있고 5세 유아는 문장 전달하기로 진행할 수 있다.
- **코코코 놀이**
  교사가 '코코코'라는 말머리로 시작하며 신체의 한 부분을 지적하되 동작은 지시와 다르게 엉뚱한 부분을 짚는다. 유아들은 지시에 따라 해당 신체부위를 지적해야 한다.
  예) "코코코 눈." 하면서 손으로 머리를 짚을 때 유아들은 지시대로 눈을 짚어야 한다. 교사의 말과 동작이 다르지만 유아들은 **지시에 맞게** 동작을 해야 한다.
- **가라사대 놀이**
  언어적 지시에 따라 동작을 해 보는 놀이이다. '가라사대'라는 말로 시작되는 지시에만 따르도록 한다.
  예) "가라사대 두 손 올려."라고 하면 두 손을 올리지만 "두 손 내려."라고 하면 동작을 하지 않아야 한다.

② 말과 이야기 듣고 이해하기

유아들이 교사나 친구로부터 이야기를 관심 있게 듣고 그 속의 사건이나 주인공의 느낌 등을 이해(교육과학기술부, 보건복지부, 2013, p. 48)하도록 한다. 흥미롭고 재미있는 주제나 내용을 선택하면 유아들이 더 잘 들을 수 있다. 사건의 전개나 인과관계, 결과나 등장인물의 기분 등에 관해 간단한 질문(교육과학기술부, 보건복지부, 2013, p. 49)을 하고 답할 기회를 통해 유아가 이야기 내용을 이해하도록 돕는다. 유아도 자유롭게 질문할 기회를 주어 이야기에 대한 흥미 및 이해를 높인다. 유아가 주의집중할 수 있는 시간을 고려하고 대집단보다는 개별적으로 또는 소집단으로 활동한다. 이야기는 유아와 함께 경험했던 내용이 좋다. 예를 들어, 유아가 어린이집에서 활동했던 내용, 반에서 일어났던 특별한 일이나 사건에 관한 이야기 등이 좋다. 그 외에도 유아가 흥미로워하는 대상이나 사물에 관한 이야기, 명절이나 절기, 특별한 날에 관한 이야기, 시사적으로 관심이 집중된 대회나 행사, 사회적 사건·사고에 관한 이야기 등도 가능하다. 이때 사진이나 그림, 영상자료, 관련된 실물 등을 활용해 이야기 듣기의 흥미를 더할 수 있다.

[그림 7-5] 이야기 소재의 예: 어린이집 활동 경험 중 시장놀이 사진

(3) 문학을 활용한 듣기

① 그림책이나 동화책 듣기와 관심 가지기

동화는 영유아에게 미지의 세계를 상상하게 하며, 사건 순서를 기억하거나 새로운 어휘를 학습하는 데 도움이 된다. 들려줄 동화는 주제가 간단하고 뚜렷하며 대화가 풍부하고, 사건의 전개가 영유아에게 친숙한 것이 좋다. 또한 반복적인 운율을 사용하여 쉽게 기억하도록 꾸며진 이야기(주영희, 1995, p. 170)를 선택한다. 듣기를 위해 영유아가 관심을 갖는 작품을 반복적으로 들려주며 다양한 매체를 활용하는 것도 좋다. 여러 번 읽어 줄 때 이야기를 잘 이해하고 글의 구조에 익숙하게 되어 흥미와 관심이 지속 된다(박지현, 김호, 2014; Oja, 1996). 책 외에 큰 책, 그림 동화, 융판 동화, 구연동화, 인형극, 그림자 동화, 손가락 동화, TV 동화, 슬라이드, DVD 등 다양한 시청각 매체를 활용할 수 있다.

연령이 어리거나 이야기 듣기에 익숙하지 않은 경우, 내용을 처음부터 끝까지 다 읽어 주기보다는 영유아의 흥미나 관심의 흐름을 따라 들려준다. 예를 들어, 3세 유아에게 이야기를 들려줄 때 영유아가 주목하는 내용이나 그림에 관해 대화하듯이 질문을 주고받으며 해당 부분만 들려주어도 좋다. 시간과 장소에 구애받지 말고 유아가 듣고 싶어 할 때 충분히 동화를 들을 수 있게 해 준다. 유아에게 그림책을 읽어 주면서 개념을 설명하거나 지식을 주입하기보다는 추측이나 상상, 예측에 관한 질문(교육과학기술부, 보건복지부, 2013, p. 51)을 하여 상상력을 자극하고 언어를 확장시키도록 한다.

동화를 들려줄 때 다양한 방식으로 영유아도 참여하게 한다. 영유아가 책장을 넘기거나, 이야기에서 반복되는 표현이나 낱말을 영유아가 말할 수도 있다. 5세 유아라면 이야기를 들은 후 자기 방식대로 이야기를 다시 말해 보거나 이야기 그림 카드를 활용해 원래 내용의 순서대로 배열해 볼 수 있다. 듣기와 참여를 병행하면서 영유아는 주의 깊게 듣는 즐거움과 성취감을 경험할 수 있다.

[그림 7-6] 친숙한 사물을 담은 흑백으로 된 책이나 색상 있는 책

출처: 도서출판 아람(2025), 베이비올.

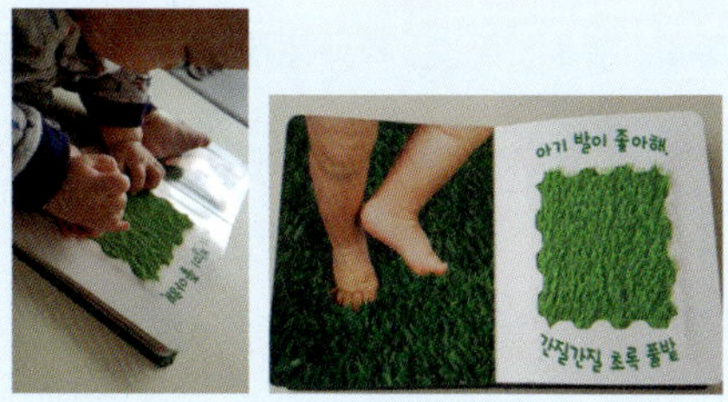

[그림 7-7] 촉감책, 이야기책

출처: 한솔수북(2010), '아기 발이 좋아해' 촉감책.

② 운율이 있는 말 듣기

동요나 동시 등 리듬이나 운율이 있는 말은 언어나 소리의 아름다움을 느끼며 듣기를 즐길 수 있게 해 준다(Machado, 1995). 동시 듣기로 언어에 대한 감수성(Sutherland & Arbuthnot, 1986)이 발달하고 듣는 기술과 태도가 발달하며(Hildebrand, 1998), 창조적 언어표현력과 어휘력, 기억력, 독서 준비도도 향상된다(Lenz, 1992; Morrow, 2004).

영아를 위해 단순하고 반복적인 리듬과 멜로디, 노랫말로 된 노래나 라임을 들려준다. 노래나 라임은 듣는 즐거움을 주며 주의를 집중시키고 자연스럽게 음소와 낱말을 인식할 기회가 된다. 리드미컬하게 몸을 움직이면서 할 수 있는 라임이나 노래가 좋다(Funk, 2013). 낮잠을 재우며 운율이 있는 자장가를 들려줄 수도 있다. 전래동요나 노래를 실은 그림책도 좋다. 교사가 만든 노래도 좋은데 특히 해당 영아에 관해 노래를 지어서 불러주면 영아의 흥미 유발에도 효과적이다. 음악 이론과 관계없고 명곡일 필요도 없다. 영아가 친근하게 느끼고 있는 교사의 목소리를 들려주는 것으로 충분하다.

유아에게 작가가 쓴 동시 또는 유아들이 쓴 동시를 들려준다. 주제, 경험, 계절 등을 고려한 동시를 골라(홍혜경 외, 2021) 반복해서 들려준다. '아침 바람 찬바람에' '머리, 어깨, 무릎, 발' 같은 단순하고 반복적인 노래도 좋다. 낱말과 문장을 접하고 말의 운율을 즐기도록 하고 나아가 노래와 함께 동작을 병행하여 낱말과 동작을 연결 지어본다. '우리 집에 왜 왔니, 왜 왔니' '강강술래' 등 전래 놀이노래를 들으며 노랫말에 맞춰 몸을 움직이고 우리말의 재미(교육과학기술부, 보건복지부, 2013, p. 52)를 느껴 본다. 노래에 익숙해지면 노랫말 일부에 영유아의 이름이나 영유아에 관한 사실 등을 넣어 새롭게 들려주는 것도 좋다.

동화, 동시, 동요 활동을 전개한 후 익숙한 동화, 동시, 동요를 유아들의 목소리로 녹음하여 편안히 들을 수 있도록 해 본다.

(4) 바른 태도로 듣기

듣기의 기본적 태도는 말하는 사람에게 시선을 고정하고 그 사람의 말소리를 끝까지 듣는 것(교육과학기술부, 보건복지부, 2013, p. 53)이다.

영아가 말하는 사람의 눈이나 표정, 몸짓을 관심 있게 보도록 한다. 교사가 영아와 상호작용할 때 영아가 교사의 얼굴을 주목하게 하고 말을 건다. 영아와 상호작용하려면 우선 이름을 불러 주며 시선을 맞추고 자연스럽게 자극을 준다. 영아와 개별적으로 대면하여 표정으로 상호작용하거나 까꿍놀이를 하며 시선을 고정하는 놀이를 시도한다.

유아가 듣기의 기본적 태도를 관찰하고 직접 경험할 수 있게 한다. 교사는 유아의 얼굴을 차분히 응시한 채 말하고 유아가 말할 때 교사는 유아의 표정과 시선, 몸짓을 보며 끝까지 들어 준다. 유아 상호 간에 바른 태도로 듣는 모습을 보았을 때 그 태도를 구체적으로 칭찬해 준다. 다른 사람이 말할 때 말하는 사람을 바라보며 주의 깊게 끝까지 들으면 상대방의 이야기를 더 잘 이해할 수 있음을 경험하도록 돕는다.

2 말하기 지도

말하기는 자신이 알고 있는 정보, 생각, 감정을 음성적 상징을 사용하여 타인에게 체계적으로 전달하는 고도의 지적 활동이다(이차숙, 2005). 말하기를 위한 지적 활동 중 하나는 무엇을 말할 것인지를 계획하는 것이고, 또 다른 하나는 그 계획한 내용을 음절, 단어, 구절, 문장 등의 음성언어로 표현하는 것이다(이차숙, 노명완, 1994, p. 225). 말이 의사소통의 효과적인 도구가 되도록 영유아는 말하기의 기본 기술을 습득해야 하며 맥락을 이해하고 청자의 입장을 고려하며 말할 수 있어야 한다. 말하기 지도에서 고려할 점과 방법은 다음과 같다.

1) 말하기 지도 시 고려할 점

영아를 위한 말하기 지도에서 고려해야 할 점을 살펴보면 다음과 같다.

첫째, 말하기 지도는 언어 이전부터 전개한다. 말을 통한 의사소통 이전에도 영아는 쿠잉이나 미소, 동작이나 소리를 통해 소통하며 첫돌이 지나면 몸짓과 소리를 결합해 의사를 표현한다. 영아도 의사소통 과정에 참여하고 그 과정에서 의사소통 기술이 더 발전한다. 교사는 영아의 의사소통 시도에 반응해 주면서 말소리에 의한 의사소통 이전부터 말하기를 지도한다.

둘째, 영아의 발음이나 발성, 표정과 몸짓에 관심을 보여 말하기의 기초 기술을 경험하도록 지원한다. 영아가 의미 있는 음절을 낼 때 적절한 반응으로 강화해 준다. 영아의 표현에 반응해 줌으로써 영아가 말소리나 표정, 몸짓을 통해 주고받는 소통을 경험하도록 돕는다.

셋째, 영아가 말할 기회를 충분히 주고 교사는 영아의 말을 진지하게 들어 준다. 이때 영아의 개인차에 기초하여 개별화된 지도를 한다. 교사는 영아와 개별적으로 일상적인 상호작용을 하고 함께 놀면서 영아가 편안하게 말할 수 있도록 한다. 이를 위해 교사는 몸을 구부리거나 영아와 눈높이를 맞추어 대화한다. 인내심을 갖고 영아의 의사소통 시도를 기다려 주며 영아가 메시지를 완성할 때까지 들어 준다(Pence & Justice, 2010). 영아가 의사소통을 주도하게 둔다. 즉, 영아가 언어적·비언어적으로 의사소통할 때 교사는 영아의 언어를 모방해 주고 언어적으로 반응해 준다(Pence & Justice, 2010). 교사는 영아가 말할 때 격려해 주고 어떤 수준의 표현이건 수용하는 태도를 취한다. 더불어 어휘나 표현수준에 개인차가 있음을 알고, 영아가 아는 어휘를 연결해 표현하도록 돕거나 개별적으로 모델링할 기회를 제공한다. 때에 따라서는 영아가 산출한 불완전한 낱말이나 문장을 바른 문장으로 다시 들을 기회를 주며 문장을 확장하거나 확대해 준다.

넷째, 언어 발달을 지원하는 놀이 및 교재교구를 제공한다. 교사는 영아의 흥미와 요구에 초점을 두고 함께 놀이를 한다. 영아와의 상호작용을 촉진하기 위해 눈높이를 맞추어 대화하고, 함께 놀면서 영아와 차례로 말을 주고받는다. 또한 말하기나 상호작용을 유도하는 놀잇감을 배치하여 말하기를 촉진한다. 새로운 놀잇감이나 산책 중 접하게 된 곤충, 꽃, 풀 등은 영아의 흥미를 유발하는 좋은 이야깃거리다. 자주 산책하거나 실외활동을 하면서 새로운 대상, 장소를 접하도록 한다.

유아의 말하기 지도에서 고려해야 할 점은 다음과 같다.

첫째, 말하기 지도의 시점이나 시간을 정하기보다는 적절한 맥락에서 그리고 일상생활에서 말하기를 지도한다. 교사는 유아에게 자주 말을 걸어 주고 유아도 언제든 자유롭게 의사를 표현할 수 있도록 해 준다. 말할 때 교사는 정확한 발음(이영자, 2013, p. 190), 다양하고 정확한 어휘를 사용하며 말하기의 모델이 되어 준다.

둘째, 유아가 말하기의 기본 기술을 습득하도록 돕는다(한유미 외, 2013; 홍혜경 외, 2021). 말하기의 관건은 화자의 메시지를 청자에게 얼마나 잘 전달할 수 있는가이므로 유아는 말하기의 기본 기술을 습득해야 한다. 말하려는 내용을 잘 전달하기 위해서는 말의 의미를 이해하고 전달하는 능력 및 어휘력을 발달시켜야 하고 발음을 명확히 해야 하며 말하는 장면에 따라 성량, 어조, 강세, 속도, 음질 등을 조절할 수 있어야 한다.

셋째, 유아의 말에서 오류를 교정하는 것보다 말하기를 시도하도록 하는 데에 초점을 둔다. 말실수나 오류를 지적하고 반복적으로 훈련시키며 교정하는 데 매달리지 않는다. 교사와 편안히 대화하면서 자연스럽게 목표로 하는 문형이나 발음, 또는 의미를 습득하도록 계획한다(주영희, 1995). 유아가 말하는 방식보다는 그 메시지에 반응하면서 말하기 시도를 격려한다.

넷째, 유아가 스스로 동기를 갖고 긴장감 없이 말할 수 있는 개방적인 분위기를 조성한다(주영희, 1995; 한유미 외, 2013; 홍혜경 외, 2021). 교사는 유아에게 말할 기회를 주고 유아의 말에 귀 기울여 주는 것이 우선이다. 유아의 표현이 서툴거나 말이

> 영유아가 편안하게 적극적으로 말하기에 참여하도록 하기 위해 이야깃거리를 영유아에게 맡겨 두는 것도 좋다. 무엇을 주제로 이야기할 것인가 고민하지 말고 일상의 장면에서 영유아가 주도하는 대로 따라간다. 영유아의 행동, 표정, 말에 귀를 기울여 무엇에 흥미를 보이는지 알아채고 그것과 관련지어 말한다. 영유아가 제기한 화제, 영유아 자신에 관련된 내용, 영유아의 경험과 관련된 내용으로 대화할 수 있다.

느리더라도 충분히 기다려 준다. 교사도 유아의 눈을 주시하고 주목한 상태에서 서둘지 않고 천천히 말한다. 편안한 대화를 위해 유아의 관심사를 가지고 대화를 시작하는 것도 좋고 놀이와 같은 자연스러운 맥락을 기회로 삼을 수 있다.

다섯째, 유아의 언어능력과 개인차를 반영하여 지도한다(주영희, 1995; 한유미 외, 2013; 홍혜경 외, 2021). 언어 발달은 지적 구조와 연관되어 있으므로 어떤 지도방법으로도 유아의 언어기능을 단기간에 발달시키기는 어렵다. 따라서 각 유아의 언어 유형을 수용하는 태도로 서서히 접근하며 지도한다(주영희, 1995). 또한 영유아기에는 언어 발달수준에서 개인차가 크고 언어 활동에 대한 흥미나 선호도 서로 다르다. 따라서 각 영유아의 말하는 능력과 언어 역량의 개인차를 고려하여 지도한다.

여섯째, 안전하고 안정된 환경을 확보하고, 언어 발달을 촉진하는 적절한 교재교구 및 활동을 제공한다. 놀이 유형에 따라 언어를 촉진하는 정도가 다르다. 예를 들어, 장난감 차를 가지고 놀 때보다 인형 등을 가지고 놀 때 언어적 상호작용이 더 많고 언어에 노출되는 일도 더 많다(O'Brien & Nagle, 1987). 전화기나 마이크, 녹음기 등과 같이 말하기를 격려하는 장난감은 영유아의 말하기와 영유아 간 상호적 대화를 촉진한다. 말 언어지도를 위한 놀이 환경과 놀잇감(다양한 소재의 인형이나 그림, 사진, 동화책 같은 여러 가지 자료)을 계획적으로 배치해 지도효과를 높일 수 있다.

2) 말하기 지도를 위한 활동

일과 중에 또는 자유놀이 및 집단 활동 중에 표준보육과정의 내용체계에 따라 다음과 같은 말하기 지도 활동을 할 수 있다.

(1) 말소리의 교환과 모델링

영아의 발성이나 표정, 몸짓에 교사가 언어적, 비언어적으로 반응하면서 영아를 격려해 준다. 정확한 의사 교환이 이루어지지 않더라도 말소리를 교환하면서 의사소통의 과정을 경험하는 좋은 시간이 된다.

교사는 영아와 눈을 맞추고 말소리를 주고받는데 특히 영아가 어떤 음소나 음절을 반복할 때 그것을 모방해 주어 우리말의 발음과 낱말을 들을 수 있게 해 준다. 영아도 교사의 말을 모방해 보게 하면서(www.zerotothree.org) 영아가 말소리 내기를 즐기도록 한다.

영아가 소리를 내거나 말할 때 우선 영아에게 몸을 돌리거나 바라보는 등 영아의 발성에 반응해 주고 나서 교사의 정확한 발음과 낱말을 듣게 해 준다. 그리고 일상적으로 다양한 낱말과 문장 표현을 들을 기회를 준다.

[그림 7-8] 영아와 성인이 마주 보고 옹알이나 말소리를 모방하는 장면

영아가 옹알이나 의미 있는 음절로 소리를 낼 때 눈을 맞추며 주의하여 들어주고 영아의 소리를 모방해 준다.

낱말과 문장 표현의 모델이 되어 주는 방법 중 하나는 교사가 영아의 행동을 반응적으로 읽어 주는 것이다. 이를 통해 교사는 낱말과 문장 표현의 모델이 되어 줄 수 있다. 교사는 영아의 몸짓이나 태도, 소리를 바탕으로 영아의 감정이나 경험을 말로 표현해 준다. 예를 들어, 영아와 교사가 함께 바라보는 대상에 대해 또는 영아가 창밖을 가리키거나 질문하는 듯한 표정을 지을 때, "그래, 저것은 고양이야. 고양이가 날쌔게 달려가고 있네." "△△는 ○○○하고 있구나."와 같이 말해 준다. 다른 방법은 교사 자신의 행동이나 생각을 말로 표현해 주고, 일상생활의 다양한 상황을 구체적인 말로 표현해 주어 영아가 상황에 맞는 어휘와 표현을 접할 기회를 주는 것이다. 예를 들어, 영아가 교사와 눈을 마주쳤을 때, "나는 ◇◇◇을 할 거야."와 같이 말한다. 간식을 배식하면서 "여기 사과 주스가 있어, 사과 주스는 달콤해."와 같이 말할 수 있다.

(2) 말놀이 및 문장으로 말하기

유아가 정확한 발음, 적절한 낱말과 문장으로 말하기 위하여 말소리를 만들어 내고 낱말을 습득하고 활용하며 문장으로 말하는 경험을 갖도록 한다.

유아가 일상생활에서 자주 접하는 친숙한 사물(교육과학기술부, 보건복지부, 2013, p. 55)을 소재로 낱말 게임이나 라임(rhyme) 활동, 노래 부르기를 하며 낱말을 정확하게 발음하고 다양한 낱말을 익히며 상황에 맞게 사용해 보도록 한다.

낱말 놀이 예

- 소집단별로 '낱말 전달하기' 놀이를 해 본다. 정확한 발음으로 전달하기를 목표로 한다. 발달수준을 고려해 더 어려운 낱말이나 문장을 전달하는 게임으로 확장한다.
- 첫소리 또는 끝소리가 같은 낱말 말하기, 같은 소리가 들어간 낱말 말하기, 끝말잇기 놀이를 해 본다. 실물이나 사물의 사진, 그림 카드를 다양하게 준비하여 활용한다. (예1: 사자 - 자전거 - 거미, 예2: 강아지 - 송아지 - 항아리 - 병아리)

노래 부르기 활동 예

- '리리리자로 끝나는 말은'과 같은 놀이노래를 활용해 '리' 대신 다른 낱말을 다양하게 활용해 본다.
- '닮은 곳이 있대요' 노래를 부르며 눈, 코, 입 등 자신의 신체 부위를 지적해 보고(교육과학기술부, 보건복지부, 2013, p. 56) 다른 신체 부위를 적용해 말해 본다.

유아가 낱말을 연결해 문장으로 말하도록 한다. 만 3세 유아가 자신의 이름이나 주변의 사물 명칭과 같이 쉽고 친숙한 낱말을 먼저 다루고 점차 새로운 낱말에 관심을 갖도록 기회를 제공한다. 문장으로 말하기는 초기에 2~3개의 낱말(교육과학기술부, 보건복지부, 2013, p. 57)로 표현하는 데 초점을 두고, 점차 6~7개의 낱말로 표현하도록 한다. 쉽게 문장으로 표현하도록 유아가 직접 경험했던 내용을 소재로 말해 보게 한다. 예를 들어, 산책하며 주변에서 보았던 식물이나 곤충은 말하기의 좋은 소재가 될 수 있다.

(3) 생각, 느낌, 경험을 표현하기

영아가 표정이나 몸짓과 말소리로 의사를 표현하고 점차 자신이 원하는 바를 낱말이나 짧은 문장으로 말해 보도록 한다. 유아의 생각이나 느낌, 경험을 말할 기회를 갖도록 이야기 나누기 활동, 문답 활동, 극화 활동 등을 한다.

① 영아의 소통 시도를 격려하기

영아와 개별적으로 상호작용하는 가운데 영아가 의사표현을 시도하면 때를 놓치지 않고 구체적으로 반응을 보여 주는 것이 중요하다. 더불어 편안하고 수용적인 분위기를 조성하고 영아의 말을 격려하는 것도 중요하다. 말하기 경험이 늘수록 영아는 언어를 더 편안하게 느끼고 말에 자신감이 생겨 문해 기술(www.zerotothree.org)도 발달한다.

한두 단어를 연결해 말할 때가 되면 영아도 낱말과 간단한 문장으로 말할 기회를 주고 영아가 표현한 문장을 향상시킬 수 있도록 도와준다. 영아가 '자신이 원하는 것'을 아는 낱말로 표현할 기회를 주고 영아의 질문에 교사가 답해 준다. 또한 교사도 영아에게 질문하여 영아가 알고 있는 낱말로 상황에 맞게 표현할 기회를 준다. 언어 표현이 미숙한 영유아는 말하고 싶은 것은 많으나 표현이 잘 안 되므로, 교사는 영아가 천천히 말할 수 있도록 기다려 주고 적극적으로 들어 준다. 한편, 영아가 표현한 말에서 발음이나 문장이 미흡할 경우 직접 고쳐 주기보다는 적절한 발음이나 문장으로 말하는 시범을 보여 준다. 시범을 보일 때는 영유아의 구어 수준이나 조음 수준을 고려한다. 문장이 너무 길거나 조음이 어려우면 모방의욕을 잃게 할 수 있기 때문이다.

② 질문하고 답변하기

교사의 질문은 영유아가 주의를 기울여 듣고 자기 생각을 말해 볼 기회가 된다. 한 주제에 대해 다각적으로 질문을 하고, 생각할 시간을 충분히 준다. 개방형 질문으로 유아의 사고과정을 돕고, 자신만의 생각과 의견을 발달시키도록 돕는다. 다음과 같이 영유아가 주목하는 주변의 대상이나 사물을 소재로 질문하고 답을 해 본다.

- 놀이터에서는 놀이기구나 곤충, 자연물 등이 질문의 소재가 될 수 있다. 예를 들어, 놀이터에서 개미를 발견했을 때 "여기를 봐, 이것이 무엇일까?"라고 질문해 영유아가 그 이름을 말하거나 수를 세거나 크기를 인지하고 비교해 볼 수 있다. 줄지어 날아가는 새를 본 경우 "와, 새가 날아가네. 저 새들이 어디로 가는 걸까?"라고 말함으로써 영유아가 나름의 대답을 생각해 내고 낱말이나 문장을 사용하여 반응할 수 있게 한다.
- 슈퍼마켓에 간 경우 여러 가지 과일의 이름이나 색, 크기, 모양 등에 대해 질문을 할 수 있다.
- 함께 시청각 자료를 보고 있을 때 등장인물의 이름이나 관계, 행동의 이유, 사건 등을 질문할 수 있다. 또는 등장인물의 질문에 대답해 보게 하거나 영유아가 등장인물이 되어 그 말을 따라 해 볼 수도 있다.

유아 간에도 서로 질문을 주고받는 활동 시간을 가질 수 있다. 한 유아가 소개하고 싶은 수집품이나 작품 등을 설명하고 다른 유아는 질문을 할 수 있다. 진행 중인 주제와 관련되는 조사활동이나 문제해결을 위해 면접을 계획하거나 토론하면서 질문하고 답변하는 기회를 가질 수 있다. 면접할 대상을 전제로 미리 질문을 만들고 연습해 보면서 적절한 질문방식을 모색해 본다.

- 스무고개 형식의 수수께끼 놀이를 시도한다. 교사가 마음속에 어떤 물건을 생각하고 유아들이 ★번까지 질문해서 그것을 알아맞히기로 한다. 질문은 원칙적으로 '예, 아니오'로 대답할 수 있는 것이어야 하지만 유아들의 발달수준과 경험에 따라 질문에 관한 규칙을 조정해서 실시한다. 유아들이 호기심에 차서 질문하고 말하는 기회가 될 수 있다. 주의집중 및 흥미 유발을 위해 '궁금이 상자'나 '비밀 상자'와 같은 소품을 활용해 질문하고 답변하며 말하기를 즐겁게 경험하도록 한다.
- 유아에게 익숙한 사물이나 사실에 대하여 질문하고 그것과 관련된 새로운 생각을 말해 보게 한다.
  예: 가위로 자를 수 있는 것은 무엇일까, 가위 말고 또 무엇으로 물건을 자를 수 있을까(주영희, 1995)
- 현실에서 볼 수 없는 상황이나 사건을 상상하고 말해 보게 한다. 예: 만일 손에 눈이 달려 있다면……, 만일 내가 코끼리 코라면……,(주영희, 1995)

그 외에 수수께끼 놀이, 새로운 생각을 말하기, 상상력을 발휘해서 말하기 등을 통해 생각하고 말할 기회를 갖는다.

영유아의 말하기를 지도하기 위한 교사의 전략과 반응을 정리하면 다음과 같다.

- **비언어적 · 언어적 반응 보이기:** 영유아의 말하기 시도에 비언어적 · 언어적으로 반응해 준다. 교사는 영아의 몸짓이나 말의 내용에 부합하는 구체적 반응, 의사표시, 관련된 질문을 할 수 있다.
- **반복:** 영유아가 한 말을 반복해 주어 낱말과 문장을 듣게 해 준다. 예를 들어, 영아가 "여기에 돌을 올리는 거야."라고 말하면 교사도 "여기에 돌을 올리는 거야."라고 그대로 반복해 준다. 때때로 영유아가 한 말의 의미가 명확히 파악되지 않을 때는 "~란 말이지?"와 같이 의미를 재확인해 영유아가 더 효과적으로 말하도록 돕는다(주영희, 1995). 유아가 하는 말의 논리가 맞지 않을 경우에는 유아가 말한 것을 의문 형식으로 재진술(이영자, 2013, p. 195)하는 것도 좋다.
  경우에 따라 다른 사람이 영아의 말을 잘 알아듣지 못하거나 이해하지 못할 때는 영아의 말을 "번역"해 준다(12~24개월/ www.zerotothree.org). 예를 들어, "OO이는 이것이 자기의 새 트럭이라고 말하고 있어요."이다.
- **확대:** 문장을 완성하거나 정확한 표현을 위해 문법적으로 불완전한 요소를 채워 준다. 예를 들어, 빠뜨린 서술어나 조사 등의 몇몇 낱말을 보완해 주어 완전한 문장으로

표현하도록 도와준다. 만약 영아가 과자를 보여 주며 "함미"라고 말하면, "'할머니'가 과자를 주셨구나."라고 말해 주고 "친구, 우유."라고 하면 "친구가 우유를 마시네."라고 맥락에 맞게 표현을 완성해 들려주면서 정확한 발음과 표현을 들을 기회를 준다.

- **확장:** 문법적인 보완뿐 아니라 의미론적 정보를 추가하여 말한다. 예를 들어, 영유아가 "트럭……."처럼 문장을 일부분만 말할 수 있는데 이때 교사는 "그래, OO는 큰 트럭을 원하는구나." 또는 "여기 크고 노란 트럭이 있어, 흙을 나르지. 브릉~."(Mahn, www.forepath.org)이라고 말할 수 있다. 유아가 "아기, 울어."라고 할 때, 성인은 "그래. 아기 배고파서 울어. OO가 우유 줄게."라고 말할 수 있다. 문장 표현을 따라하게 하는 데 초점을 두지 않고 유아가 여러 가지 표현의 예를 접할 기회로 삼는다.
- **억양 조절하기 및 끊어 말하기:** 말할 때 억양을 적절히 조절하거나 문장의 일정 부분에서 끊어 말하는 것도 도움이 된다. 특히, 영아에게 말할 때 짧은 문장으로 이해하기 쉬운 낱말과 문장구조로 말하며, 보통의 목소리, 큰 소리, 작은 소리, 귀에 속삭이는 소리 등으로 변화 있게 말해 줌으로써 영아가 소리크기에 따른 상황이나 분위기를 파악하게 한다.
- **표현 오류에 대한 바른 예 보여 주기:** 문장 표현에 오류가 있을 때 유아의 말을 반복한 후 바른 예를 들려준다.
- **문장 완성하기:** 교사가 먼저 문장의 일부분을 말해 주고 영유아가 나머지 부분을 스스로 완성하게 한다. 예를 들어, 유아가 장난감 자동차에 인형을 태우고 있는 상황에서 교사는 "인형이 뭐하지? 인형이 차 _____"라고 말하며 답변을 기다린다. 이때 유아는 "인형이 차 타요."와 같이 대답할 수 있게 된다.
- **질문하기:** 개방형 질문을 적절히 사용하여 영유아가 말로 표현할 기회를 준다. 예를 들어, 물을 마시고 싶은 듯한 영유아에게 "아, 목마르구나, 마실래? 어떤 것 마실래?"라고 질문함으로써 영유아가 낱말이나 문장을 사용하여 반응할 기회를 갖게 한다. 이때 영유아의 이해 수준을 고려해 질문의 형식을 조정할 수 있다. 예를 들어, "주스를 마실래, 우유를 마실래?" "간식으로 사과가 좋으니 아니면 바나나가 좋으니?"와 같이 질문하여 영아가 간단히 반응을 선택하게 할 수 있다.

③ 이야기 나누기

이야기 나누기는 경험한 내용에 대한 생각과 의견을 나누고 토의하는 활동이다. 정보 전하기[2], 경험나누기, 문제해결하기 등의 활동으로 전개할 수 있다.

이야기를 많이 나누면서 유아는 낱말을 더 많이 배우고, 더 복잡한 문장 구조를 익히게 된다. 개인적 경험을 이야기하면서 지식을 내면화하고 구체화하는 계기도 된다(주영희, 1995). 다른 사람과 대화할 수 있는 능력을 형성(이영자, 2013)하며 의견차이를 인정하고 조율하는 기회를 가질 수 있다.

유아의 말하기를 위해 가능한 한 많은 것에 대해 함께 이야기를 나눈다. 일상생활에서 접하는 여러 사물과 상황, 자신의 느낌, 생각, 경험에 대해 또는 주제를 정하여 교사와 유아가 1대 1로 혹은 대・소집단으로 모여 이야기를 나눈다. 예를 들어, 어린이집에서 일과를 마무리하며 또는 주말에 지낸 경험이나 가정에서의 다양한 행사에 관해 이야기를 나눌 수 있다. 이야기할 내용에 관한 사진이나 그림 자료, 책, 관련된 실제 물품, 소품 등을 활용하면 흥미유발이나 주의집중에 좋다.

주제를 정하여 이야기를 나눌 때, 다음과 같은 내용을 다룰 수 있다.

- 실내외 활동(예: 자유 놀이활동, 실외놀이나 산책, 현장학습이나 행사, 운동회 등)에 관한 제안, 계획 수립, 평가
- 그림, 동화, 극, 음악 등의 활동 후 느낌과 생각
- 뉴스나 사건 등의 새소식
- 유아가 좋아하는 대상(예: 동물, 우리가족, 나 등)이나 유아에게 의미 있는 것(예: 특정 물건이나 대상, 장소 등)
- 유아의 경험에 관련된 것(예: 유아 자신의 초음파 사진, 돌사진, 아기용품, 가족의 행사 및 여행 사진, 어린이집에서의 실내외 활동 관련 사진이나 소품 등)

이야기 나누기를 할 때 다음 사항을 고려하여 지도한다.

- 교사는 유아의 생각, 느낌, 경험을 편안하고 자유롭게 표현할 수 있도록 허용적이고 개방적인 분위기를 마련해 주고, 유아의 다양한 요구와 정서적 상태에 민감하게 반응(교육과학기술부, 보건복지부, 2013, p. 58)해 준다.

---

2) 정보 전하기는 단원의 주제에 따라 학급에서 일과의 하나로 수행하는 활동으로 교사가 계획한 내용을 전달하는 것이 중요하다(주영희, 1995).

- 교사가 이야기를 들려주면서 이야기하는 모델이 되어 준다. 교사 자신이 어린아이였을 때, 유아가 아기였을 때의 이야기, 또는 가족에 관련된 중요한 이야기 등 실제 경험한 내용도 좋고 책이나 영상, 기사에서 접한 이야기도 좋다.

> - 교사의 이야기는 **육하원칙을** 고려해 '누가, 언제, 어디서, 무엇을 그리고 사건의 순서는 어떠했는지'를 포함하도록 한다.
> - 교사는 같은 의미를 가진 다양한 낱말을 사용해서 말함으로써 유아가 풍부한 어휘를 접할 수 있게 한다.
> - 여러 가지 감정이나 기분 등을 표현하는 단어를 자주 들려주어 말하는 사람의 감정이나 기분을 이해할 수 있도록 한다.(보건복지부, 2012)
> - 교사가 이야기를 들려주는 시간을 반복한 후에 유아들도 자신의 경험과 느낌, 생각을 말할 기회를 제공하며 점차 유아들의 이야기 시간을 늘려 준다.

- 교사는 유아의 반응을 격려하고 그 반응을 명료히 하거나 확장시키는 질문을 통해 유아의 흥미를 확장시킨다.
- 모든 유아가 이야기 나누기에 참여할 수 있도록 배려한다. 참여 기회가 제한된 유아가 있는지, 참여를 주저하는 유아가 있는지를 살펴보고 발표의 형식이나 환경을 조정하여 유아의 참여를 확대한다.
- 언어 및 비언어로 말하기를 할 때 실물이나 사진, 시청각 기자재, 교구 등의 다양한 자료를 활용하여 유아의 흥미를 유발하고 자신의 생각이나 경험을 구체화(성미영, 권윤정, 유주연, 2015)하게 도와준다.

(4) 이야기를 지어 말하기

익숙한 이야기나 노래, 동시 등을 활용해 일부를 고쳐 짓거나 새로 짓는 활동을 한다. 예를 들어, 동화책에서 가져온 그림을 활용해서 이야기를 새로 꾸며 보거나 글자 없는 그림책을 놓고 상황을 유추하여(교육과학기술부, 보건복지부, 2013, p. 60; 이차숙, 노명완, 1994) 이야기를 꾸며 볼 수 있다. 교사는 "그림 속에 뭐가 있니?" "어떤 일이 일어나고 있니?" "왜 하늘이 회색으로 칠해져 있을까?" 등의 질문으로 유아가 내용을 상상하고 이야기를 꾸미도록 돕는다. 그림 내용에 연계성이 있는 몇 장의 그림을 활용해 이야기를 꾸며 보게 할 수도 있다. 그림이나 동화는 주제가 흥미롭고 유아의 생활과 관련되는 내용이 좋다. 5세 유아의 경우, 다양한 형태의 책 만들기 활동, 동화 짓기, 주제 관련 동시 짓기(교육과학기술부, 보건복지부, 2013, p. 60) 등을 할 수 있다.

또는 유아들이 일상에서 쉽게 경험할 수 있는 소재를 선택해 모둠의 한 사람이 한 줄씩 이야기를 이어서 만들며 새로운 이야기를 지어 볼 수도 있다. 이러한 경험을 통해 유아는 새로운 낱말과 개념, 표현을 배우고 사용하며, 자기 생각을 나타내고 상상력을 확장하게 된다.

(5) 역할놀이, 극놀이 등의 말하기 관련 상호작용

상상적 극놀이, 극적 역할놀이는 유아가 자연, 가정, 사회, 여러 가지 직업 등 주변 세계에 대해 알고 있는 지식을 실제로 표현해 보는 활동(주영희, 1995)이다.

영유아는 주변 세계에 대해 알고 있는 사실, 일상생활에서 경험하는 사건이나 상황을 모방하여 극놀이로 표현할 수 있다. 유아의 흥미나 주제에 따라 위인전이나 역사 관련 그림동화책을 읽고 그 내용을 근거로 극놀이도 계획할 수 있고, 읽었던 동화나 관람했던 아동극, 인형극, 만화 등을 새롭게 극화하여 등장인물 역할을 맡아 연기해 봄으로써 감정과 생각을 말로 표현하기도 한다. 또는 새롭게 구성한 창의적 극놀이, 인형극, 노래극 등을 통해 자신의 생각과 감정을 나타내 볼 수 있다. 직·간접적으로 경험했던 사건이나 인물을 재현하거나 모방하는 극놀이 등을 통해 유아는 기본 언어능력을 기르고 새로운 어휘를 배우며 어휘나 문장으로 표현할 기회를 갖는다.

교사는 극놀이를 위한 환경 및 아이디어를 제시하거나 놀이 전개를 위한 개방적 질문, 역할 소품 및 정보를 제공하여 놀이를 확장시키는 역할을 할 수 있다. 또한 현장학습, 새로운 사건이나 인물을 소개하여 극놀이 표현을 활성화해 줄 수 있다.

교사가 개입하여 놀이를 시작할 수도 있다. 장난감 전화기나 블록 등을 전화기라고 가정한 채, 영유아에게 전화하여, 그날의 일에 대해 대화할 수 있다(예: 점심식사로 무엇을 먹었니?)

손 인형을 활용해 오늘은 무엇을 할 것인지(예: 오늘 저녁에는 그냥 목욕할까, 아니면 거품목욕을 할까?)와 같은 대화를 나눌 수 있다.

[그림 7-9] 교사와 영유아 간 장난감 전화기, 손 인형을 활용해 이야기 나누는 모습

나아가 극과 음악을 통합하여 유아들이 악기를 연주하면서 또는 음악을 들으며 미끄러지듯 움직이고, 뛰고, 뒤뚱뒤뚱 걸어 보게 한다. 교사는 영유아의 행동에 대해 재미있고, 새로운 낱말을 사용해 표현함으로써 유아들이 새로운 어휘를 접하도록 할 수 있다.

3 일과 중의 듣기·말하기 지도

듣기·말하기 지도는 매일 반복되는 하루 일과에 통합될 수 있다. 등원해서 하원하기까지 일상적 일과 중의 의사소통은 관찰학습의 기회가 되며 자연스럽게 듣기·말하기를 지도하는 장면이 될 수 있다. 그리고 집단 활동 시간은 교사의 계획에 따른 형식적, 체계적 듣기·말하기 지도의 시간이 될 수 있다.

일과를 통한 듣기·말하기 지도의 방법과 내용은 다음과 같다.

① 등원시간

- 교사가 영유아 및 영유아의 부모와 인사말을 나누고 상대방의 표정과 몸짓, 말에 귀를 기울이며 반응하고 대화할 때 교사는 듣기, 말하기의 좋은 모델이 된다.
- 영유아는 기본적인 인사말, 기분을 표현하는 낱말과 문장, 지난 경험에 관한 질문과 답변의 표현 등을 접할 기회를 가진다.

- 영유아도 친구들과 인사를 나누며 자연스러운 맥락에서 말할 기회를 갖는다.

② 급간식 시간

- 급간식 시간 전에 하던 활동에 관한 이야기를 주고받으며 경험과 감정을 말로 표현하고 서로의 생각을 듣는 기회가 될 수 있다.
- 급간식으로 제공된 음식 자체에 관한 다양한 이야기를 나눌 수 있다. 음식의 이름이나 색, 모양과 냄새에 관한 낱말을 상기하고 활용하는 기회가 되며 교사나 또래를 통해 새로운 낱말을 듣고 사용하는 기회가 될 수 있다.
- 음식 및 식사에 관련된 이전 경험이나 기억, 좋아하는 음식이나 특별한 음식에 대한 이야기를 주고받으며 즐거이 말하고 다른 친구의 이야기에 귀 기울이는 시간이 될 수 있다.

③ 씻는 시간, 활동 전환 시간

- 교사는 상황에 적절한 표현을 하여 영유아가 자신의 활동을 시작하고 진행하도록 돕는다. 영유아는 주의를 기울여 듣고 맥락에 관련된 적절한 문장을 접하고 듣는 기회를 가질 수 있다.

> 예: "이제 만들기 활동을 마치면 간식 시간이에요. 우리 모두 깨끗이 손을 씻어요."
> "이제 바깥놀이를 나갈 거예요. 겉옷을 입고 모자를 써요."

④ 자유 놀이 시간

- 자유 놀이 시간에 영유아의 활동을 관찰하고 안내하고 지도하며 함께 참여하면서 교사는 영유아의 활동이나 행동, 동작, 느낌 등을 말로 표현해 줄 수 있다.

> 예: "○○가 색종이를 세모 모양으로 오렸구나."
> "○○가 찰흙을 모둠 친구들에게 공평하게 나누어 주었네."
> "○○는 다 완성해서 기분이 좋은가 보구나."

- 영유아 주변에 있는 친구나 장난감, 사물 등을 명명해 주고 사물의 특징을 말해 줄 수 있다.

> 예: "저기 봐, ○○이와 DD가 있어."
> "기저귀, 거울, 바지, 양말……."
> "저 공은 파랗고 크다. 크고 파란 공이네."

- 수줍어서 스스로 먼저 언어적 상호작용을 시작하지 않는 영유아와 개별적으로 언어적 상호작용을 할 수 있는 좋은 기회다(이영자, 2013). 영역별로 각 활동 특성에 맞는 언어적 상호작용 전략을 적용한다. 유아가 말로

표현하기 힘든 개념, 부족한 어휘 등을 파악해 활동을 통한 개념과 어휘습득을 도와준다.

⑤ 낮잠 및 휴식 시간

- 낮잠 및 휴식을 위해 동시나 동화를 들려주거나 음악, 노래를 들려주면서 운율이 있는 말을 듣고 즐기며 음소를 익히는 기회가 될 수 있다.

⑥ 바깥활동

- 산책이나 바깥 놀이, 견학과 같은 활동은 새롭고 다른 환경을 접하게 되므로 새로운 낱말과 개념, 표현을 접할 기회가 된다. 산책하거나 실외활동 중에 접하는 대상이나 사물, 상황에 대해 교사가 말로 표현해 줄 수 있다. 영유아도 적극적으로 자신의 경험에 관련된 이야기를 하며 즐거운 말하기 기회가 될 수 있다.

> 예: "나뭇잎을 만져 보자, 거칠거칠하네."
> "앞면은 어떤가 만져 보자. 어떻니?"
> "나뭇가지를 보자, 거무스름하네, 거칠거칠하고."
> "개미다. 살금살금 재빠른 개미야."
> "잔디밭이야. 폭신폭신하다."

- 주변에서 나는 소리나 움직임에 대해 말해 주고 흉내를 내 볼 수 있다. 예를 들어, 바람이 부는 소리나 비 오는 소리, 새소리 등을 입으로 표현해 준다.

말할 거리가 풍부해지도록 평소에 많이 탐색하는 것이 좋다. 영아와 함께 여기저기(인근 공원, 도서관, 과일 가게, 주유소 등) 가 보고 가벼운 외출도 좋다. 그리고 그것에 관해 이야기한다. 무엇을 보았는지, 어디가 좋았는지 그리고 왜 좋았는지 물어보고 듣는다(Mahn, www.forepath.org). 단순하게 잔디밭에서 걷거나 곤충, 풀과 나무를 보는 것이라도 새로운 낱말과 개념을 배울 기회가 되며 듣기, 말하기의 좋은 맥락이 된다.

활동 7-1

내 이야기를 잘 들어 주는 사람을 떠올려 봅시다. 어떤 점이 듣기의 모델이 될 만하다고 생각하는지 이야기 나누어 봅시다. 나 자신은 상대의 이야기를 잘 들어 주는 사람인지 돌아보고 이야기를 나누어 봅시다.

활동 7-2

이야기 듣고 이해하는 경험을 위한 소재를 반의 일과 중에서 찾아봅시다.

예: 유아의 돌(사진이나 영상)에 관한 이야기를 듣고 누구인지 알아맞추기

예: 소집단으로 완성한 협동 작품(그림, 콜라주 등)에 대해 이야기 듣고 궁금한 점 질문하기

활동 7-3

영유아 듣기 활동에 활용할 수 있는 전래놀이 노래나 전래동요를 조사해 봅시다.

활동 7-4

영유아를 위한 말하기 모델로서 자신의 강점과 약점을 생각해 봅시다.

활동 7-5

1. 교사가 어떤 경험이나 생각을 행동으로 나타내 보이고 유아들과 그것에 관하여 이야기해 본다. 교사의 행동을 관찰하고 예측하며 흥미를 제고할 수 있고 다양한 이야기를 나눌 수 있다. 어떤 경험, 생각을 행동으로 어떻게 표현할 것인지 연구하고 실제로 해 봅시다.

2. 소집단을 이룬 후 로봇이 하듯이 집단의 지시대로 움직이는 게임을 해 본다. 교사가 예를 보여 주고 나서 유아들이 소집단으로 활동해 보게 한다. 구체적 실행 계획을 세워 봅시다.

활동 7-6

1. 다음과 같은 영아의 말에 대해 '확장하기' 전략을 적용해 봅시다.

예: 영아: "눈사람이야."
교사: ("모자 쓴 눈사람이네.")

2. 실내외 자유 놀이 시간, 현장 견학 활동을 가정하고 확장이나 확대를 통한 언어지도의 예를 제시해 봅시다.

08

읽기 · 쓰기 지도

1. 읽기 · 쓰기 지도의 방향
2. 읽기 지도
3. 쓰기 지도

08 읽기 · 쓰기 지도

1 읽기 · 쓰기 지도의 방향

읽기나 쓰기는 영유아가 문자라는 추상적 상징을 처리해야 하는 어려운 과제다. 비형식적 과정에서 스스로 정확히 습득하기는 어렵다. 그런데 읽기나 쓰기는 자기를 표현하는 데 있어서 그리고 학습에 있어서 중요한 역할을 하므로 영유아가 읽기 및 쓰기에 관심을 갖는 것은 중요하다.

읽기 및 쓰기에 대한 지도는 영유아의 기존 경험과 현재 수준을 바탕으로 한다. 이에 영유아가 읽기, 쓰기에 관심을 갖는 시기를 잘 포착해야 한다. 예를 들어, 영유아가 환경에서 접하는 인쇄물이나 문자에 홍미를 보이며 "저거 뭐라고 읽어, 뭐라고 쓴 거야?" 등으로 질문할 때가 바로 관심을 갖는 시기다. 영유아가 읽기를 시도하면서 도움을 요청할 때 주의를 기울여 반응해 주고 관심과 홍미를 유지하도록 지지하고 격려해 준다. 이런 맥락에서 영유아가 보이는 초기의 문해 행동(Schickedanz, 1999)을 인지하고 주목해야 한다.

〈표 8-1〉 영유아가 보이는 초기의 문해 행동의 예

문해 행동	문해 행동의 예
• 책을 만지는 행동	책장을 넘기거나 입에 넣는 등 책을 물리적으로 조작하거나 다루는 행동
• 책 속의 그림을 주목하고 알아보는 행동	책에서 자신이 좋아하는 그림을 응시하거나 보면서 웃는 행동, 책에서 친숙한 사물의 그림을 가리키는 행동과 같이 책 속의 그림을 알아보며 지적하는 행동 등
• 책의 그림과 이야기 이해	책의 그림을 인식하고 흉내 내거나 이야기 속의 사건에 대해 말하는 것 등
• 이야기를 읽는 행동	인쇄된 낱말을 따라서 손가락을 움직이거나 읽기를 흉내 내면서 옹알거리기 등과 같이 책의 인쇄된 것을 점차 이해하고 책과 언어적으로 상호작용하는 행동 등

출처: Schickedanz (1999).

읽기 및 쓰기 역량의 발달은 듣기 및 말하기 경험과 관련되어 있으므로 발달수준에 맞는 듣기와 말하기 활동을 충분히 할 뿐 아니라 듣기와 말하기, 읽기와 쓰기를 통합적으로 지도

한다. 또한 읽기 및 쓰기 경험이 일상생활 속에 통합되도록 영유아의 생활 공간 곳곳에서 자연스럽게 글자를 접하고 친숙해지며, 읽기와 쓰기에 흥미와 관심을 갖도록 한다.

2 읽기 지도

읽기는 글로부터 의미를 구성하는 과정(이차숙, 노명완, 1994, p. 236)인데, 문자로 된 상징, 기호를 정확히 읽는 해독과 읽은 내용의 의미를 이해(노영희, 김창복, 전유영, 2014; 한유미 외, 2010)하는 과정을 포함한다.

영유아의 읽기 지도는 독해나 읽기를 통한 학습에 앞서 읽기에 대한 관심과 흥미를 갖는 데 초점을 둔다. 즉, 영아가 그림책과 환경 인쇄물에 관심을 갖도록 하고 유아가 말과 글의 관계에 관심을 갖고 글자를 인식하며 점차 읽기 및 책 읽기에 관심과 흥미를 갖도록 한다. 읽기 및 쓰기 지도 시 고려할 점과 관련 활동은 다음과 같다.

1) 읽기 지도의 고려점

영아의 읽기 지도는 차후 읽기를 위한 사전 경험에 주안점을 둔다. 영아가 책을 비롯한 읽기 자료에 관심을 가지며 읽어 주는 것에 흥미를 갖도록 지원한다. 감각운동기의 영아가 다른 감각적 놀이에서처럼 책이나 환경 인쇄물을 경험하면서 상징체계를 경험하도록 한다. 다양한 감각책과 그림, 사진 자료 등을 마련하여 영아가 자유롭고 능동적으로 탐색하도록 격려해 준다. 교사는 그림책을 함께 보거나 내용을 들려주면서 즐거운 상호작용의 매개물로 활용함으로써 영아가 읽기의 즐거움 또는 책의 즐거움을 경험하게 지원한다. 나아가 글자 읽기는 추상적 모양을 인식하고 변별하는 능력이 요구되므로 영아가 모양에 관심을 가지고 맞추거나 구분하며 놀 기회를 충분히 갖도록 한다.

[그림 8-1] 다양한 감각책, 그림 자료 등

유아를 위한 읽기 지도는 자발적 읽기를 시도하도록 다음의 사항을 고려한다.

첫째, 우리의 일상생활에 글자와 글이 얼마나 밀접하게 관련되어 있는지 그리고 글자 및 글이 어떤 역할을 하는지 경험하면서 읽기의 유용성을 느끼게 한다. 예를 들어, 자기 물건을 정리하거나 찾는 과정에서 사물함의 이름표를 비롯해 유아 각자의 소지품에 있는 이름표를 활용하는 경험, 다음의 활동 시간이나 간식 시간을 알아보기 위해 일과표를 확인하는 기회, 어린이집의 이름과 친구의 이름을 말하거나 쓰는 맥락 등을 통해 글자가 어떻게 활용되고 글자인지 능력이 얼마나 생활에 도움이 되는지를 느낄 수 있다.

둘째, 읽기에 대한 자발적 동기(한유미 외, 2013; 홍혜경 외, 2021)를 유발한다. 흥미로운 읽을거리를 재미있게 읽어 주어 유아가 글이나 책 내용에 관심을 갖게 하고 나아가 스스로 읽고 싶은 동기를 유발한다. 다양한 환경 인쇄물을 도입하고 읽기가 필요한 맥락을 마련하는 것도 효과적이다. 예를 들어, 게임이나 활동을 진행하기 위해 규칙이나 절차를 읽어야 하는 경우, 궁금증을 해결하기 위해 여러 가지 자료를 조사해야 하는 경우, 게시판의 내용을 파악해야 하는 경우에 유아는 읽기의 필요성을 느끼게 되고 읽고자 하는 동기가 유발될 수 있다.

셋째, 능동적 읽기 활동을 하면서 의미 있는 읽기를 경험하도록 한다. 읽기는 단순히 글자를 변별하고 소리 내어 해독하는 일 이상이다. 읽기는 의미 이해의 과정(이차숙, 노명완, 1994)이므로 수동적으로 수용하는 학습을 통해서는 발전하기 어렵다. 글자를 상황이나 맥락 없이 학습지나 카드로 분절하여 배운다면 유아는 글자의 기능을 모르고 읽기에 흥미를 잃을 수 있다(교육과학기술부, 보건복지부, 2013, p. 64). 읽기와 관련된 기술을 단편적으로 지도하기보다는 영유아가 읽기 과정에 능동적으로 참여하여 의미를 구성하도록 안내한다.

[그림 8-2] 활동 맥락 속의 읽기 경험

넷째, 교사를 비롯한 읽기의 모델을 접하게 해 준다. 유아에게 친숙한 사람, 유아가 존중하는 사람이 관찰학습의 대상으로 좋다. 교사를 비롯한 모델의 행동을 관찰하면서 유아는 책의 위아래를 바로 놓는 것, 첫 번째 장을 찾는 일, 읽어 가는 순서, 목차 이용법, 제목으로 내용을 추리하는 방법, 저자에 관한 지식 등(김은심, 조정숙, 2021; 이차숙, 노명완, 1994)을 배울 수 있다.

다섯째, 읽기는 발음, 어휘, 문법, 철자의 이름, 철자의 소리 등에 관한 기술과 지식을 습득해야 하므로 어느 한 측면만 강조하는 것은 부적절하다. 다양한 읽기 기능이 동시에 습득될 수 있도록 통합적인 접근 방법으로 읽기 과정을 안내하고 지도한다(이차숙, 노명완, 1994). 한편, 읽기의 목적은 결국 독해이므로 유아는 글이 전달하는 의미를 이해해야 하고 그 글이 자신과 사회를 어떻게 관계 짓고 있는지를 이해할 수 있어야 한다(이차숙, 노명완, 1994). 일상생활 및 놀이 과정에서 읽기를 통해 자신의 일과를 스스로 관리하면서 읽기와 생활의 통합을 경험하도록 한다.

여섯째, 읽기 능력의 개인차를 고려한다. 읽기는 듣기와 마찬가지로 지적 사고의 과정과 밀접하게 관계(주영희, 1998, p. 188)되므로 영유아의 사고 발달수준은 읽기 학습의 출발점이 된다. 또한 영유아의 연령이나 성별, 개인적 특성에 따라 글자 및 읽기에 대한 관심과 흥미가 매우 다르다. 가정에서의 경험이나 환경에 따라 읽기 수준도 개인차가 매우 크다. 영유아의 현재 언어능력 및 읽기 수준과 관심을 기초로 지도한다.

일곱째, 가정과 연계(홍혜경 외, 2021)하여 지도한다. 읽기와 쓰기 지도의 원칙을 가정과 공유하고 협력할 필요가 있다. 가정에서도 적절한 문자 환경을 구성하고 글자 및 글을 접하는 여건을 마련하여 지도의 일관성을 유지하는 것이 바람직하다. 특히 양육자가 일정한 시간을 정해 규칙적으로 읽을거리를 들려주거나 영유아와 함께 책을 보는 시간을 가지면 읽기에 대한 관심을 유지하는 데 좋다. 한편, 교사와 양육자 간에 쪽지나 편지로 의사소통하여 영유아가 글 및 읽기의 의미와 필요성을 직접 볼 기회를 줄 수 있다.

2) 읽기 지도 활동

읽기는 기호를 의미 단위로 받아들이는 해독 과정과 읽은 내용을 해석하고 이해하는 독해 과정(노영희, 김창복, 전유영, 2014)으로 이루어지므로, 문자라는 상징을 인지하고 변별하는 기술이 기본이 된다. 읽기 지도에 있어서 영아는 읽기의 기초가 되는 활동에 초점을 둘 필요가 있고 유아는 이에 더해 직접적인 읽기에 관심을 갖도록 한다. 다음과 같은 활동으로 영유아의 읽기를 지도할 수 있다.

(1) 읽기의 준비와 도입

① 글자가 풍부한 환경 구성하기

직접적인 읽기 지도에 앞서 글자가 풍부한 환경을 구성한다. 다양한 동화책을 비롯해 그림과 글자가 있는 인쇄물, 영유아들이 긁적거린 글이나 쪽지, 교사가 쓴 안내문이나 편지, 간식 메뉴 등을 게시하거나 비치하여 영유아가 자연스럽게 다양한 읽기 자료를 접하고 친숙해지게 한다. 영유아의 사진이나 가족의 사진, 영유아가 좋아하는 사물이나 대상의 사진 등으로 읽기 자료를 만들어 영유아의 관심을 유도할 수 있다.

교사는 환경 내의 읽을거리를 자주 읽어 주어 영유아에게 글자를 다루는 모습을 보여 준다. 그림책이나 읽을거리를 활용해 영유아와 즐겁게 상호작용하여 읽기에 대한 긍정적 태도를 형성한다.

② 일찍부터 책과 읽을거리 탐색하기

책을 비롯한 읽기 자료를 접하는 데 있어서 너무 이른 때 또는 정해진 시기는 없다. 영아 시기부터 일상적으로 책을 많이 접하도록 하고 일찍부터 영아가 자기 마음대로 책을 탐색하게 둔다. 교사는 영아가 하는 대로 지켜보다가 영아가 책에서 지적하는 그림이나 장면을 계기로, 또는 영아가 다른 읽기 자료에 관심을 보일 때 반응을 해 준다. 또한 영유아가 읽기를 흉내 낼 때 격려해 준다.

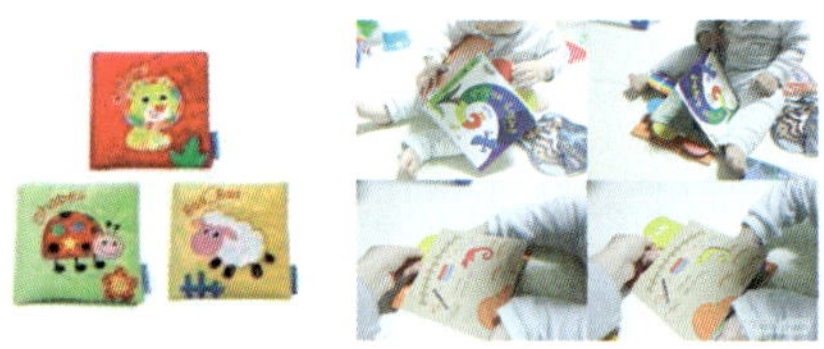

[그림 8-3] 천으로 된 책(헝겊책, 패브릭북) 감각책을 탐색하는 영아

③ 읽기에 필요한 기초 능력을 발달시키는 활동하기

시각적 변별 활동은 추후 읽기에 필요한 모양 변별에 도움이 될 수 있다. 예를 들어, '동그라미, 네모, 세모' 등의 기본 모양과 '동물 퍼즐' '모양 맞추기' 등을 이용해 모양과 형태에 관심을 갖고 탐색하고 변별해 본다. 점차 글자의 기본 형태로 구성된 조작 놀잇감, 천으로 된 그림책, 그림과 글자가 함께 있는 광고지, 영아의 사진이 들어 있는 가족 앨범 등을 활용해 영아가 모양에 주목하도록 지원한다.

[그림 8-4] '동그라미, 네모, 세모' 등의 모양 퍼즐

(2) 글자 인식과 글자 놀이

유아가 주변 환경의 인쇄물과 글자에 주목하고 글자 모양을 인식하며 읽어 보는 놀이를 하면서 글자에 관심을 갖고 친숙해지도록 돕는다.

① 주변 환경의 인쇄물과 글자에 주목하기

유아는 주변 환경에서 다양한 글자 및 읽기 자극을 접한다. 등·하원 하는 동안 차량에서, 거리에서, 어린이집 실내외에서 자연스럽게 접하는 읽기 자극에 주목해 본다. 익숙한 상황이나 맥락에서 글자를 접하므로 글자의 기능을 인지하는 데 도움이 되고 읽기의 어려움을 덜어 준다.

[그림 8-5] 주변 환경의 다양한 글자

유아가 어린이집이나 가정에서 환경 인쇄물과 글자를 수집하는 것도 좋다. 우유를 비롯한 식품이나 치약 등의 생활용품 또는 장난감 등의 포장지, 생활광고지, 잡지 등에서 글자를 모으고 글자책으로 꾸며 본다. 3세 유아는 글자책에서 자기 이름 글자 또는 아는 글자를 찾아보고, 5세 유아는 글자책 외에도 보육실 내의 여러 가지 글자(예: 놀이영역의 이름표, 식단표, 게시판의 글)를 읽어 볼 수 있다.

교사는 유아가 일상에서 글자에 흥미를 보이고 스스로 읽기를 시도할 때 격려해 줄 뿐 아니라 때때로 적절한 질문을 통해 유아가 읽기를 시도하도록 지원한다. 예를 들어, 음식 사진과 음식명이 쓰여 있는 주간 식단을 보며 "오늘 간식은 무엇일까?"와 같이 질문하면 유아가 그림과 글자를 연결해 읽기를 시도하게 된다. 동네를 돌아보고 찍은 사진을 활용해 관공서의 명칭이나 상점 이름을 물을 수 있다. 유아는 사진 속 간판에 있는 글자에 주목하고 자신이 아는 글자나 추측한 글자를 동원해 읽기를 시도하게 된다.

[그림 8-6] 글자 퍼즐

② 글자 놀이

직접 글자를 활용해 놀면서 글자 모양을 인식하고 글자에 친숙해지도록 한다. 촉감 글자를 활용한 놀이는 글자의 형태를 인식하고 변별하는 데 도움이 된다. 다양한 재질의 촉감 글자를 활용함으로써 흥미를 유발하고 즐겁게 글자를 탐색하게 할 수 있다. 글자 낚시나 글자 퍼즐, 글자 짝짓기 게임 등 글자를 활용한 놀이 및 게임을 하면서 재미있게 글자 모양을 인식할 수 있다.

(3) 글(책) 읽기

책 읽기는 영유아가 읽기의 즐거움을 경험할 수 있는 좋은 기회다. 책 속 이야기를 통해 다양한 어휘를 접하고 인쇄된 글자의 원리를 깨닫게 되며 이해력과 표현력이 발달하고 이야기 언어와 구조를 이해하게 된다(이시자, 2014; 한유미 외 2013; 홍혜경 외, 2021).

교사는 발달에 적합한 다양한 읽을거리를 제공하고, 가능한 한 많이 읽어 준다. 이때 영유아 연령에 따라 대상 집단의 크기, 읽을 책, 읽어 주는 방식을 조정한다. 교사가 소리 내어 읽어 주거나 교사와 유아가 함께 읽기, 유아가 스스로 읽기 등 다양한 방식을 시도한다. 교사는 주제와 형태가 다양한 책, 좋은 읽을거리를 찾아내는 것이 중요하다. 스토리 라인이 탄탄한 문학작품, 좋은 시, 사실적인 책, 재미있는 잡지 등을 마련한다.

① 읽어 주기

소리 내어 읽어 주기는 읽는 재미를 느끼게 해 주며 스스로 읽고자 하는 욕구를 자극한다. 규칙적으로 늘 읽어 주면 자연스럽게 새로운 어휘를 배우게 되고(임수경, 김명순, 2013; 정지은, 김명순, 2012; Penno, Moore, & Wilkinson, 2002) 책에 대한 기본 개념도 습득하며 더 많은 배경지식을 얻고 문해가 향상된다. 이와 같이 읽어 주기는 문해 능력 발달에 중요하되(김명순, 배선영, 김지연, 2013; 정지은, 김명순, 2012; Glazer & Giorgis, 2005), 그 효과의 핵심은 읽어 주기에 관여하는 성인과 유아의 상호작용이다. 즉, 유아의 관심과 동기에 민감하고 지원하는 성인이 유아의 읽기 수준에 적합하게 상호작용할 경우에 문해 능력이 가장 효과적으로 촉진된다는 것이다(이시자, 2014). 교사는 영유아에게 읽어 줄 때 영유아 각자의 인지적·사회정서적 수준을 이해하고 유연하고 탄력적으로 상호작용할 필요가 있다.

하루 일과 중 영유아가 흥미를 느끼거나, 활동과 연관되는 경우 언제라도 개별적으로 또는 대소집단으로 읽을거리를 읽어 준다(교육과학기술부, 보건복지부, 2013). 읽어 줄 때는 그림책의 그림을 손가락으로 짚어 가며 글을 읽어 줌으로써, 영유아가 그림과 글을 연결하여 내용을 인식하도록 돕는다(교육과학기술부, 보건복지부, 2013). 글로 된 책은 손가락으로 글자를 따라가고 왼쪽에서 오른쪽으로 시선을 옮기며, 읽는 방향으로 손가락을 옮겨 주면서 왼쪽에서 오른쪽으로 방향감을 갖고 글자에 주목하도록 돕는다.

영아에게 매일 좋아하는 책을 읽어 주며 간단한 말이 반복되는 이야기를 자주 들려준다. 소요 시간에 구애받을 필요 없이 짧은 시간 동안 이야기 한 편만 읽어 주어도 좋고, 단 몇 분 동안만 읽어 주어도 좋다. 읽어줄 때 그림을 함께 보면서 내용을 읽어 준다. 영아가 책을 들게 하고, 영아가 책장을 넘기는 것도 좋다. 반드시 책의 처음부터 끝까지 한 장씩 넘길 필요도 없고, 글자나 문장을 하나하나 다 읽지 않아도 된다. 상황에 따라서 글을 읽어 주기보다는 책에 있는 그림에 대해 간단히 이야기할 수도 있다. 영아의 흥미나 반응을 고려해 책의 내용을 노래로 만들어 불러 줄 수도 있다. 영아가 아예 흥미를 잃었을 때는 책을 내려놓고 관심 있어 하는 다른 활동을 하고 나중에 책으로 돌아온다. 읽기를 강요하면 책에 대한 부정적 인상만 초래할 수 있다.

영아가 직접 책을 읽으려 할 때에는 그 선택을 전적으로 수용해 주고 자기 방식대로 읽게 두며 귀를 기울여 준다. 영아는 어떤 장면이나 내용만 보려 할 수도 있고, 책을 읽기보다는 책장을 넘기는 데 또는 입에 넣는 데 흥미를 보일 수도 있다. 영아가 읽는 흉내를 낼 경우에는 귀 기울여 들어 주고 표정이나 몸짓 또는 언어로 반응을 보여 준다.

유아에게 책을 읽어 줄 때 먼저 책의 표지를 보여 주고 제목, 저자, 내용 등 어떤 이야기인지를 설명해 준다. 유아가 읽을거리를 스스로 정하는 경우 선택을 존중해 준다. 유아에게 일방적으로 읽어 주기보다는 상호작용하는 방식으로 읽어 줄 수 있다. 예를 들어, 유아가 흥미 있어 하는 주제 관련 이야기, 유아가 관심을 보이는 신문기사(예: 월드컵 관련 기사, 태풍 관련 기사…….) 등을 교사가 읽어 주고 유아가 알고 있는 선수 이름이나 팀 이름 등을 스스로 읽어 보게 한다(교육과학기술부, 보건복지부, 2013). 읽어 준 내용에 관해 대화하거나 함께 글자를 짚어 가며 읽어 준다. 읽어 주는 동안 상호작용의 양과 내용은 책에 대한 친숙 정도, 책의 장르에 따라 달라진다. 친숙하지 않은 책을 읽어 줄 때는 책 내용의 의미를 분명하게 하는 데 초점을 두고, 반복적으로 읽으며 책에 친숙해지면 유아에게 추론이나 설명을 요구해 본다.

영유아는 반복을 통해 배우므로 영유아가 어떤 책이나 책의 특정 그림에 흥미를 보일 때는 보고 싶은 만큼, 듣고 싶은 만큼 충분히 보고 듣게 해 준다(www.zerotothree.org). 영유아가 선호하는 동화나 그림책, 좋아하는 이야기, 내용이 반복되는 책, 낱말이나 구절이 반복되는 책을 활용한다. 영유아에게 친숙한 사진 자료나 그림 자료 등도 좋다. 이야기를 반복해 들으며 더 주의 깊게 보게 되고, 낱말과 구절을 예상하게 된다. 가끔 중요한 부분에서 읽기를 멈추고 영유아가 관련 어휘를 떠올리거나 내용을 생각해 낼 기회를 준다. 반복을 위해 하루 일과 중 책을 읽는 시간을 일정하게 배정하는 것도 좋다.

교사가 읽을거리를 선택하여 읽어 주는 경우, 읽기를 경험하는 시작 단계에는 재미라는 요소가 중요하므로 책을 읽어 줄 때 리듬감 있게 읽어 주고 등장인물 및 상황에 맞게 표정이나 동작, 목소리를 꾸며서 읽어 주기도 하고 소품을 활용해 본다. 그림동화, 융판동화, 인형극, 큰 책 등과 그 외 슬라이드, DVD 등으로 동화의 제시 방법을 달리하는 것도 좋다. 강요받지 않고 영유아가 자기 방식대로 활동하면서 읽기를 즐거운 경험으로 기억하는 것이 중요하다.

영유아가 좋아하는 책

0~6개월 영아

- 단순하고 큰 그림이나 형태가 밝은색으로 채색
- 단단한 카드보드, '두툼한' 책, 접이식 책
- 물에 젖어도 되는, 적실 수 있는 책으로 단순한 사람 그림이나 익숙한 사물 그림이 있는 천 재질, 부드러운 비닐 재질의 책

6~12개월 영아

- 다른 아기들 사진이 있는 보드북
- 색상이 밝고 두툼하며 만지고 맛볼 수 있는 보드북
- 공이나 병처럼 친숙한, 익숙한 사물의 사진이 있는 책
- 아기 침대나 요 위에 펼치거나 세워 놓고 볼 수 있는 책
- 목욕하면서 볼 수 있는 플라스틱이나 비닐 책
- 세탁 가능한 천 재질의 책
- 가족이나 친구 사진이 있는 작은 앨범

12~24개월 어린 걸음마기 영아

- 가지고 다닐 수 있는 보드북
- 잠자기, 놀이 등 일상적 활동을 하는 아이들 모습이 담긴 책

- 잘 때 보는 책
- 인사 나누기에 관한 내용이 담긴 책
- 페이지마다 단 몇 개의 낱말만 있는 책
- 간단한 라임이나 예상할 만한 문구가 담긴 책
- 다양한 크기와 모양의 동물 책
- 일상의 사물과 매일매일 일어나는 일들을 담은 책

2~3세의 걸음마기 영아
- 간단한 이야기가 담긴 책
- 기억하기 좋은 간단한 라임이 담긴 책
- 잘 때 볼 수 있는 책
- 세기, 글자, 모양, 크기에 관한 책
- 유머나 노래 책
- 동물 책, 탈것 책, 놀이시간에 관한 책
- 유아가 좋아하는 TV 캐릭터가 담긴 책
- 인사 나누기에 관한 책

출처: www.zerotothree.org/BrainWonders
Tips for Choosing Books for Babies and Toddlers
Home 〉 Early Care and Education 〉 Early Language & Literacy

② 함께 읽기

교사와 영유아가 짝을 이루어 함께 읽거나, 교사와 영유아 대·소집단이 함께 읽는다. 읽기의 즐거움을 느낄 수 있는 재미있는 이야기, 운율이 있는 동시나 동요 등을 활용한다. 운율이 있는 동시나 동요 등은 낱말을 듣는 즐거움(Machado, 1995)을 느낄 수 있고, 어휘력과 구문 발달(Lenz, 1992)에 좋으며 창의적 표현을 접할 기회도 된다.

유아들이 즐기는 동시를 듣기, 말하기, 읽기에 활용할 수 있다.

예: 동시나 동요를 감상하기, 동시의 내용을 몸짓이나 행동으로 표현해 보기, 감상을 말해 보기, 동시를 함께 낭송하기 등의 활동

영유아의 이해 및 읽기 수준을 고려해 읽기 참여 정도를 조절할 수 있다. 교사가 읽어 들려주기를 반복한 후, 영유아가 관심을 갖고 잘 기억하는 글자나 문장은 직접 읽고 다른 부분은 교사가 읽어 준다. 영유아에게 익숙한 동화나 동시, 그 외 읽기 자료라면 교사와 영유아가 함께 읽거나 번갈아 읽을 수도 있고, 유아끼리 읽어 볼 수 있다.

③ 유아 스스로 읽기

유아가 자유로이 원하는 대로 책을 읽거나 친구들에게 읽어 줄 수 있다. 유아가 자발적으로 읽기를 시도하는 경우 서툴게 읽더라도 차분히 들어 주며, 읽는 데 도움을 요청할 경우 다시 읽어 준다.

유아의 읽기 활동을 위해 질적으로 우수한 책을 제공하고 집중해서 읽을 수 있는 환경을 마련해 준다. 읽기에 관심을 보이지 않는 유아를 위해서는 직접 조립할 수 있는 책, 책장을 넘기면 입체가 되는 책, 헝겊책 등 다양한 종류의 책을 구비하여 흥미를 유발한다.

유아가 스스로 읽도록 지원하는 책으로 다음과 같은 것이 있다.

3~5세 유아를 위한 책

- 유아와 유사한 또는 아주 다른 생활 모습을 가진 아이들에 대한 책
- 유아가 특별히 흥미로워하는 것들에 관한 책, 예를 들어 기차, 동물, 요리 등
- 친구 사귀기에 관한 책, 친구 간 갈등이나 어려움에 관한 책
- 다양한 주제의 이해하기 쉬운 "과학" 관련 책, 예를 들어 쓰레기 트럭이나 꽃, 도구 등이 어떻게 작용하는지에 관한 과학책
- 크기나 시간 등에 관한 "개념" 책, 세기 책
- 학교 가기, 병원 가기에 관한 책
- 형제가 생기는 것에 관한 책
- 기억하기 쉽고 읽을 수 있는 간단한 문구로 된 책

출처: www.zerotothree.org/BrainWonders

④ 읽기 후 활동

읽기 후에 다음과 같은 연계 활동 및 확장 활동을 할 수 있다.

■ 질문을 주고받기(Funk, 2013)

- 이야기에서 가장 좋았던 일이나 인물, 그림에 대해 또는 주요 사건, 등장인물의 행동이나 감정 등에 관해 질문한다.
- 읽은 이야기를 계기로 다른 책이나 영유아의 "실제" 삶에서 경험했던 것, 생각나는

것 등을 연관 지어 질문(www.zerotothree.org)해 본다. "ㅇㅇ의 이야기를 들으니 우리가 전에 읽었던 다른 책 생각나지 않니? ㅇㅇ가 책에서 하던 것처럼 너희도 그런 적은 없니?"와 같이 질문할 수 있다.

■ 이야기를 확장하여 놀이하기

- 유아들이 모둠으로 또는 개별적으로 이야기 속 사건의 목록을 만들거나 사건이 진행된 순서를 도표로 만들어 본다.
- 읽은 내용에 관한 그림이나 그림카드를 제공하여 이야기를 줄거리대로 순서 짓고 이야기 내용을 회상해 본다.
- 이야기에 이어지는 다음 상황을 생각해 보고 후속 내용을 구성해 본다. 유아들이 책의 어떤 등장인물이 다음에는 어떻게 될까, 어떤 일을 벌일까를 추론해 보게 한다.
- 이야기를 변형하거나 새로 구성할 수 있다. 책에 나올 만한 다른 등장인물을 유아가 꾸며 이야기를 변형해 보게 한다. 어떻게 생긴 사람인지, 뭐라고 말하는지, 이름은 무엇으로 할지를 질문하여 유아의 활동을 격려한다.
- 읽은 후 느낌, 생각을 말이나 노래, 신체동작 등으로 표현해 본다.
- 동시나 동화에 등장하는 주인공에 관한 조사 활동, 이야기에 등장한 문제를 해결하는 활동, 협동 연구, 게임 구성하기 등도 가능하다.
- 스토리를 토대로 내용을 실행해 보거나 극화해 본다. 읽은 내용을 구체적으로 실행할 수 있도록 다양한 소품과 의상 등을 제공한다. 유아들은 자신만의 이야기를 만들어 내면서 읽었던 책의 내용을 더 잘 이해하게 된다.

(4) 노래 부르기

유아음악과 언어 통합 교육의 교수 방법에 대한 문헌 연구에 의하면 통합 교육은 유아 언어 능력에 긍정적 영향을 주었다(마송희, 2015). 음악 중 노래는 읽기 학습 및 읽기 기술 향상에 좋은 도구가 될 수 있다(Funk, 2013). 노래는 음소 인식 발달에 도움이 되고 선율과 리듬은 기억에 도움이 된다. 노래 부르기는 노래에 포함된 낱말을 익힐 기회가 되고 유창하게 읽는 모델(권정해, 최성열, 최은희, 2015; 정상녀, 박형신, 2009; Funk, 2013)이 될 수 있다. 각 유아의 읽기 수준에서 도움이 될 만한 노래를 택하는 일이 관건이다. 전래놀이 노래나 민요를 활용하는 것도 좋다.

읽기 지도를 위한 노래는 간단한 노래로 시작한다. 노랫말을 차트나 보드 위에 제시하여 유아들이 노래하는 동안 자신들이 부르는 노랫말과 보드 위에 쓰인 낱말을 연관 짓도록 한다. 초기에는 노랫말을 모두 쓰기보다는 주요한 낱말을 그림과 함께 제시하는 것이 효과적이다.

예: '동물농장' 노래를 활용해 읽기 지도하기

- 노래의 앞 구절을 쓰고 나서 다음 구절은 빈칸으로 둔다.
- 유아들이 현재 노랫말에 있는 동물 외에 포함하고 싶은 다른 동물을 말해 본다.
  (오리, 사자, 다람쥐 등)
- 동물 그림을 간단히 그려 주거나 사진, 그림을 활용하여 제시하고 그 동물들을 노래에 포함한다.
- 동물 이름을 짚어 가면서 해당 동물을 넣어서 함께 노래를 부른다.

짧지만 재미있는 노래를 통해 유아들은 낱말의 개념, 해당 동물의 이름, 읽는 방향, 글자와 소리의 대응 관계를 알게 되며 우리가 말하는 것을 글로 쓸 수 있고 글로 쓴 것은 다시 말로 할 수 있다는 사실도 알게 된다.

3 쓰기 지도

쓰기는 자신의 생각과 느낌, 경험을 인식하고 조직하여 문자 형태로 표상하고 의미를 전달하는 것이다(노영희 외, 2014; 이차숙, 2004). 쓰기는 생각과 느낌을 말과 글로 표현하는 짓기의 과정과 그 내용을 글자로 나타내는 기술을 포함한다.

어린 시기부터 쓰기가 시작(이경화 외, 2014)되는데 영아는 긁적거리기로 시작한다. 유아는 주변 성인의 쓰기를 보고 모방한다. 영아의 쓰기 지도는 끼적이기에 관심을 갖고 즐기며 자기표현의 일환으로 끼적이기를 시도해 볼 수 있도록 한다. 일상에서 소통의 방식으로 쓰기를 경험해 보도록 한다. 유아의 쓰기 지도는 유아가 말이나 생각을 글로 나타낼 수 있음을 알고, 자신의 느낌, 생각, 경험을 글자 비슷한 형태나 글자로 표현하기를 시도하는 데 초점을 둔다. 또한 유아가 말놀이와 이야기 짓기를 즐기면서 쓰기에 관한 경험이 이루어지도록 한다. 쓰기를 지도할 때는 다음과 같은 원리를 고려한다.

1) 쓰기 지도의 고려점

영아의 쓰기 지도에서는 영아가 손과 팔을 움직여 끼적이기를 시도하고 그 즐거움을 경험하는 것이 중요하다. 형식적 쓰기가 아니라 자유로운 탐색 활동으로 끼적이기를 수용하고 영아의 표현에 관심을 보여 영아의 끼적이기를 격려해 준다.

적절한 언어적 상호작용으로 영아의 활동을 지지하고 의미를 부여한다. 예를 들어, 영아의 활동을 서술적으로 묘사(교육과학기술부, 보건복지부, 2013, p. 64)하고 결과물에 관해 질문하여 영아가 자신의 활동 결과를 의식하고 의미를 부여하도록 지원한다. 끼적이기를 통해 어떤 것을 표현할 수 있음을 알게 하고 의도적 끼적이기를 시도하도록 지원한다. 별도로 시간을 마련해 지도하기보다는 일과 중에 통합하여 지도하며 끼적이기에 대한 영아의 개별적인 흥미를 고려하여 지도한다.

유아의 쓰기 지도는 다음과 같은 점을 고려한다.

첫째, 글자나 글을 통한 의사소통과 같이 유아가 일상 속에서 자연스럽게 글자나 글이 어떻게 활용되고 있는지를 접하게 한다. 예를 들어, 보육에 필요한 문서를 가정에 전달하고 회신을 받아오게 하는 과정에서 유아는 글을 통한 의사소통을 관찰할 수 있다.

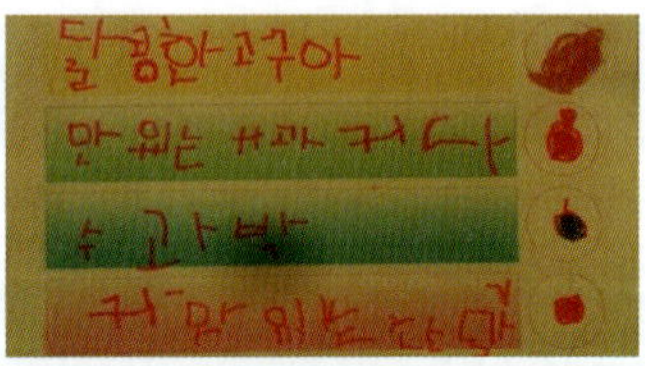

[그림 8-7] 유아 쓰기의 오류

쓰기에는 방향감각과 공간에 대한 개념이 필요하다. 왼쪽에서 오른쪽으로, 위에서 아래로, 그리고 정해진 공간에 적절히 배열해야 하므로 모델을 관찰하며 깨닫도록 돕는다. 영유아가 문자를 쓰는 과정에서 흔히 반대 방향으로 쓰거나 크기, 모양이 불규칙한데 이를 자연스럽게 받아들여 지도할 필요가 있다(예: '2'-'ㄹ'-'s' / '이준서'-'10준서'-'준서이'). 잘못 쓴 것을 낱낱이 지적하고 직접 교정하기보다는 바르게 쓴 것을 보게 해주고 그 차이를 찾아내어 스스로 방향감을 깨닫게(주영희, 1998) 도와준다.

유아도 쓰기를 하면서 글의 기능을 체험하도록 한다. 예를 들어, 유아가 친구를 위해 생일축하카드를 써서 주고받으며 말이 아닌 글자의 역할을 경험할 수 있다.

둘째, 말과 글의 관계를 경험하도록 한다. 일상에서 생각과 말을 글자로 나타내는 맥락을 접하게 해 준다. 예를 들어, 반에서 약속한 내용을 교사가 소리 내어 말하면서 천천히 글자로 옮기는 모습을 보여 준다. 유아의 느낌, 생각, 경험을 유아가 하는 말대로 받아 적어 주고 다 적은 후 읽어 주며, 말이나 생각이 글로 표현되는 과정을 보게 해 준다. 더불어 말과 글의 차이점, 즉 말과 달리 글은 지속성과 가시성(한유미 외, 2013; 홍혜경 외, 2021)이 있음을 느끼도록 한다. 예를 들어, 함께 다녀온 현장학습에 관한 경험을 사진과 글로 전시하고 이를 소재로 이야기를 나누거나 회상해 본다.

셋째, 자유롭고 자발적으로(한유미 외, 2013; 홍혜경 외, 2021) 쓸 기회를 가지며 쓰기에 관심을 갖도록 한다. 쓰기는 쓸 내용을 생각해 내고 그것을 창의적으로 나타내는 인지능력을 요구하므로 쓰기에 대한 자발적 동기가 중요하다. 반복적이고 기계적으로 베껴 쓰도록 하면서 글자 자체에 관한 공부를 강요할 경우 쓰기는 지루하고 힘겨운 과제가 될 수 있다. 관습적인 쓰기 규칙에 얽매이지 않고 실험적으로 자유롭게 쓰기를 시도하도록 시간과 환경을 제공(노영희 외, 2014)한다.

넷째, 글자를 정확히 쓰는 것보다는 의미 표현이나 소통의 의도로 쓰기를 경험하도록 한다. 쓰기는 사회적 행위이며 자기표현의 중요한 수단이다. 생각과 느낌 및 경험을 글로 쓰려면 쓸 내용을 문장으로 구성하고 적절한 표현을 선택하는 과정이 필요하다. 무엇을 쓰고자 하는지 쓸거리를 떠올리고 어떻게 구현할 것인가에 초점을 두어 지도한다. 쓰는 방법이나 글씨체 등에 대해 간섭하기보다는 쓰고자 하는 욕구와 유아 나름대로 쓴 글자의 의미, 글의 내용에 초점을 맞춰 상호작용한다.

독자적 쓰기 활동 외에 교사 및 또래 상호작용을 통해 함께 의미를 구성하는 것이 도움이 된다. 쓰기가 자신의 느낌과 생각을 주도적으로 표현하는 중요한 방법임을 알고 쓰기에 흥미와 즐거움을 갖도록 하는 데 주안점을 둔다(교육과학기술부, 보건복지부, 2013, p. 68).

다섯째, 발달적 특징 및 개인차를 고려(한유미 외, 2013; 홍혜경 외, 2021)하여 지도한다. 쓰기는 눈과 손의 협응력, 소근육의

쓰기 발달의 주요 4단계

(Cabell, Tortorelli, & Gerde, 2013)

- Drawing and Scribbling. 쓰기와 말의 관계를 이해하지 못하는 상태에 있다.
- Letters and Letter-Like Forms. 글자를 쓰려고 하는데 처음에는 실제 글자와 비슷하지 않다.
- Salient and Beginning Sounds. 말과 쓰기를 관련짓기 시작하고 낱말을 만들기 위해 글자를 쓰기 시작할 정도로 글자에 대해 안다. (예: 아기의 'ㅇ', 승강기의 'ㄱ')
- Beginning and Ending Sounds. 음소를 잘 인식하므로 각각의 음에 주목하고 아는 글자를 활용해 철자를 만들어 내기 시작한다.

조절력이 필요하고 공간에 대한 개념이 발달해야 하며 쓸거리를 생각하고 조직하는 사고 능력이 필요하다. 발달적으로 미숙한 상태의 유아에게 쓰기는 부담이 되는 활동이다. 유아의 생각과 흥미, 언어능력 등을 고려하여 유아 중심의 쓰기 지도가 되어야 한다(노명완 외, 1997).

[그림 8-8] 사회관계, 자연탐구 영역 관련 활동과 통합된 쓰기경험

쓰기 발달의 단계를 고려하며, 발달에 따른 전반적 경향 속에서도 개인차나 개인적 요구를 반영하여 지도한다. 영유아가 흥미를 나타낼 때 쓰기를 시도하도록 격려한다. 예를 들어, 유아가 무엇인가를 베끼거나 스스로 생각해 내서 써 보려고 시도 하는 경우는 쓰기 준비가 된 것이므로 개별적 지도 방안을 계획할 필요가 있다(주영희, 1998).

여섯째, 통합적인 방법(김은심, 조정숙, 2011; 한유미, 외, 2013; 홍혜경 외, 2021)으로 쓰기를 지도한다. 쓰기는 듣기, 말하기, 읽기에 작용하는 여러 가지 하위 기능이 통합적으로 작용하는 지적 과정(이차숙, 2004)이므로 통합적으로 지도한다. 예를 들어, 독립적인 쓰기 활동보다는 이야기를 감상한 후 이야기 나누었던 내용을 글자나 상징으로 나타낼 수 있고 듣기 활동 후에 연계 활동으로 쓰기를 할 수 있다.

쓰기는 타 영역의 교육활동과 통합되어야 한다. 하루 일과에 통합될 수 있으며 다양한 대소집단 활동에도 통합될 수 있다. 예를 들어, 등원 후 출석 카드에 이름을 쓰거나 자유활동을 계획하면서 또는 다양한 흥미 영역 활동 중에 자연스럽게 쓰기가 이루어질 수 있다. 쓰기 그 자체를 위한 교육보다 다른 교육활동 및 일상생활과 연계하여 쓰기를 경험하도록 한다.

2) 쓰기 지도

쓰기 위해서는 기능적으로 준비되어야 하고, 문자의 형태를 인식하고 표기할 수 있어야 하며 쓸거리를 구성할 수 있어야 한다. 이에 영유아의 쓰기 지도는 쓰기 위한 기능적 준비 그리고 쓰기에 대한 관심, 말과 글의 관계를 인지하는 것과 자신의 느낌, 생각, 경험을 글자 비슷한 형태나 글자로 표현해 보는 것을 포함한다.

(1) 쓰기의 준비 활동

쓰기를 위한 준비 활동으로 글자에 흥미와 관심을 갖도록 하는 활동 그리고 소근육 발달, 소근육의 조절력을 증진시키는 활동, 눈과 손의 협응력을 기르는 활동(권영례, 1999)을 들 수 있다.

영유아들이 손과 손가락을 조작하고 손과 팔의 움직임을 조절하는 활동을 마음껏 하면서 눈과 손의 협응력 및 소근육의 조절력을 기르고 쓰기와 관련되는 기본 동작을 경험하도록 한다. 다양한 재질의 종이나 물체를 손으로 탐색해 보고, 팔과 손, 손가락을 이용하는 다양한 놀이를 시도하면 손가락, 손, 팔의 움직임을 조절하는 연습을 할 수 있다. 예를 들어, 다음과 같은 쓰기 준비 활동을 할 수 있다.

쓰기 준비 활동의 예

- 다양한 재질의 종이(도화지, 한지, 복사지, 휴지 등)나 물체(비닐, 천, 솜, 에어캡 등)를 손으로 마음껏 탐색해 보기; 흔들기, 구기기, 뭉치기, 찢기, 뜯거나 누르고 당겨 보기, 뭉치고 펴고 밀어 보기
- 다양한 그리기 재료(천연염료, 물감, 물 등) 및 쓰기 도구로 평면에 그리거나 허공에 그리기, 손가락이나 손으로 그리기 및 칠하기, 여러 가지 물건, 자연물, 신체 등에 염료를 묻혀서 찍기, 선이나 여러 가지 모양의 도형 그려 보기
- 구슬 끼우기, 단추 끼우기, 바느질(글자, 숫자 바느질), 가위질(종이, 헝겊, 점토 등 자르기), 점토 놀이, 적목 놀이, 목공 놀이, 퍼즐(모양 맞추기, 글자퍼즐 등) 등

쓰기에 관련된 간접적 활동에서 나아가 직접적으로 다양한 쓰기 도구를 이용하여 마음대로 끼적이기를 해 본다.

영아에게 쓰기 및 그리기 도구를 다양하게 제공하여 직접 탐색해 보게 한다. 벽면이나 바닥에 커다란 종이를 붙여 주거나, 낮은 책상 위에 종이-신문지, 도화지, 한지, 복사지, 벽지 등-를 제공하여 원하는 대로 끄적일 수 있게 한다(보건복지부, 2013). 종이 이외에 천이나 모래판, 판지, 모래종이 등의 다양한 표면에 끼적여 볼 수 있게 한다. 끼적이면서 손목의 힘을 기르고, 자신이 선으로 그어서 만든 흔적을 즐기도록 한다. 어떤 목적을 가진 쓰기가 아니라 제한 없이 마음대로 끼적이며 자신만의 형태를 표현(보건복지부, 2013)하고 다양한 방식으로 쓰기를 시도하게 한다.

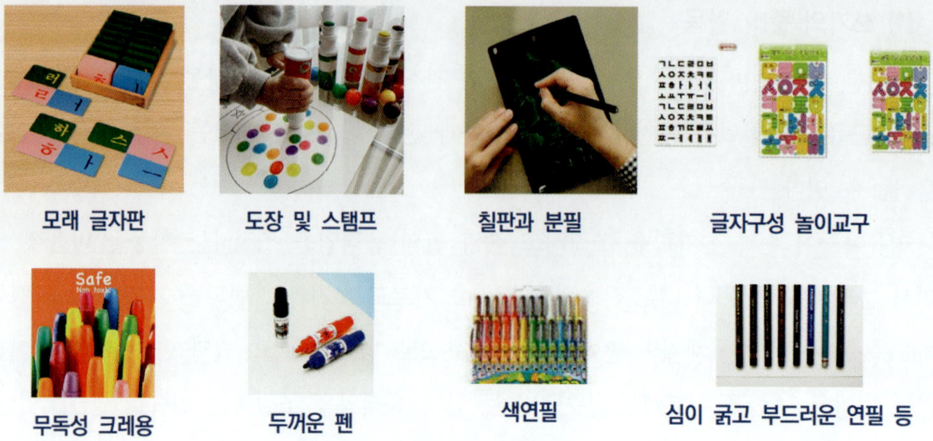

[그림 8-9] 다양한 쓰기 및 그리기 도구

유아에게도 다양한 재질과 크기의 종이류 및 다양한 필기도구를 제공하여 유아가 쓰기 도구에 관심을 가지고 사용해 보도록 한다. 여러 매체를 이용하여 자유롭게 쓰기를 경험하고(보건복지부, 2013) 그 특성을 탐색해 보도록 한다. 예를 들어, 모래 글자판, 칠판과 분필, 자석칠판, 도장과 스탬프, 글자구성 놀잇감, 베껴 쓰기 교구, 컴퓨터와 프린터, 비닐과 매직펜, 땅바닥과 나뭇가지 등을 활용할 수 있다.

이때 교사는 영유아가 끼적이거나 쓴 표시, 그림, 내용에 대해 언어적으로 반응해 주거나 질문하여 끼적이기 및 쓰기를 지원한다. 또한 영유아가 원하는 경우 글자로 적어주며 교사는 쓰는 행동의 모델이 되어 모방을 격려해 준다.

[그림 8-10] 벽면을 활용하여 그리기

(2) 목적이 있는 (형식적) 쓰기

재미있는 놀이나 활동을 하면서 영유아가 의도적으로 끼적여 보고 점차 글자 비슷한 형태로 써 보도록 지원한다.

① 의도적 끼적이기

마음대로 끼적이기에서 나아가 의도를 가지고(2세) 끼적이는 경험을 갖도록 한다. 쓰기를 시도할 수 있는 활동 맥락에서 영아에게 쓰기 도구를 제공한다. 영아가 무엇인가를 나타내려고 선이나 모양으로 표현한 경우 글자 자체에 주목하기보다는 생각을 상징으로 나타내려 했다는 표현 과정을 존중해 준다. 긁적거리기로 의도를 표현하려는 자발적 동기를 격려해 주고 상징으로 표현하는 것을 즐기도록 한다. 문자 자체를 베껴 쓰는 것보다는 문자와 친숙해지고 문자를 구성하는 여러 가지 선을 만들어 보는 활동에 중점(주영희, 1998)을 둔다.

② 낱말 써 보기

유아에게 친숙한 글자를 보고 따라 써 보도록 한다. 영유아는 대개 자신의 이름에 흥미를 가지고 있으므로 주변의 인쇄물에서 자신의 이름 글자나 아는 글자를 찾아보기도 하고 광고지, 잡지 등에서 자기 이름 글자를 오려 내 본다. 오려서 모은 글자를 배열해 낱말을 만들거나 손가락으로 따라 써 보기도 한다. 인쇄물에서 자신의 이름 글자를 모아 색칠하거나 꾸며 볼 수 있고 쓰기 도구와 꾸미기 재료를 활용해 자기 명함을 만들어 본다. 우리반 친구들의 이름을 적은 명단에서 자신과 같은 이름 글자를 모두 찾아보거나 아는 글자를 찾아볼 수 있다. 자기 이름 글자 외에 아는 글자를 활용해서 가까운 사람, 좋아하는 동물이나 과일, 작품의 캐릭터, 어린이집과 사는 동네의 이름 등의 친숙한 낱말을 구성해 본다.

실내 놀이 영역이나 비품 등에 필요한 이름표 및 표지판, 제목 등을 유아들이 직접 만들어 본다. 역할놀이를 할 경우 각 역할에 필요한 명찰, 표지판 등을 만들거나 발표, 공연 등을 준비하면서 필요한 그림글자나 낱말을 써 본다. 어떤 주제에 관한 생각 모으기 활동을 하면서 유아가 직접 또는 교사의 도움을 받아 낱말을 써 본다.

③ 문장 써 보기

말과 글, 생각과 글의 관계를 알고, 자신의 느낌, 생각, 경험을 글자와 비슷한 형태나 글자로 표현(교육과학기술부, 보건복지부, 2013, p. 72)해 본다. 이를 위해서는 쓸거리를 떠올리고 적절한 어휘를 선택하여 문장으로 조직하는 사고 과정이 요구된다. 비디오나 인형극 관람, 음악활동이나 현장학습 등은 쓸거리를 생각해 보고 구체화하기 위한 좋은 소재가 된다. 이러한 경험에 관해 교사가 적절한 질문을 제기하여 유아가 답변을 생각해 내고 그것을 말과 글로 표현하도록 돕는다. 유아가 말로 표현한 어떤 내용을 교사가 글로 옮겨 적어 주면서 생각과 글, 말과 글의 관계를 보여 주고 더불어 생각을 글로 옮기는 바른 문장 쓰기의 모델(이경화 외, 2014)이 되어 준다. 유아가 어떤 내용을 쓰려는 욕구를 인식하고 적절한 어휘와 표현을 찾아내어 그것을 글자나 글자 비슷한 형태로 나타내도록 격려한다.

유아가 어떤 주제에 관해 이야기를 나누거나 짧은 글짓기(한유미 외, 2013), 삼행시 짓기, 특정 단어로 시작하는 문장 짓기, 특정 단어가 포함된 문장 말하기 등의 활동으로 쓸거리를 생각하고 말해 보도록 한다. 말한 내용을 그림이나 끄적거리기, 낱말이나 구절 등으로 나타내 본다. 문장표현을 돕기 위해 교사가 불완전한 문장을 제공하고 유아가 완성하는 형식을 활용할 수도 있다. 유아가 작성할 활동지를 문장완성 형식으로 제공하거나 간단한 관찰일지 쓰기 등도 쓸 내용을 생각하고 직접 문장을 써 보는 기회가 될 수 있다.

(3) 문학을 활용한 쓰기

문학적 경험은 듣기나 말하기 및 읽기, 쓰기의 발달에 도움이 된다. 영유아의 어휘력을 향상시키고 이야기 감각을 발달시키며 모국어의 이해력 발달에 기여한다.

동화나 동요, 동시 등을 활용해 다음과 같이 지도할 수 있다. 다양한 동시나 동요, 동화를 들은 다음 느낌이나 생각을 말해 보고 그 내용을 유아가 그림 등의 상징으로 나타내 본다. 표현을 돕기 위해 표정그림 카드나 얼굴표정 마스크, 스티커 등을 활용할 수 있다. 또는 아래와 같은 해당 장면의 그림이 포함된 문장완성 카드를 활용할 수 있다.

그림 장면과 문장 예

동화의 제목은 〈　　　　　　　　〉입니다.　　　　글쓴이는 〈　　　　　　　　〉입니다.

처음에 〈　　　　　　　　　　〉가 순무를 살피러 나왔습니다.

____

활동 예

동화를 들려준 후 동화에 관해 상호작용한다. 이때 유아들이 이용할 수 있는 해당 장면과 관련된 그림이 있는 '문장완성 양식'을 카드로 제공하여 문장표현을 돕는다.

사진출처: http://www.kyobobook.co.kr/product/detailViewKor.laf?ejkGb=KOR&mallGb=KOR&barcode=9788952782953&orderClick=LEa&Kc=

감상을 나누는 활동에서 확장해 동화나 동시, 동요를 소재로 다양한 변형을 시도할 수 있다. 예를 들어, 동화나 동시의 제목을 새로 지어 보기, 동시나 동요의 일부분(특정 낱말이나 반복되는 구절)을 바꾸어 짓거나 새로 짓기, 동화의 뒷이야기를 지어 보기, 동화의 본래 내용과 다른 결말을 구성해 보기 등이 있다. 경험했던 동화나 동시를 기초로 상상을 펼쳐가며 말하기 및 듣기와 쓰기 등을 경험할 수 있다.

작품의 등장인물 중 유아가 관심을 가진 대상 또는 작가에게 편지를 쓰거나 인터뷰를 하기 위해 질문 목록을 만들어 볼 수 있다. 글이 없는 그림책을 활용해 그림을 바탕으로 이야기를 지어 보거나 어떤 그림이나 장면만을 활용해 이야기를 새로 만들어 볼 수 있다. 유아들이 모둠으로 활동을 진행하며 유아의 생각이나 말을 글로 옮기는 것은 교사가 도와준다. 쓸거리를 말해 보고 생각한 내용이 글로 표현되는 경험을 충분히 갖도록 한다.

예를 들어, 다음과 같은 전래 동요를 익힌 다음 모둠별로 노랫말의 한 부분을 고쳐 본다.

어떤 나무로 바꾸고 싶은지 제안하고 노랫말을 바꿔서 불러 본다.

나무노래 (전래동요)

가자가자 감나무
오자오자 옻나무
바람 솔솔 소나무
너하고 나하고 살구나무
방귀 뽕뽕 뽕나무

기존의 동화나 동시를 활용하는 활동 외에 다른 자료를 활용해 쓰기 관련 지도를 할 수 있다. 예를 들어, 명화나 명곡을 감상하고 그 내용과 느낌을 말해 보고 제목을 붙여 이야기를 만들어 본다. 다양한 그림이나 사진 자료를 보고 상황을 말해 보거나 글로 써 본다. 유아들이 모둠으로 활동을 진행하여 함께 이야기를 만들 수 있도록 한다.

주말을 지낸 경험을 포함해 자신의 경험을 그림이나 글로 표상해 본다. 자유로이 표상해 보고 교사의 도움으로 육하 원칙에 따라 말해 보고 교사가 유아의 말을 옮겨 적어 준다.

(4) 책 만들기

영유아의 쓰기의 수준에 따라 도움의 양을 조절하면서 간단한 이야기책이나 작은 책을 만들어 본다. 예를 들어, 교사가 책의 형태를 만들어 제공하고 영유아가 부분적으로 참여하여 책을 완성한다. 또는 책 만들기에 필요한 자료를 교사가 제공하고 영유아는 끼적이거나 그리기 등으로 내용을 구성한다. 직접 쓰지 않고 영유아가 잡지 등의 자료에서 글자를 수집해서 낱말이나 문장을 만드는 데 활용할 수도 있다. 영유아의 말을 교사가 받아 적어 주어 책을 완성할 수도 있다. 또는 책의 제목이나 자신의 이름이나 생일 등을 간단하게 적어 볼 수 있다. 쓰기가 일부만 포함되는 책을 만드는 데서 나아가 영유아가 상상한 이야기를 삽화와 글로 표현한 책을 만드는 수준으로 확장할 수 있다. 예를 들어,

① 영유아들이 자신이나 가족을 소재로, 또는 자신의 성장이나 좋아하는 것들에 관한 책을 만들어 볼 수 있다. ② 영유아가 활동하는 모습을 찍은 사진이나 성장 과정을 담은 사진을 활용해서 또는 주제에 맞는 사진자료나 화보 등을 모아 책을 만들 수 있다. ③ 쓰기 수준에 따라 도움을 받아 또는 스스로 낱말이나 문장을 쓸 수 있다.

책 이외에 다양한 신문(예: 가족 신문, 우리반 신문, 동물 신문 등), 안내자료, 광고, 일기, 편지 등을 만들며 쓰기를 할 수 있다.

(5) 놀이 및 일과 중의 통합적 쓰기

유아는 다양한 놀이 활동과 일과 중에 자연스럽게 쓰기를 경험할 수 있다. 등원한 후 출석 카드에 기록하기, 자유 놀이 활동을 위한 계획하기, 집단 활동 중의 자료조사와 정리 및 활동지 작성하기, 소집단 토의 결과 기록하기 등을 하면서 유아는 수시로 쓸 기회를 갖는다. 자유 놀이 영역에서 놀이하는 동안 필요한 소품이나 자료를 제안하여 유아가 쓰기를 경험하도록 유도할 수 있다. 견학이나 현장학습을 준비하면서 알아볼 내용을 적거나 면접한 내용을 기록하는 가운데, 활동 대본을 작성하거나 극놀이의 소품을 만들면서 쓰기를 경험하게 된다. 공연이나 발표회를 갖는 경우 내용 관련한 쓰기를 하게 되고 홍보물이나 초대장을 작성할 때도 쓰기가 요구된다. 교사는 쓰기를 돕고 유아들이 쓰는 과정과 쓴 결과에 적절한 반응을 보여 주며 강화를 해 줄 수 있다. 이처럼 쓰기가 이루어지는 다양한 맥락이나 상황에서 통합적으로 지도하며 의미 있는 쓰기를 경험하게 할 수 있다.

[그림 8-11] 유아 활동 중의 쓰기

활동 8-1

책 이외에도 다양한 읽을거리가 있다. 유아들이 읽기에 관심을 갖도록 돕는 흥미로운 읽을거리를 찾아봅시다.

예: 유아들이 사용하는 문구류 및 미술용품에 있는 글자, 간식 제품에 있는 글자 등

활동 8-2

다음의 민요를 소재로 유아와 함께 읽기를 계획해 봅시다.

제목: 꽃을 찾아 왔도다 (자강도 강계시 민요)

우리 집에 왜 왔니 왜 왔니 왜 왔니
꽃 찾으러 왔단다 왔단다 왔단다
무슨 꽃을 찾겠니 찾겠니 찾겠니
효자 꽃을 찾겠다 찾겠다 찾겠다

출처: 조선향토대백과(2008).

활동 8-3

동화 '꼬리를 돌려주세요(노리 호그로지안 지음, 홍수아 역, 시공주니어, 2017). 난 토마토 절대 안 먹어(로렌 차일드 지음, 조은수 역, 국민서관, 2001), 도서관에 간 암탉(데보라 브루스 지음, 이선민 역, 여우오줌, 2002), 곰 사냥을 떠나자(마이클 로젠 지음, 공경희 역, 시공주니어, 2017)' 등을 읽은 후 한 편을 선택한다.

1) 유아에게 어떤 질문을 할 것인지 계획해 봅시다.

질문1 :

질문2 :

2) 이야기 속 사건의 목록을 카드로 만들어 봅시다.

카드1의 내용:

카드2의 내용:

카드3의 내용:

카드4의 내용:

3) 어휘를 선정하여 카드를 만들고 이야기를 재구성해 봅시다.

그림출처: https://product.kyobobook.co.kr/detail/S000000734575
https://product.kyobobook.co.kr/detail/S000000439155
https://product.kyobobook.co.kr/detail/S000001438071
https://product.kyobobook.co.kr/detail/S000060625906

활동 8-4

놀이활동 중에 쓰기 활동이 통합된 경우를 찾아 봅시다.

예: 역할놀이와 쓰기

- 병원놀이를 위한 진료실 표지판이나 의사와 간호사 이름표, 처방전 등 만들기
- 시장놀이를 위한 가게 표지판, 물건이름과 값, 구매자의 구매목록 만들기

활동 8-5

유아 자신의 이름을 활용하는 활동의 예를 들어 봅시다.

예: 자신이 원하는 자유놀이 활동에 자기 이름 써 넣기

활동 8-6

다음과 같은 짧은 글짓기 놀이를 구체적으로 계획해 봅시다.

예: 주어진 낱말 카드를 연결해 문장을 만들어보기

예: 〈자기 이름〉으로 삼행시 짓기

예: 〈나는〉 〈우리 엄마는〉으로 시작하는 문장 만들기
나(또는 가족 중 한 사람)을 한 문장으로 소개하기

활동 8-7

유아들이 아는 동시나 동화를 활용한 활동을 실행하기 위한 구체적 계획안을 만들어 봅시다(활용할 작품, 준비물, 활동집단 구성, 활동장소 등을 구체화해 보기).

예: 이야기의 시작 부분, 전개 부분, 결말 부분으로 나누어 각각에 관한 주요 내용과 그 내용을 반영하는 그림이 담긴 자료를 활용해 이야기를 다시 재현해 보기

예: 등장인물을 일부 배제하거나 새로 추가하여 이야기를 새로 만들어 보기

09

영유아 언어 교수-학습

1. 발음 중심 언어 교수법
2. 총체적 언어 교수법
3. 균형적 언어 교수법

09 영유아 언어 교수-학습

최근에는 유아의 읽기와 쓰기 지도에 관심이 높다. 이 관심에는 유아에게 읽기와 쓰기를 어디까지 또는 어떻게 가르치는 것이 효과적일지의 고민이 포함되어 있다. 우리나라도 이러한 고민은 일찍부터 시작되었고 초기 읽기와 쓰기 지도는 행동주의 학습이론에 영향을 받은 발음 중심 언어 교수법이 주를 이루었다. 그러나 80년대 이후에는 발음 중심 언어 교수법을 비판하며 등장한 총체적 언어 교수법이 주를 이루고 있다.

유아를 위한 언어지도는 언어 발달 관점에 따라 크게 발음 중심 언어 교수법(phonics language instruction), 의미를 중심으로 하는 총체적 언어 교수법(whole language instruction), 이 두 교수법을 통합한 균형적 언어 교수법(equilibrium language instruction)으로 나눌 수 있다. 발음 중심 교수법의 경우, 행동주의 이론에 근거한 교수법으로 체계적이고 과학적이며 새로운 어휘 습득에 효과적이다. 그러나 대집단 중심, 교사 주도의 언어지도를 강조한다는 점에서 유아와 교사의 상호작용이 제한적이라는 비판을 받았다.

발음 중심 언어 교수법이 유아의 언어학습에 대한 흥미를 끌어내지 못한다는 비판을 하며 등장한 교수법이 총체적 언어 교수법이다. 총체적 언어 교수법은 유아의 흥미 유발과 의미 중심의 언어지도를 강조한다. 즉, 낱자를 익히는 것보다는 의미에 중점을 두고 언어의 의사소통 측면을 강조하는 교수법이다. 그러나 총체적 언어 교수법은 구체적이고 체계적이지 못하다는 비판을 받고 있고 이러한 문제로 인해 교사가 현장에서 총체적 언어 교수법을 실천하는 데 어려움이 있다.

1990년대에 미국에서는 유아의 읽기 능력 저하와 읽기 성취도 점수의 하락 원인이 총체적 언어 교수법에 있다고 보았다. 우리나라에서도 총체적 언어 교수법이 유아의 언어에 대한 흥미를 유발하고 통합적인 방법으로 언어지도를 할 수 있다는 점에서는 효과적이지만 자소-음소 대응 관계나 단어, 문자의 구성을 이해하고 분석하는 데는 부족하다는 비판을 받아왔다(이차숙, 2004; Teale & Yokota, 2000).

이 두 교수법의 대안으로 제기된 언어 교수법이 균형적 언어 교수법이다. 균형적 언어 교수법은 발음 중심 언어 교수법과 총체적 언어 교수법의 장점을 통합하고 단점을 보완한 교수법이다. 이 세 가지 교수법을 구체적으로 살펴보면 다음과 같다.

1 발음 중심 언어 교수법

1) 발음 중심 언어 교수법의 개념

발음 중심 언어 교수법은 행동주의 학습이론에 기초한 언어 교수법이다. 행동주의 학습이론의 핵심 개념인 강화와 모방, 설명과 지시, 반복적인 훈련 등을 통한 교사 중심의 직접적인 지도 방법을 강조한다. 발음 중심 교수법에서 언어지도의 목적은 유아가 글자를 올바로 부호화(encoding)하고 해독(decoding)하는 것이다. 유아가 읽기에 필요한 기초적인 지식과 기술을 습득하여 더 어렵고 모르는 글자들도 쉽게 읽고 쓸 수 있게 하는 것이다. 이때 읽기와 쓰기 지도는 위계적이고 체계적인 방법으로 진행되어야 한다. 복잡한 이야기를 유아에게 직접 제시하여 지도하기보다는 이야기를 위계적으로 분석한 후에 가장 단순한 글자, 단어, 문장, 문단, 이야기의 순으로 나아가며 체계적이고 위계적으로 언어를 지도할 때 효과적이다.

발음 중심 언어 교수법에서는 음성언어와 문자언어를 습득하는 방법이 다르다고 가정한다. 음성언어의 습득은 자연스러운 과정을 통해 가능하나 문자언어는 직접적이고 명시적인 방법으로 지도해야 한다고 주장한다. 언어의 가장 기초인 음운 지식을 습득한 후에 읽기와 쓰기가 가능하다. 따라서 읽기와 쓰기 습득을 위해서는 먼저 유아가 자・모 체계와 자・모 체계의 조합 원리들을 알고 처음 접하는 낱말들을 해독할 수 있어야 한다.

가장 단순한 글자에서부터 가장 복잡한 이야기로 나아가며 읽기와 쓰기가 이루어진다는 점에서 이 교수법을 상향식 접근(bottom-up approach)이라고 한다(주영희, 2001; Wortham, 1998). 이 상향식 접근에서 읽기를 처음 학습하는 유아는 읽기에 필요한 기초적인 지식인 자음과 모음의 체계나 결합원리, 단어를 해독하는 방법 등을 먼저 습득한 후에 문장, 문단, 이야기의 순으로 나아가며 학습한다(이차숙, 2004).

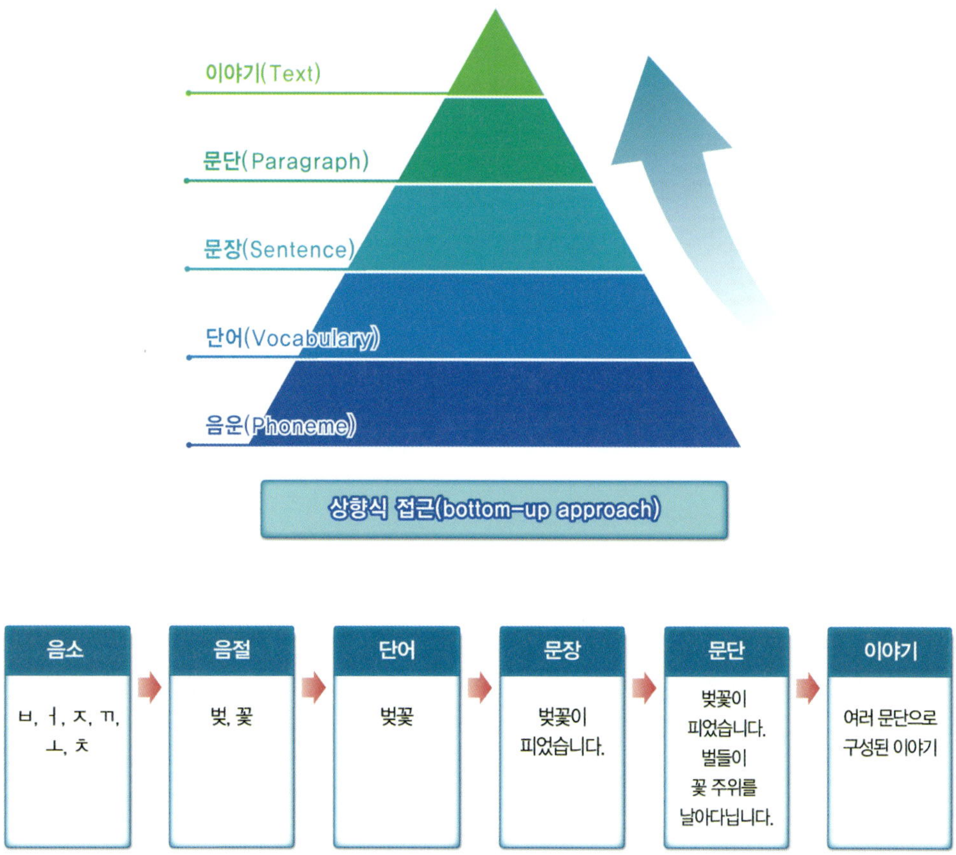

[그림 9-1] 발음 중심 교수법

그러나 발음 중심 언어 교수법은 언제부터 읽기 지도를 시작해야 하는지, 얼마나 직접적인 방법으로 글자와 말소리의 관계를 가르쳐야 하는지의 문제가 있다. 발음 중심 언어 교수법에서는 유아에게 처음 읽기를 가르치기 시작할 때부터 글자와 말소리의 관계를 직접 가르친다. 유아에게 글자와 말소리의 관계를 직접 가르치면 유아에게 논리적이고 체계적으로 언어학습을 시킬 수 있으며 빠르게 읽기 능력을 발달시킬 수 있다.

이러한 장점에도 불구하고 발음 중심의 언어 교수법으로 가르칠 때 지나치게 분석적이고 논리적이며 반복적이고 무의미한 학습으로 인해 유아가 읽기에 흥미를 느끼지 못하고 지루해한다는 비판을 받는다(이옥섭, 1999; Chall, 1967; Stanovich, 1986). 이에 따라 발음 중심 언어 교수법이 아닌 새로운 언어 교수법의 필요성이 대두되었고 대안으로 등장한 언어 교수법이 총체적 언어 교수법이다.

2) 발음 중심 언어 교수법 및 교수 내용

발음 중심 언어 교수법에서 음성언어는 직접적인 교수 없이 자연적으로 습득되나 문자언어는 직접적인 교수를 통해 지도하는 것이 효과적이다. 읽기와 쓰기 지도에서도 읽기를 먼저 지도한 후에 쓰기를 지도해야 한다. 발음 중심 언어 교수법에서 읽기 지도는 유아가 읽기에 필요한 가장 기초적인 지식과 기술을 먼저 습득하도록 지도한다. 유아가 읽기를 잘하기 위해서는 자음과 모음의 체계, 단어재인에 필요한 낱자지식과 음운인식, 말과 글의 대응 관계에 대한 이해와 같은 읽기의 기초지식과 기술을 먼저 습득해야 한다(이차숙, 2000). 쓰기를 잘하기 위해서도 왼쪽에서 오른쪽으로 읽기, 크기나 모양의 차이점과 공통점 알기, 공간 관계의 이해, 방향 개념, 물체의 관계와 위치에 대한 이해, 눈과 손의 협응력, 쓰기 목적에 대한 이해 등의 특정한 기술을 먼저 습득해야 한다.

> 음운인식이란 음성언어에서 사용되는 낱말들 속에 들어 있는 소리의 단위들을 지각하고 인식할 수 있는 능력으로 말소리의 최소 단위인 음소들을 결합하고 분절하고 빼고 삽입하고 대체할 줄 아는 능력이다(이차숙, 2003).

읽기와 쓰기 지도에서도 발음 중심 언어 교수법은 언어의 기능적인 사용을 강조하지 않고 언어의 형식적인 측면을 강조한다. 교사는 언어 모델을 직접 제시하고 유아가 반복해서 모방하고 연습하도록 한다. 이때 교사가 주로 사용하는 교수전략은 강화다.

발음 중심 언어 교수법을 통한 문해 지도에서 또래와의 상호작용은 거의 없다. 또래와의 상호작용보다는 교사의 형식적이고 직접적인 지도로 이루어지는 대집단 교수를 선호한다. 읽기 지도도 의미 있는 책 읽기 활동보다는 낱말 카드 읽기와 같은 읽기의 기초적인 기술을 익히는 활동이 주를 이룬다. 쓰기 지도는 출판된 연습지나 표준적인 글자를 따라 쓰는 활동으로 일상생활과 통합되지 않은 형식적인 지도가 대부분이다.

〈표 9-1〉 발음 중심 언어 교수법으로 지도할 수 있는 언어 활동

• 자음과 모음 조합해 보기	• 음절로 된 단어를 재구성하여 읽기
• 자음과 모음을 조합하여 낱자 쓰기	• 자음과 모음 도장 찍어 단어 만들기
• 동화 판에서 글자 찾기	• 음절 수 세기

발음 중심 언어 교수법을 통한 문해 지도는 유아가 반복과 연습이라는 무의미한 활동을 계속하기 때문에 책을 읽고 글을 쓰는 데 재미와 의미를 느끼지 못한다는 비판을 받는다. 그러나 최근 한글 지도와 관련된 연구에서는 한글이 다른 언어와는 달리 과학적이고 구조적이라는 특성으로 발음 중심 언어 교수법이 오히려 한글을 지도하는 데는 효과적이라는 주장들이 있다. 한글의 특성을 살펴보면서 왜 발음 중심 언어 교수법이 적합한지를 살펴본다(이차숙, 2003).

첫째, 한글은 모음 글자와 자음 글자가 따로 분리되어 있는 전형적인 음소문자(phonemic writing)다. 음소문자는 글자의 기본 단위가 음소로 이루어져 있는 문자를 말한다. 한글은 'ㄱ, ㄴ, ㄷ'의 19개의 자음과 'ㅏ, ㅑ, ㅓ'와 같은 21개의 모음이 뚜렷이 구별되고, 이 음소들이 모여 음절을 이룬다. 유아가 처음 글을 읽을 때 음소를 분석하여 천천히 발음하고 해독하는 것을 관찰할 수 있다. 따라서 한글 구조는 음소에서 음절, 음절에서 단어로 나아가며 글자를 해독하기에 적합하다.

둘째, 한글은 표음문자로 한 개의 낱자가 한 개의 소리로 이루어져 있다. 따라서 철자 음소대응의 관계가 매우 규칙적이다(김현자, 조증열, 2001). 그리고 한글에서는 같은 소리는 항상 같은 글자로 쓰고 다른 소리로 발음되지 않는다. 예를 들면, 한글에서 '나귀, 나비, 나리'의 '나'는 언제나 같은 소리로 읽는다. 즉, 글자의 형태가 같으면 언제나 같은 발음으로 읽을 수 있다. 한글의 이러한 구조는 유아가 문자를 쉽게 해독하고 동시에 철자법도 쉽게 배울 수 있게 한다(박권생, 1993). 따라서 소리와 글자의 대응 규칙을 분명히 가르쳐 주는 발음 중심 언어 교수법이 한글 지도에는 적합하다.

셋째, 한글은 음절 단위로 모아쓰기를 한다. 예를 들어, '과일'을 'ㄱㅗㅏ ㅇㅣㄹ'로 쓰지 않고 '과일'처럼 음절 단위로 모아쓴다. '과일'은 실제로 음소가 6개이지만 두 개의 음절로 구성되어 있고, 6개의 음소를 2개의 글자로 인식한다. 이처럼 한글에서는 단어를 음절로 쪼개기도 쉽고 음절을 음소로 쪼개기도 쉽다. 이처럼 한글은 자소와 음소의 대응이 규칙적이고 자음과 모음이 결합하여 음절을 이루는 글자 체

[그림 9-2] 한글을 배우는 유아

계를 가지고 있어 자소와 음소의 대응 규칙과 자음과 모음의 결합원리를 알게 되면 글자 해독이 쉽고 전이도 효과적이다.

발음 중심 언어 교수법의 특징은 다음과 같다.

- 문자언어는 음성언어와 달리 직접적인 교수를 통해 습득된다. 따라서 체계적인 학습 계획과 반복적인 연습을 강조한다.
- 자소와 음소의 대응 규칙을 체계적으로 지도할 수 있고 맞춤법 학습과 바른 글자 쓰기 지도에 도움이 된다. 습득한 규칙을 활용하여 새로운 낱말을 읽고 쓸 수 있는 학습 전이 또한 높다.
- 발음 중심 언어 교수법은 학습 과정에서 교사의 주도적인 역할을 강조한다. 상대적으로 학습의 과정에서 유아는 수동적인 학습자다. 교사는 직접적이고 체계적인 지도를 하며 주도적으로 학습을 이끌어 간다.
- 효과적인 문어 학습을 위해서는 체계적이고 단계적인 교수 계획이 중요하다. 유아의 문해 능력은 쉽고 단순한 수준에서 점차 어렵고 복잡한 수준으로 나아가는 방법으로 이루어져야 효과적이다.
- 쓰기 교육은 듣기, 말하기 지도가 충분히 이루어지고 읽기를 학습한 다음 이루어지는 게 효과적이다.

2 총체적 언어 교수법

1) 총체적 언어 교수법의 개념

총체적 언어 교수법은 구성주의와 상호작용주의 이론에 근거한 교수법으로 코메니우스(Comenius)를 비롯한 듀이(Dewey), 피아제(Piaget), 비고츠키(Vygotsky) 및 클레이(Clay) 등의 이론에 영향을 받아 등장하였고, 유아가 언어를 어떻게 배우는가에 관한 철학으로 교사의 현장 경험을 토대로 형성된 언어 교수법이다(Watson, 1998).

발음 중심 언어 교수법이 언어학습에 있어서 분석적이고 체계적인 방법, 반복 학습을 강조한다면 총체적 언어 교수법은 의미 있는 상황에서 유아의 흥미와 욕구를 기반으로 이루어지는 언어학습이다. 글자의 최소 단위인 자음과 모음에서 시작하여 문장이나 이야기를 학습하는 것이 아니라 의미와 맥락, 상황을 포함하고 있는 이야기에서부터 글자의 최소 단위인 글자로 나아가며 언어를 습득해야 한다는 것을 강조하는 교수법이다. 이런 의미에서 총체적 언어 교수법을 하향식 접근(top-down approach)이라고 한다.

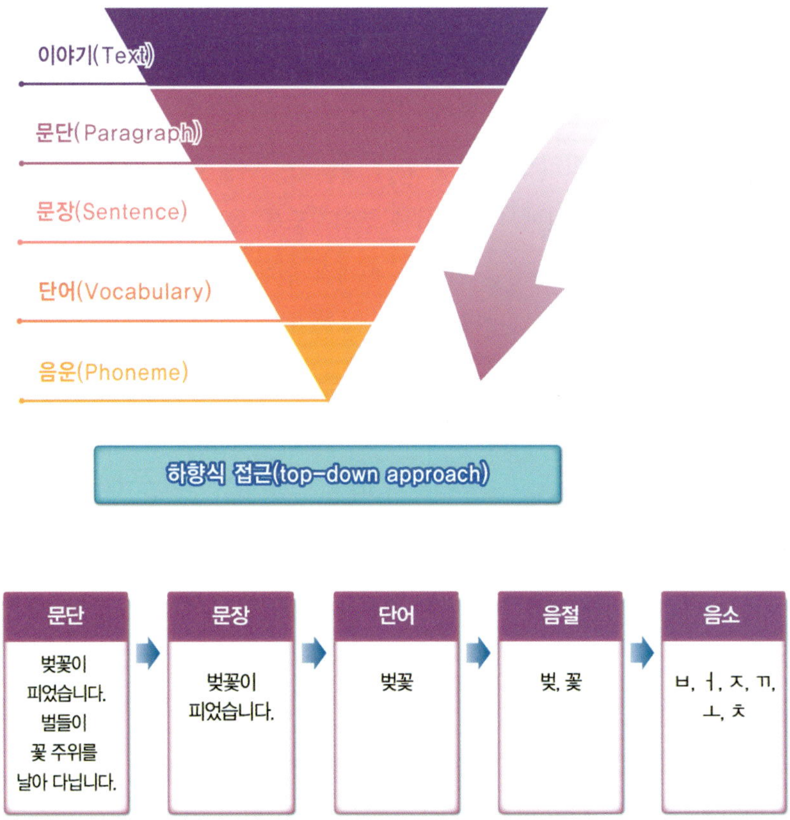

[그림 9-3] 총체적 언어 교수법

총체적 언어 교수법의 대표적인 학자이며 심리언어학자인 굿맨은 언어의 근본적인 기능에 가장 충실하게 교육할 때 유아는 언어를 재미있고 의미 있게 학습할 수 있다고 주장한다.

언어의 근본적인 기능은 사회 구성원 간의 의미 있는 의사소통이다. 따라서 실제적이고 목적이 있으며 의미 있는 상황이나 맥락 안에서 언어학습이 이루어질 때 가장 효율적으로 언어를 학습할 수 있다. 실제적인 목적과 의미 있는 상황이나 맥락 속에서 유아는 흥미와 내적 동기를 유발할 수 있어 재미있고 자연스럽게 언어를 학습한다(Goodman, 1989).

총체적 언어 교수법은 세 가지 측면에서 '총체적(Whole)'인 언어학습이 이루어져야 한다(박혜경, 1991; Goodman, K., 1986).

첫째, 총체적 언어교육은 전체 맥락이나 의미 있는 상황을 강조한다. 맥락이나 상황과 분리되어 제시되는 낱자를 단순히 암기하도록 하는 것은 무의미하며 언어학습을 더욱 어렵게 한다. 유아는 자신의 생활 맥락이나 상황이 포함될 경우 언어를 더 쉽게 학습하고 언어에 흥미와 관심을 가지기 때문이다. 유아는 자신에게 의미가 없는 것에는 관심과 흥미가 없다. 따라서 언어교육의 기본 단위는 무의미한 '낱자'가 아니라 상황과 맥락이 포함된 '의미'의 덩어리가 되어야 한다. 따라서 유아에게 실제적이고 목적이 있는 의미 있는 상황이나 맥락 안에서 학습이 이루어지도록 문해 학습 환경을 구성할 필요가 있다.

둘째, 문해 발생의 관점을 따르는 총체적 언어 교수법에서 듣기, 말하기, 읽기, 쓰기 능력은 분리되어 발달하는 것이 아니라 통합적으로 상호작용하며 발달한다. 따라서 언어교육은 언어의 4가지 영역을 인위적으로 분리하여 가르치기보다는 통합적으로 가르쳐야 한다. 유아가 좋은 글을 읽고 듣게 되면 자신의 느낌이나 감정 혹은 생각을 말이나 글쓰기로 나타내고 싶어 한다. 글쓰기에서 배운 낱말이나 문장은 동시에 유아의 읽기와 듣기에 도움을 주는 등 듣기, 말하기, 읽기, 쓰기는 상호작용하며 발달해 간다.

셋째, 언어교육은 언어의 4가지 영역인 듣기, 말하기, 읽기, 쓰기의 통합뿐만 아니라 교육과정이 통합적으로 이루어져야 한다. '여름'이라는 주제를 놓고 동시를 감상하고 숫자를 세는 수·과학 활동을 하며 여름과 관련된 노래를 부르며 여름에 인상 깊었던 일들을 그림으로 그리는 등의 통합 교육과정을 생각할 수 있다.

따라서 총체적 언어 교수법 언어지도는 의미 있고 자연스러운 언어가 사용되어야 하고 단편적 조각이 아닌 총체적인 언어를 사용해야 한다. 기능적인 언어를 사용해야 하며 의미 있는 맥락 속에서 학습이 이루어져야 한다.

〈표 9-2〉 유아가 언어를 쉽게 학습하게 하는 것(Goodman, K., 1986)

• 언어가 실제적이고 자연스러울 때	• 언어가 의미의 덩어리일 때
• 언어가 의미를 파악할 수 있을 때	• 흥미로울 때
• 언어학습이 나와 관련이 있을 때	• 언어학습이 실제 사건과 관련이 있을 때
• 사회적 실용성이 있을 때	• 학습자가 자발적으로 언어를 사용하려고 할 때
• 학습자가 이해할 수 있을 때	• 학습자가 언어 사용의 주도권이 있을 때

2) 총체적 언어 교수법 및 교수 내용

총체적 언어 교수법에서는 '의미의 이해'를 중요시한다. 이것은 유아에게 흥미와 동기를 유발하지 못하는 언어학습은 무의미하다는 뜻이다. 따라서 유아가 자연스러운 상황에서 다양한 언어를 경험하는 기회를 많이 제공해야 한다. 의미 있는 언어학습은 유아가 언어 활동에 능동적으로 참여할 때 가능하다. 유아가 언어 활동에 능동적으로 참여하도록 교사는 직접적으로 지도하거나 지시하기보다는 안내자가 되어야 한다. 교사는 유아 개개인에 대해서도 충분히 알고 개별 유아에게 적합하고 다양한 언어 경험을 제공하기 위하여 세밀한 언어지도 계획을 세워야 한다(박성방, 1997).

총체적 언어 교수법에는 문학을 활용한 방법과 언어 경험을 활용한 방법이 있다. 문학을 활용한 방법은 아동극, 동요나 동화 구연 활동 등 문학을 통해 언어를 지도한다. 교사가 문학작품을 활용하여 일상생활 속에서 읽기와 쓰기를 경험할 수 있는 자료들을 제공하고 이 자료들과 관련된 활동을 할 수 있도록 한다. 예를 들어, 먼저 동시나 노래로 동기를 유발한 후에 책의 제목이나 내용을 예측하는 활동을 하고 지은이 소개 등으로 책을 소개한다. 다음으로 책을 읽는 활동을 한 후 책의 내용과 관련된 경험을 나누거나 읽었던 책의 내용을 개작 또는 창작해 보는 방법으로 수업이 진행될 수 있다. 동화나 동시 구연 활동, 아동극 등은 총체적 언어 교수법의 좋은 예이며, 언어의 네 가지 영역인 '듣기, 말하기, 읽기, 쓰기를 통합하여 지

[그림 9-4] 성인과 책 읽기하는 유아

도할 수 있는 장점이 있다(엄기원, 1997; 정숙경, 2001).

언어 경험을 활용한 방법은 유아들이 경험하고 생각한 것을 말하게 하고 말할 수 있는 것은 쓸 수 있으며, 유아들이 쓴 것은 읽을 수 있다는 관점에서 이루어지는 언어지도 방법이다(Allen, 1973). 지도 방법은 유아가 먼저 경험할 수 있도록 견학, 실험, 산책 등의 다양하고 구체적인 활동을 구조화한다. 다음으로 유아가 경험한 것을 이야기하는 시간을 갖도록 하고 유아가 이야기한 내용을 받아 써 주고 다시 기록한 자료를 혼자서 혹은 다른 사람과 함께 읽는 시간을 갖는다. 그 후에 읽은 자료를 전시하는 등의 활동으로 구성되고 진행된다. 언어 경험을 통한 언어지도는 유아의 경험을 기초로 이루어지기 때문에 실생활에서 익숙한 낱말이나 문장이 주를 이룬다. 이것은 유아의 언어학습에 대한 동기와 흥미를 유발할 수 있는 이점이 있다.

총체적 언어 교수법을 통한 언어지도의 특징은 다음과 같다.

- 총체적 언어 교수법은 기능적이고, 자연스럽고, 실제적이고, 의미를 강조하는 언어 교수법이다. 이 교수법의 목적은 단순히 철자를 해독하는 것이 아니라 언어의 본래 기능인 다른 사람과 원활하게 의사소통을 하는 것이다.
- 유아는 출생 시부터 문해 능력이 발달하고 각 연령 별로 서로 다른 방식으로 발달한다. 읽기와 쓰기는 분리되어 발달하기보다는 통합적으로 발달하기 때문에 언어교육은 읽기와 쓰기를 통합하는 다양한 활동을 통해 이루어져야 한다.
- 교사는 또래 간 상호작용이 활발하게 일어나도록 유아에게 기회를 많이 주고 서로 자연스러운 언어로 친숙한 이야기를 나누도록 격려한다.
- 또래 교수 활동이 많이 일어나도록 격려하며 쓰기에서도 협동적인 작업을 많이 한다.
- 문자 언어학습은 의미 있는 맥락 안에서 이루어져야 하며 유아의 관심과 흥미, 내적 동기가 우선되어야 한다. 따라서 언어학습은 자연스러운 상황 속에서 기능적이고 실질적으로 이루어져야 한다.
- 교사는 유아의 언어적 경험을 듣고 이야기하는 활동을 많이 하고 유아들이 읽기와 쓰기를 실험할 수 있는 유사 읽기(pretending reading) 행동과 창안적 글자 쓰기(invented spelling) 활동을 격려한다.
- 다양한 흥미 영역에서의 읽기와 쓰기 활동이 이루어지며 극화 활동에서도 읽기와

쓰기가 일어난다.

- 언어의 각 구성요소는 전체와 연관될 때 의미가 있다. 따라서 언어의 각 구성요소를 분리하지 않고 전체로 가르칠 때 효과적이다.
- 듣기, 말하기, 읽기, 쓰기는 서로 연관되어 있으며 동시적으로 일어난다. 그러므로 글자를 바르게 읽거나 쓰는 것이 중요한 게 아니라 영유아가 읽기, 쓰기를 일상에서 실제로 사용해 보고 직접 경험하는 것이 중요하다.
- 영유아는 지식을 능동적으로 구성해 나간다. 자기 주도적인 언어 활동이 일어날 수 있는 문해 환경을 제공하는 것이 중요하다.
- 교사의 역할은 유아의 언어학습을 도와주는 지원자의 역할이어야 한다. 교사는 유아가 다양한 문해 활동에 참여할 수 있도록 풍부한 문해 환경을 만들어 주고 문해 활동을 지지해 주는 역할을 해야 한다.

3 균형적 언어 교수법

1) 균형적 언어 교수법의 개념

언어지도를 위한 균형적 언어 교수법은 발음 중심 언어 교수법과 총체적 언어 교수법의 장점을 통합하고 단점을 보완하기 위해 제시된 언어 교수법이다. 유아에게 의미를 이해하게 하는 총체적 언어 교수법으로 언어지도를 하면서 동시에 읽기와 쓰기의 효과적인 지도를 위해 읽기와 쓰기의 기초능력을 직접 함께 지도하는 방법이다(노상혜, 2012). 총체적 언어 교수법과 발음 중심 언어 교수법을 단순히 절충하거나 병행해 지도하는 것이 균형적 언어 교수법이라고 생각하는 경우가 많으나 균형적 언어 교수법은 이 두 접근을 단순히 병행해 지도하는 언어 교수법이 아니다. 균형

[그림 9-5] 혼자서 책 읽는 유아

적 언어 교수법은 총체적 언어 교수법의 신념과 철학을 바탕으로 개별 아동의 수준과 발달적 요구에 따라 읽기와 쓰기의 기초적인 교육을 하는 것이다(전유영, 2011). 이것은 교사 주도의 직접적 교수와 아동 중심의 간접적 교수 간의 균형, 읽기와 쓰기의 기초능력을 강조하는 발음 중심 언어 교수법과 의미 중심의 총체적 언어 교수법 간의 균형, 교사 주도의 계획된 지도와 개별 유아의 특성과 상황을 고려한 지도 간의 균형을 의미한다.

균형적 언어 교수법은 다양한 책이나 자료를 활용하여 읽기와 쓰기의 모든 과정을 유아에게 의미 있도록 구성하여 체계적인 읽기, 쓰기의 기초기술을 가르친다. 발음 중심 언어 교수법이 부분에서 전체로, 총체적 언어 교수법이 전체에서 부분으로 나아가는 교수법이라면 균형적 언어 교수법은 전체에서 부분으로, 다시 전체로 나아가는 교수방법이다(Strickland, 1997). 전체의 단계에서는 유아가 의미 있는 맥락에서 흥미를 가지고 참여하게 하는 총체적 언어 교수법으로 진행하고 부분의 단계에서는 읽기, 쓰기의 기초적인 기술을 직접적이며 명시적인 방법으로 지도한다. 그리고 다시 전체의 단계로 돌아가 의미 이해나 구성을 위한 활동 시간을 가진다. 이때 유아가 이해하고 있는 것을 중심으로 의미 있는 활동을 구성하도록 한다(전유영, 2011; 한유미, 김혜선, 권희경, 2022). 이러한 활동 단계들은 고정되어 진행되기보다는 개별 유아의 특성과 목표에 맞춰 하향식 접근법과 상향식 접근법을 융통성 있게 사용한다(Cramer, 2003).

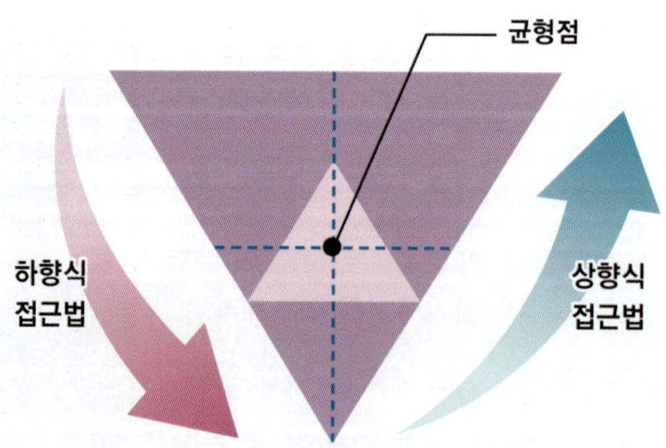

[그림 9-6] 균형적 언어 교수법

실제로 균형적 언어 교수법이 적용되는 교수전략을 보면 음운 인식과 같은 기본 기술을 문학을 통해 가르치고, 대집단, 소집단, 개별 활동이나 일대일 활동, 교사가 주도하는 활동과 유아가 혼자 하는 활동 등 집단 구성을 다양하게 하여 다양한 수준에서 교수 활동이 이루어진다. 문해 기술과 함께 내용 지식도 향상되도록 흥미 있는 활동을 선정하고 과정 지향적 방식으로 지식을 형성하도록 한다.

균형적 언어 교수법에서 교사의 역할은 매우 중요하다. 유아의 특성과 언어 발달 정도, 환경 등을 파악하여 적절한 균형점을 찾아 교육해야 하기 때문이다. 그러나 총체적 언어 교수법과 발음 중심 언어 교수법을 어떻게 절충하고 균형점을 찾을 것인지에 대한 분명한 안내가 없어 현장 교사들은 혼란스러워한다. 두 접근법 중 어느 방법으로 먼저 지도할지 또 읽기의 기초기능들을 가르친다면 어느 정도로 지시적이고 명시적으로 해야 할지 등 언어지도 방법에 대한 명확한 기준이 없어 교육현장에서 균형적 언어 교수법이 효율적으로 사용되기 어려운 면이 있다(이차숙, 2004).

2) 균형적 언어 교수법 및 교수 내용

균형적 언어 교수법은 총체적 언어 교수법과 같은 방법으로 유아의 흥미와 경험, 의미를 강조하는 방법을 사용하나 총체적 언어 교수법과는 달리 철자 지도가 체계적으로 이루어진다. 즉, 음소 인식 능력, 단어식별, 자음과 모음에 대한 지식, 글자와 소리의 대응 관계에 대한 체계적인 지도가 이루어진다. 이것은 균형적 언어 교수법이 유아 언어지도를 이야기, 문장, 낱말, 낱자 순으로 가르치는 총체적 언어 교수법의 틀 속에서 낱자, 낱말, 문장, 이야기 순으로 가르치는 발음 중심 언어 교수법을 병행하기 때문이다(이경화 외, 2014).

이 두 관점을 병행하는 방법으로는 전체에서 부분으로, 부분에서 다시 전체로 나아가는 전체-부분-전체의 방법이 있다. 첫째, 단계의 전체에서는 의미를 중심으로 상호작용을 하면서 유아의 관심과 흥미를 유발하는 수업을 진행한다. 둘째, 부분 단계에서는 읽기와 쓰기의 기초기능들을 직접적이고 명시적으로 지도한다. 마지막 전체 단계에서는 다시 의미나 이해 중심으로 돌아가 문학을 통한 읽기와 쓰기를 지도한다.

이러한 전체-부분-전체의 방법을 한글 지도에 적용해 보면, 첫째 단계인 전체 단계에서는 의미 중심의 방법을 적용하여 자형이 간단하고 의미도 쉬운 단어나 문장을 제시하여 읽기에 대한 흥미를 유발하도록 한다. 두 번째 부분 단계에서는 자음과 모음의 형태와 음을 변별하고 결합, 분리하는 발음 중심 언어 교수법을 적용하여 지도한다. 이때 유아가 쉬운 글자도 읽을 수 있을 정도까지만 계속하여 반복한다. 세 번째 전체 단계에서는 유아가 쉬운 글자를 거의 읽게 되면 다시 의미 중심 방법으로 돌아가 간단한 이야기, 동화를 읽도록 지도한다(김은심, 조정숙, 2021).

균형적 언어 교수법의 특징은 다음과 같다.

- 단어재인 능력이나 어휘력, 읽기 전략과 같은 기술적인 지식과 함께 의미해석과 이해력, 책에 대한 흥미와 같은 총체적인 지식도 중요하다고 본다.
- 읽기 이해력을 높이기 위해서는 의미 중심 교육이어야 한다. 문학을 통한 말하기, 듣기, 읽기, 쓰기가 통합된 풍부한 문해 환경 내에서 이루어져야 한다. 음운 인식, 음소, 해독 능력을 가르치기 위해서 의미 있는 맥락 안에서 직접적이고 체계적인 음운 인식의 기초적인 기술을 가르친다.
- 개별 유아의 특성을 고려하여 개별학습으로 지도한다. 유아의 특성과 수준이 다르므로 이에 적절한 교수법을 사용해야 한다.
- '전체-부분-전체'의 방법으로 지도한다. 읽기와 쓰기 학습의 중심은 의미의 습득이다. 따라서 처음에는 총체적 언어 접근법에서처럼 읽기기술이 포함된 글을 제시하고 의미에 대한 지식을 습득 후 읽기의 기초기능 등을 가르치며 의미 구성을 한다.
- 교사의 역할이 매우 중요하다. 어느 한쪽을 지나치게 강조하거나 제한하는 것이 아니라 유아의 특성에 맞는 균형점을 찾는 것이 중요하다.

〈표 9-3〉 균형적 언어 교수법: 쓰기 지도 예

<table>
<tr><th>구분</th><th>활동요소</th><th>내용</th></tr>
<tr><td rowspan="3">교사주도 활동</td><td>짧은 편지 써 주기</td><td>• 유아들에게 전할 말과 사랑의 편지 써 주기</td></tr>
<tr><td>메모, 차트 쓰기</td><td>• 지시사항이나 전할 말을 메모판에 써 주기
• 친구들에게 하고 싶은 말을 메모판에 써 놓기</td></tr>
<tr><td>쓰기 지도하기</td><td>• 자·모음 구성하면서 써 보기
• 잘 틀리는 글자 써 보기
• 획순에 따라 써 보기
• 올바르게 쓰는 태도 알아보기
• 쓰는 시범을 보이기</td></tr>
<tr><td rowspan="2">교사-유아 상호주도 활동</td><td>함께 쓰기</td><td>• 인터뷰하고 그 내용을 함께 쓰기
• 글자 스크랩북 만들기</td></tr>
<tr><td>쓰기 경험하기</td><td>• 단어카드 만들기
• 좋아하는 글자 써 보기
• 동화 듣고 느낌 써 보기</td></tr>
<tr><td rowspan="3">유아주도 활동</td><td>편지 쓰기</td><td>• 선생님과 부모님, 친구에게 편지 쓰기
• 이야기에 나오는 등장 인물에게 편지 쓰기</td></tr>
<tr><td>책 만들기</td><td>• 내 책 만들기
• 친구들과 함께 이야기책 만들기
• 동화 내용 요약하여 책 만들기</td></tr>
<tr><td>저널 쓰기</td><td>• 쓰고 싶은 내용 쓰기
• 우리 집 새 소식에 대해 쓰기
• 이야기 꾸며서 써 보기
• 주제에 따라 글 써 보기</td></tr>
</table>

출처: 엄윤재(2004), p. 35.

활동 9-1 활동 계획안을 작성하기

세 가지 언어 교수법의 특징을 고려하여 활동 계획안을 작성해 봅시다.

1) 발음 중심 언어 교수법

2) 총체적 언어 교수법

3) 균형적 언어 교수법

10

언어 지도를 위한 환경 구성

10 언어 지도를 위한 환경 구성

일과 중의 다양한 상호작용과 구조화된 활동 가운데 영유아의 언어를 지도하게 된다. 이를 위하여 언어 지도의 구체적 목표를 구현하는 다양한 언어적 경험이 이루어지도록 환경을 구성한다. 보육실 내에 언어 영역을 계획적으로 조성하는 것과 함께 실내외 다양한 활동 영역에서도 자연스럽게 언어적 경험이 이루어지도록 풍부한 언어 환경을 조성할 필요가 있다. 언어 지도를 위한 환경 구성 시 고려할 점과 연령별 환경 구성의 방법은 다음과 같다.

1 언어 지도를 위한 환경 구성의 지침

영유아의 언어 발달을 자극하고 지원하는 환경을 구성하기 위해 다음을 고려한다.

- 자연스럽게 듣기와 말하기를 활성화하는 환경, 읽기 및 쓰기를 자극하고 지원하는 환경으로 구성한다. 함께 의논하고 협력해야 하는 활동을 비롯해 언어적 상호작용을 매개로 하는 활동을 하게 되면 영유아 간에 자연히 듣기, 말하기가 활성화된다. 의사소통이 활발하게 이루어지는 놀이가 지속되도록 활동 영역을 효과적으로 구분하고 독립성을 확보해 줌으로써 영유아들은 활동 가운데 듣고 말하기에 더 집중할 수 있다.

[그림 10-1] 언어 및 의사소통을 지원하는 환경

- 영유아가 생활하는 실내외를 문자가 풍부한 환경으로 조성한다. 글자를 비롯한 상징은 영유아의

눈높이에 맞게 그리고 시선을 끌도록 제시한다. 일과표나 영역 활동의 규칙 등을 시각적 그림 자료와 글씨로 써 두면 자연스럽게 글자와 낱말을 접하게 된다. 읽기에 익숙하지 않은 유아도 자신이 알고 있는 글자나 숫자, 기호를 접하면서 읽기를 시도할 수 있다. 정보를 담은 게시물, 활동 내용이나 결과를 기록하는 활동지 등은 읽기 및 쓰기의 필요성을 느끼고 실행해 볼 계기가 된다.

- 영유아의 발달수준과 특징, 성숙도, 요구, 흥미, 개인차를 고려하여 다양한 언어적 경험과 자극을 제공하는 환경을 구성한다. 영유아가 구체적이고 직접적인 경험을 하고 조작하는 과정에서 학습할 기회를 갖도록 다양한 수준의 활동과 교재교구를 마련한다. 언어 관련 영역을 특정 목표에 맞게 구성하고 영유아가 스스로 활용할 수 있는 교재교구를 제공함으로써 기대하는 놀이경험이 일어나고 이를 통해 영유아의 언어 발달이 이루어지게 된다.
- 듣기, 말하기, 읽기, 쓰기 학습에 도움이 되며 흥미를 유발하는 여러 가지 교육 자료를 제공한다. 적절한 교재교구는 영유아로 하여금 말과 글에 관심을 갖게 돕고 그 관계를 인지할 기회를 준다. 더불어 활동 시 주의를 집중하게 해 주고 참여를 유발한다. 감각적으로 주의를 끄는 교재교구나 호기심을 유발하는 교재교구를 제공하며 주기적으로 자료를 교체하여 배치한다.
- 제공된 언어 자료와 환경 구성은 영유아의 실생활을 반영해야 하며 영유아에게 의미 있는 것이어야 한다. 유아의 흥미, 경험, 발달단계, 놀이의 주제 등을 고려하여 환경을 준비해야 하며 유아가 언어 사용의 필요성과 목적을 이해할 수 있도록 기능적이고 유목적적인 맥락을 제공하는 것이 중요하다(고문숙, 김은심, 유향선, 임영심, 황정숙, 2014). 예를 들어, 유아들이 이용하는 교통수단에 관해 이야기 나누면서 듣기, 말하기 경험을 갖고 주제 관련 견학활동을 위해 사전 조사하거나 질문 목록을 만들

[그림 10-2] 발표를 준비하며 기대하는 것에 대한 기록

면서 읽기, 쓰기 활동을 한다. 자신들이 수행한 활동 결과를 소개하거나 발표하기 위해 말하기 및 쓰기 경험을 갖고 교사는 그 산출물을 환경 구성에 반영할 수 있다.

- 언어의 네 영역이 통합적 활동으로 이루어지도록 자료를 제시한다(고문숙 외, 2014). 활동 특성 및 목표에 따라 듣기, 말하기, 읽기, 쓰기 활동이 별개로 이루어질 수도 있고 듣기와 말하기 또는 읽기와 쓰기, 읽기와 말하기 등이 통합적으로 이루어질 수 있다. 예를 들어, 다양한 의성어를 듣거나 여러 가지 사물의 소리를 듣고 비교하는 활동에 이어서 들은 소리를 활용해 동시를 지어 봄으로써 듣기와 쓰기 경험을 통합할 수 있다. 언어의 영역 간 통합적 활동이 이루어지도록 활동과 교재교구를 배치한다.
- 언어영역에서의 활동 외에 타 영역에서도 언어 활동이 통합될 수 있도록 도모한다. 유아들이 진행하는 놀이의 주제를 바탕으로 어떤 영역 간의 통합이 이루어질 것인지를 예측하여 환경을 배치한다. 예를 들어, 역할놀이 영역과 언어영역이 인접해 있으면 역할놀이를 하면서 듣기, 말하기, 읽기, 쓰기 활동의 통합이 가능하다. 언어영역과 인접한 컴퓨터 영역도 다양한 언어적 활동의 통합을 촉진한다. 또한 공간 크기를 융통성 있게 구성하여 다양한 상호작용이 이루어질 수 있게 한다. 영유아가 짝을 이루어 활동하거나 소집단으로, 중집단으로 활동할 수 있도록 한다.

ㄹ 연령별 환경 구성과 활용

연령별 언어 관련 영역의 환경 구성과 활용의 방법은 다음과 같다.

1) 0~1세 영아 보육실

0~1세 영아 보육실은 일상생활이 이루어지는 영역과 놀이를 위한 영역을 구분하여 구성한다. 일상생활 영역은 수유 및 이유식 또는 식사와 간식을 위한 영역, 낮잠 및 휴식을 위한 영역, 기저귀 갈기나 대소변 지도를 위한 영역을 포함한다.

영아의 섭식, 낮잠 및 휴식 그리고 용변을 지도하고 돕는 과정에서 교사는 영아와 언어적·

비언어적으로 상호작용하게 된다. 예를 들어, 기저귀 가는 영역에서 기저귀를 갈아 주는 동안 영아의 이름을 불러 주며 눈을 바라보고, 교사의 목소리를 들려주면서 영아가 교사의 목소리와 표정에 주의를 기울여 듣고 반응할 기회를 준다. 의사소통의 기초가 되는 언어 및 비언어적 주고받기를 경험하는 좋은 기회다. 식사 및 간식을 준비하고 함께 나누면서 음식의 맛이나 이름, 관련 경험을 말하고 듣는 시간을 가질 수 있다. 일상생활 영역에서 개별적 상호작용이 잘 이루어지도록 환경을 구성함으로써 교사는 듣기 및 말하기의 모델이 되어 주고 영아에게 개별적으로 듣기 및 말하기 지도를 실행할 수 있다.

0~1세 영아 보육실의 놀이영역은 신체 및 움직임, 언어 및 의사소통, 역할 및 쌓기, 탐색 및 표현을 위한 활동 영역을 구성할 수 있다. 영아의 놀이 활동이 대부분 개별적으로 전개되므로 교사는 영아와 언어적·비언어적으로 상호작용하면서 영아의 놀이를 관찰하기도 하고 지원·격려한다. 예를 들어, 1세 영아가 소꿉놀이감을 가지고 놀이하면서 교사와 눈을 맞추는 경우 놀이 관찰을 기초로 "냠냠, 맛있는 밥이구나." "달걀도 있네." 등과 같은 언어적 반응이나 표정과 몸짓 등의 비언어적 반응을 보여 줄 수 있다. 교사는 영아가 놀이에 흥미를 가지고 몰입할 수 있는 환경을 구성하고 영아의 언어적 상호작용을 직·간접적으로 지도하거나 지원할 수 있다.

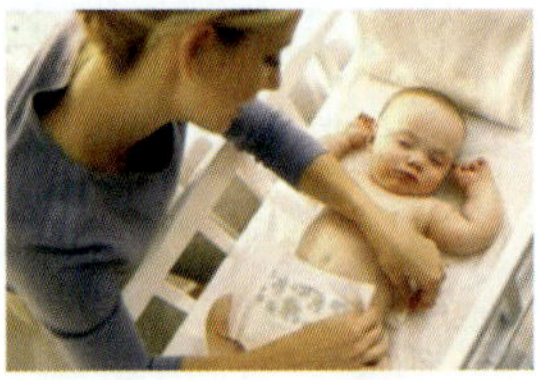

[그림 10-3] 기저귀 갈아주며 언어적으로 상호작용하는 모습

(영아의 얼굴을 바라보며)
"○○이, 쉬 했구나, 기저귀 갈자, 축축하겠구나,
(영아의 얼굴을 바라보며)
"기저귀 다 갈았단다. 보송보송해졌네. ○○이 기분이 어때?"

- 얼굴과 눈을 바라보며 말하고 듣는 의사소통의 과정을 경험한다.
- 영아는 기저귀 가는 것에 관한 표현을 들을 기회가 된다.
- 영아의 표정과 반응을 읽어 주며 듣기에 이은 말하기의 과정을 접하게 해 줄 수 있다.

그중 언어 및 의사소통을 위한 영역은 듣기, 말하기, 읽기와 쓰기를 통합적으로 경험하도록 구성한다. 영아는 주로 교사가 읽어 주는 내용을 듣거나 함께 책을 보게 된다. 자연스럽게 듣기와 말하기를 경험하도록 하고 읽기와 쓰기 자료를 놀이감으로 접하도록 한다. 예를 들어, 영아들은 동물 소리나 동작을 흉내 내는 것을 재미있어 한다. 이를 고려해 영아들에게 친숙한 동물의 소리를 녹음한 자료와 동물 사진 또는 동물 모형을 마련한다. 강아지, 고양이, 소, 돼지, 개구리 등의 소리를 녹음한 자료와 각 동물의 사진이나 모형, 인형을 준비할 수 있다. 영아와 함께 녹음된 소리를 듣고 해당하는 동물을 찾아보고 소리나 동작을 흉내 내는 놀이를 할 수 있다.

언어 및 의사소통을 위한 영역은 편안하게 책을 보고 즐길 수 있도록 조용하고 채광이 좋은 곳에 정한다. 움직임이나 소음이 크게 일어나는 영역과 거리를 두고 배치하는 것이 좋다. 이 영역에 큰 쿠션이나 영유아용 소파를 마련하고 바닥에 부드러운 카펫이나 매트를 깔면 아늑한 분위기를 조성하는 데 도움이 된다.

[그림 10-4] 각종 봉제 인형, 손 인형, 손가락 인형 등 말하기, 듣기 자료

말하기와 듣기 활동을 할 때, 그림책이나 동화를 읽어 줄 때 영아의 주의를 집중시키고 흥미를 유발하는 데 활용할 수 있다.

다음과 같은 교재교구를 비치할 수 있다.

- 인형(손 인형이나 손가락 인형, 모자 인형, 동물 인형 등 세척이 가능한 인형), 가면, 전화기, 휴대전화, 까꿍 놀이 자료, 녹음기, 오디오와 음반 및 테이프(다양한 주제의 이야기, 친근한 사람들의 목소리, 운율이 있는 언어 놀이나 짧은 노래를 녹음한 것) 등
- 소재와 내용, 구성에서 다양한 책(예: 넘기기 쉬운 딱딱한 종이책, 여러 가지 촉감을 느낄 수 있는 헝겊책, 비닐책, 소리 나는 책, 의성어와 의태어가 반복되어 운율과 리듬감이 있는 책, 배변 훈련 등과 같은 일상생활의 습관을 다룬 내용이 담긴 책, 감각 발달을 위한 감각 놀이 책, 글자가 적고 그림이 선명한 작은 책 등)
- 친숙한 그림 자료나 사진 자료(예: 동식물, 놀이터 놀이기구, 영아의 가족, 반 친구들 모습 등)
- 종이(예: 긁적거리기 활동을 위한 전지나 신문지 또는 커다란 박스 종이 등) 및 쓰기 도구(예: 무독성 크레파스, 찍기 도구-동물, 꽃, 문양, 모양 등)

[그림 10-5] 딱딱한 종이책, 헝겊책, 소리 나는 책, 친숙한 그림 자료 등 말하기, 듣기, 읽기 자료

2) 2세 영아 보육실

2세 영아 보육실은 식사 및 간식, 낮잠 및 휴식을 위한 일상생활 영역과 놀이를 위한 영역으로 구성한다. 교사의 개별적 도움이 많이 필요한 1세 이하 영아에 비해 식사나 낮잠 준비 등에서 영아의 주도적 참여가 증가한다.

일상생활 중 개별적 상호작용이나 소집단 상호작용 과정에서 영아 각각의 발달 수준에 따라 교사가 지원하면서 언어를 지도할 수 있다. 예를 들어, 등원 후 가방과 신발을 정리하면서, 간식시간에 현재의 기분이나 직전의 놀이에 관해 대화하면서 직·간접적으로 듣기 및 말하기 지도가 이루어진다. 산책이나 바깥 놀이 중에 발견한 곤충이나 열매를 계기로 이야기를 나누거나 묻고 답하면서 듣기 및 말하기 지도가 이루어질 수 있다. 영아는 교사를 통해 얼굴과 눈을 바라보면서 말하고 주의 깊게 듣는 의사소통의 과정을 경험할 수 있다. 또한 상황과 맥락에 관련된 낱말과 표현을 들을 기회가 되며, 자신의 생각을 나타내는 더 적절한 낱말을 듣고 스스로 그러한 표현을 사용할 기회도 갖는다.

놀이 및 활동을 위한 영역은 신체, 언어, 역할, 쌓기, 탐색·조작, 창의적 표현 등으로 구성할 수 있고 각 영역에서의 놀이 활동 중에 나타나는 영아 간 상호작용 및 영아-교사 간의 상호작용 중에 언어 지도가 이루어질 수 있다. 예를 들어, 쌓기 영역에서 영아들이 함께 구조물을 만들며 서로 말을 주고받을 때나, 교사와 영아 간에 질문하고 답할 때 듣기·말하기를 경험하고 지도할 기회가 된다. 교사는 영아들이 서로 의사소통하는 모습을 관찰하며 해당 영아의 듣기와 말하기 수준을 파악하고 지도가 필요한 부분을 판단할 수 있다. 잘 들어 주고 질문하며 필요에 따라 적절한 어휘나 문장 표현을 도와줄 수 있다. 탐색 및 조작 영역에 비치한 여러 가지의 모양 퍼즐을 가지

[그림 10-6] 등원 후 신발 정리하는 영아와 언어적 상호작용하는 모습

출처: 보건복지가족부(2008), p. 84.

"○○ 신발을 어디에 놓으면 좋을까"
"여기에 △△친구의 사진이 있네. ○○ 사진이 있는 자리도 찾아볼까"

- 교사는 영아의 표정과 반응을 읽어 주며 듣기의 태도와 말하기의 모델이 되어 줄 수 있다.
- 영아의 표정과 반응을 읽어 주며 말하기를 통해 언어적 상호작용에 참여할 기회를 줄 수 있다.

고 활동하면서 영아는 모양을 변별하는 경험을 갖게 되는데, 이는 글자를 인지하여 읽고 쓰는 기술의 기초가 된다. 창의적 표현 활동 중 손이나 손가락으로 표현하고, 물감이나 반죽을 이용해 모양을 그리거나 만드는 활동도 쓰기와 관련된 의미 있는 경험이 된다. 이렇게 영아의 놀이를 지켜보고 말을 들어 주거나 질문에 답하는 가운데 그리고 교사도 영아의 활동 과정이나 결과에 관한 질문을 하면서 언어를 지도할 수 있다.

[그림 10-7] 언어 영역의 모습과 교재교구

출처: 보건복지가족부(2008), p.26.

활동 영역 중 언어 관련 영역은 주변의 시각적·청각적 자극으로 인해 주의가 분산되지 않도록 밝고 소음이 적은 위치에 배치한다. 낮은 책상을 두거나 카펫, 쿠션 등을 두면 영역을 명확히 구분하고 안정감을 주는 데 도움이 된다. 영아가 스스로 책과 교구 등을 관리할 수 있도록 낮은 책꽂이와 교구장을 둔다.

듣기, 말하기, 읽기, 쓰기에 관련된 활동을 할 수 있도록 다음과 같은 다양한 교재교구를 배치할 수 있다.

[그림 10-8] 말하기 활동 자료

- 듣기 및 말하기 활동을 위한 자료: 교사가 읽어 주는 그림책과 큰 그림 동화, 오디오와 녹음자료(여러 가지 소리를 녹음한 자료, 교사가 녹음한 동화, 동요나 동시를 담은 CD 등), 헤드폰, 라디오, 각종 인형(손 인형, 손가락 인형, 막대 인형 등), 융판과 융판 자료, 그림 순서 카드, 디오라마, 사진이나 그림 자료, 전화기, 마이크, 녹음기 등
- 읽기 및 쓰기 활동을 위한 자료: 다양한 책, 그림 및 사진 자료(영아의 사진, 가족 사진첩 등), 글자와 그림이 있는 광고지나 포장지 및 재활용품, 메뉴판, 동시판, 포스터 등, 글자의 기본 형태로 구성된 조작 놀잇감, 낱말 퍼즐, 낱말 게임 자료 등 다양한 크기와 재질의 종이류, 자석 쓰기판, 긁적거리기판, 모래글자판, 다양한 쓰기 도구 및 그리기 도구(굵은 크레파스, 크레용, 컬러펜, 색연필 등)

언어 지도를 위한 책은 읽기의 재미, 이야기의 재미를 경험할 수 있는 다양한 책을 비치한다. 예를 들어, 재미있는 말이 반복되는 내용의 책, 까꿍 놀이 책, 영아들에게 친숙한 내용-가족, 사물, 동물, 자연 등-이 담긴 책, 느낌이나 태도에 관한 책, 일상생활에 관한 책, 먹기-배변-손 씻기 등에 관한 책, 글이 많지 않은 그림책, 촉각 및 시각적 자극을 줄 수 있는 다양한 재질(헝겊, 비닐 등)의 책이나 시・청각적 자극을 줄 수 있는 책, 조작하는 재미를 느낄 수 있는 책(팝업 책, 만들기 책 등) 등이 있다.

[그림 10-9] 모래를 이용한 자유로운 쓰기활동

출처: 보건복지가족부(2008), p. 111.

모래를 이용하여 자유롭게 긁적거리기를 할 수 있다. 실내 및 실외에서 자유로운 쓰기 활동이 이루어질 수 있다.

3) 3~5세 유아 보육실

흥미롭고 발달에 적합한 환경을 구성해 줌으로써 유아들이 더욱더 활발하게 활동하고 풍부한 언어적・비언어적 상호작용을 나누도록 지원할 수 있다. 교사는 유아들의 일상적 활동과 놀이 상호작용에 주의를 기울이며 자연스러운 맥락에서 언어를 지도할 수 있다. 일상적 관찰을 통해 각 유아의 듣기 및 말하기 수준과 특성을 파악할 수 있고 지도가 필요한 부분을 포착할 수 있다. 읽기 및 쓰기에 대한 흥미나 수행 수준을 인지할 수 있기에 각 유아에게 적절한 지도 방법을 찾을 수 있다.

유아들이 실내외에서 글자를 접하고 언어 관련 활동을 시도할 수 있는 환경으로 구성한다. 보육실 바닥이나 계단에 있는 다양한 표시나 기호, 활동 영역이나 자리에 붙여 둔 이름표나 사진, 사물함의 이름표나 표식, 모둠의 이름표 등은 유아들이 자연스럽게 글자를 접하는 환경이 된다. 일과나 급간식에 관련된 그림이나 도표, 표를 게시하면 유아들이 주목하게 된다. 게시물을 활용해 정보를 전달하고 유아들의 질문을 귀담아들으면 언어적 상호작용을 할 수 있는 좋은 기회가 된다. 교사와 유아 간에 서로 전하는 메시지를 담아 두는 연락상자나 편지상자를 마련하는 것도 좋다. 알림판, 출석판이나 일일 도우미 차례표를 활용하는 것도 유용하다.

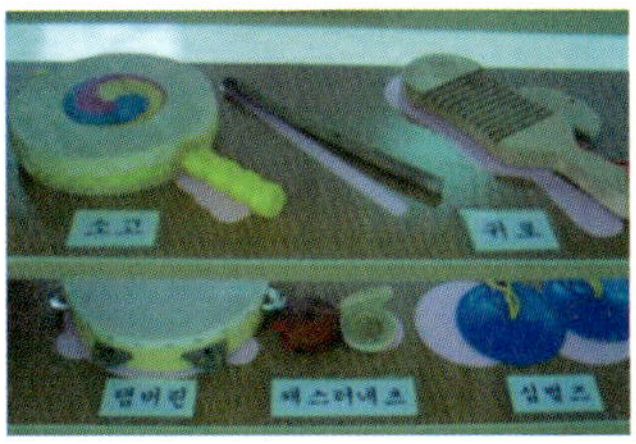

악기 밑그림을 그려 놓은 악기장

사진을 찍어 붙여놓은 소꿉 놀잇감

[그림 10-10] 그림과 글자를 활용한 교구장

출처: 보건복지가족부(2008), p. 22.

문자가 풍부한 환경을 만드는 과정에 유아도 손을 보태도록 한다. 유아의 소지품이나 활동 작품에 본인이 직접 또는 교사의 도움을 받아 이름이나 제목 등을 적고 읽어 본다. 활동 결과물을 게시해 두고 유아의 작품에 관해 때때로 이야기를 나눈다. 환경 구성 시 유아의 의견을 반영하거나 참여할 기회를 줌으로써 관심을 유발하고 다양한 언어적 경험을 공유한다.

일과 중 주요 놀이 시간인 자유 놀이 및 집단 활동을 위한 환경을 다양하게 구성한다. 다양한 놀이 영역을 마련하여 유아들이 자유 놀이 중에 서로 의사소통하며 듣기와 말하기를 경험하고, 교사가 직·간접적으로 언어 및 의사소통을 지도한다. 또한 교사가 계획한 집단 활동을 하면서 체계적으로 언어를 지도한다.

유아를 위한 자유 놀이 활동으로 언어, 쌓기, 역할, 미술, 수·조작, 과학, 음률, 실외 활동 등이 있고, 이야기 나누기, 문학, 음악, 신체, 수·과학, 미술 등의 집단 활동이 이루어질 수 있다. 각 영역의 구성과 배치 및 각 영역에서 이루어지는 언어 지도는 다음과 같다.

(1) 언어 영역의 구성

언어 영역은 듣기, 말하기, 읽기, 쓰기와 관련된 활동을 위한 영역으로 필요에 따라 각각 또는 통합적으로 구성한다. 즐거움을 경험하는 공간, 가고 싶은 공간이 되게 구성해야 한다. 위치는 주변의 자극에 방해를 받지 않는 조용하고 안정된 곳, 채광이 좋은 곳으로 한다. 활동 특성에 따라 책상과 의자를 구비하거나 쿠션과 소파, 또는 안락한 의자를 마련하여 편안하게 언어 활동에 집중할 수 있도록 한다. 그리고 진행 중인 활동 주제 및 유아들의 흥미에 따라 다양한 언어 활동 자료를 비치한다(교육과학기술부, 보건복지부, 2013, p. 181).

듣기, 말하기는 하루일과 동안 영역에 무관하게 수시로 일어난다. 언어 영역에서의 지도로 국한하지 않고 여러 영역에서 다양한 상호작용 장면을 활용해 듣기 및 말하기를 지도할 수 있다. 지도 목표에 따라 듣기, 말하기 영역을 별도로 배치하는 경우 주변의 소음이나 움직임 등의 시·청각적 자극에 방해를 받지 않고 독립적으로 활동을 할 수 있게 배치한다. 동적인 영역과 떨어진 곳에 배치하는 것이 바람직하다. 오디오 등을 사용해야 하므로 전기를 사용할 수 있는 쪽이 좋다. 공간의 크기는 동시에 2~4명 정도가 활동할 수 있는 넓이로 하고 책상과 의자를 두어 활동 인원을 조절할 수 있게 한다. 해당 시기의 주제에 따라 언어 영역 외에도 음률 영역이나 컴퓨터 영역 등에서도 듣기 활동이 활발히 일어날 수 있고(노영희, 김창복, 전유영, 2014, 2022) 역할 영역이나 쌓기 영역, 바깥 놀이 영역에서 말하기 활동이 매우 활성화되므로 통합성을 고려하여 듣기, 말하기 영역을 배치한다.

듣기·말하기 영역에 다음과 같은 자료(권영례, 1999; 교육과학기술부, 보건복지부, 2013; 이순형 외, 2013; 이영자, 2013)를 둘 수 있다.

- 듣기 자료: 다양한 종류의 책, CD(예: 생활 주제와 관련된 동요·동시·동화 수록)와 CD플레이어, DVD와 DVD플레이어, 헤드폰, 녹음기와 테이프, 프로젝터, 전화기, 컴퓨터, 슬라이드 프로젝터와 슬라이드, 워키토키 등의 다양한 매체

[그림 10-11] 듣기 활동 중인 유아들

유아들이 좋아하는 책을 교사가 읽고 녹음하거나 교사와 유아들이 함께 녹음한 자료 또는 유아의 가족이 녹음한 자료도 좋다.

• 말하기 자료: 이야기 꾸미기 자료와 융판, 이야기 꾸미기 그림카드, 여러 종류의 인형(손 인형, 손가락 인형, 테이블 인형, 막대 인형이나 퍼펫 등), 인형극 틀, 동물모자, 자석 인형과 자석판, 그림동화, 그림판, 사진 및 그림 자료, 말하기 게임 카드, 수수께끼 카드와 상자, 녹음기와 공테이프, 마이크, 휴대전화기 등

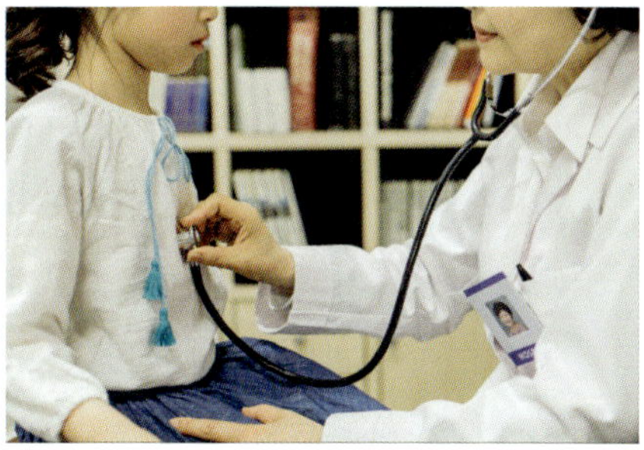

[그림 10-12] 말하기 활동을 위한 자료

읽기, 쓰기 영역을 별도로 마련할 때는 채광이 좋으며 주변의 소음이 적고 안정감을 주는 쪽에 배치한다. 계절과 날씨를 고려하여 실외에 영역을 마련하는 것도 좋다. 주제와 관련된 다양한 책과 읽을거리, 다양한 쓰기 도구와 매체를 마련해 두며 주기적으로 교체한다. 편안하게 바른 자세로 앉아 책을 보거나 쓰기를 하도록 유아의 신체크기에 맞는 책상과 의자를 둔다.

읽기를 위한 다채로운 그림책을 비치하는데 유아들이 흥미로워하는 주제별 또는 저자별로, 종류별(라임책, 팝업책 등)로 배열해 둘 수 있다(Pinnell & Fountas, 2011, p. 41). 각 장마다 한두 줄의 글이 있는 책이나 한글 낱자 책, 수 세기 책, 색과 모양에 관한 책, 정보를 담은 책 등을 비치한다. 책은 전면이 보이도록 책꽂이에 꽂아두고 유아가 스스로 선택해 꺼내 보고 되돌려 놓을 수 있도록 한다. 너무 많이 비치하면 혼란스러울 수 있으므로 주제 및 유아의 흥미를 고려해 수량을 조절한다. 큰 책을 낮은 이젤이나 거치대에 올려 두어 유아가 교사와 함께 읽을 수 있게 한다.

커다랗고 포근한 쿠션과 유아용 소파, 책 관련 장난감 몇 가지와 봉제 인형 등을 둔다. 유아가 봉제 인형을 대상으로 책을 읽어 줄 수 있도록 유아에게 친숙한 인형을 둔다. 읽는 내용과 관련해 소품으로 쓸 수 있는 망토나 모자, 타악기 등을 마련하는 것도 좋다.

유아들이 읽기를 시도하고 즐길 수 있도록 다음과 같은 자료를 배치할 수 있다.

• 읽기 자료(권영례, 1999; 교육과학기술부, 보건복지부, 2013; 이순형 외, 2013)

– 사진첩, 여러 종류의 사전(그림 사전: 사물, 장소, 동식물, 과일, 기계, 모양, 날씨 등) 및 그림 카드(다양한 물건과 장소의 그림, 동물 그림(농장 동물, 야생 동물, 새), 채소 그림,

과일 그림, 꽃 그림), 여러 가지 카탈로그, 신문, 잡지, 전화번호부, (주제에 따른) 화보집, 슬라이드, 글씨가 적혀 있는 다양한 종류의 카드(예: 친구이름 카드, 글자 카드, 낱말 카드, 운율 단어로 된 카드, 동사, 형용사 카드 등), 편지 자료, 광고지 등

[그림 10-13] 유아용 소파에 앉아 책을 보는 유아

- 여러 가지 재질로 된 글자(나무 · 모래종이 · 모루 · 플라스틱 · 하드보드 등), 글자책(교사제작), 글자 블록, 자석판과 글자, 글자 퍼즐, 글자짝짓기 게임, 읽기 게임교구 등, 유아가 만든 그림책을 포함해 다양한 종류의 책(이야기책, 동물에 관한 책, 민속 이야기 책)과 책꽂이, 유아의 일상생활에서 접할 수 있는 낱말 읽기자료(예: 간판 사진이나 메뉴판, 포스터 자료 등)
- 생활 주제와 관련된 동화 CD/DVD, 컴퓨터, 다양한 종류의 동화(그림동화, 융판동화, 테이블동화, 자석동화) 및 동화책(발달에 적절한 그림책), 동요집, 동시집

쓰기 경험을 위해 다양한 필기도구와 종이류 그리고 글자구성 자료를 마련해 둔다. 새로운 교구를 배치하면 유아들에게 알려 주고 그 사용법을 설명해 준다.

유아가 책을 만드는 데 필요한 여러 가지 자료를 비치해 두어 책을 만드는 과정에서 자연스러운 쓰기를 경험하게 해 준다. 내용은 유아가 스스로 완성하도록 비워 두고 미리 철을 해 둔 책, 표지로 쓸 만한 여러 가지 색깔과 재질의 종이, 크레용과 수용성 마커, 수정테이프, 가위와 풀, 아이디어를 자극할 만한 책바구니(Pinnell & Fountas, 2011) 등을 마련해 둔다. 유아의 쓰기 경험을 위해 다음과 같은 자료를 마련할 수 있다.

[그림 10-14] 필기구를 사용하는 유아

- 쓰기 자료(권영례, 1999; 교육과학기술부, 보건복지부, 2013; 이순형 외, 2013)
  - 각종 필기구(다양한 굵기의 연필, 4B연필, 색연필, 사인펜, 크레파스, 크레용,

매직펜) 및 지우개, 한글과 알파벳으로 된 스탬프와 잉크, 글자도장과 종이묶음, 글자 타일, 낱자 카드, 낱말 카드, 글자 스펀지, 점자 글씨판, 사포글자, 스텐실, 모래와 모래상자, 컴퓨터와 프린터, 다양한 색과 크기의 종이, 모양종이, 공책, 노트패드, 독서 카드, 다양한 형태의 베껴 쓰기 도구, 글자쓰기 견본이 제시된 게시판, 소형 칠판과 다양한 색분필 및 마커펜, 융판과 융판용 자・모음, 자석판과 자석 자・모음, 가위, 펀치, 스테이플러 등

(2) 다른 영역

언어 영역 이외의 다른 활동 영역에서도 언어 지도가 이루어질 수 있고 언어 영역과 통합된 활동이 전개되면서 언어적 경험 및 언어 지도가 이루어질 수 있다.

- **모임 영역**: 모임 영역에서 유아는 듣기와 말하기, 읽기 및 쓰기 등의 다양한 경험을 할 수 있다. 대소집단으로 모여 경험을 나누므로 다른 활동 영역보다 넓은 공간을 확보한다. 유아들이 질서 있게 앉을 수 있도록 원형이나 사각형 등으로 된 카펫 또는 매트를 마련한다. 또는 유아가 각자 앉을 수 있는 개별 카펫이나 의자를 배치한다. 유아가 앉을 자리에 이름을 써 두거나 유아의 이름 중 자음글자만 써 붙이는 것도 시도할 만하다. 한쪽에 교사가 읽어 주는 책을 비치하고, 자성이 있는 칠판을 두어 큰 그림책을 읽어 줄 때 활용한다. 책의 전면을 유아도 함께 볼 수 있게 펼쳐 칠판에 올려 주고 읽은 내용을 기초로 글자, 낱말 활동을 할 때 사용한다(Pinnell & Fountas, 2011, p. 41).

[그림 10-15] 모임 영역과 언어 활동

- **극놀이 영역**: 유아의 실제 경험이나 상상, 책이나 영상에서 보았던 경험을 자신의 말과 행동으로 극화하여 표출하는 영역이다. 유아의 상상과 발견을 자극해 줄 소품을 비치한다. '소꿉 영역'보다 주의를 기울여 더 계획적으로 구성한다. 읽기 및 쓰기를 통합하는 주제 관련 책과 쓰기 도구, 기타 교구를 비치한다. 해당 주의 주제에 따라 어떤 직업 세계에 관한 놀이(예: 병원 놀이, 가게 놀이 등)나 어떤 사람들의 활동

(예: 환경 오염 방지 활동, 선거 활동 등) 또는 책에서 보았던 내용을 극화(예: 전래동화 내용을 극화하기)하는 등의 주제가 전개될 수 있다. 관련한 극놀이가 전개될 수 있도록 도구나 기계, 비품과 설비, 소품 등을 비치한다. 예를 들어, 식기류, 조리도구나 기계, 조리 관련 비품과 설비, 가정용 기기나 소품 등은 식당 관련 극놀이를 촉진할 수 있다. 유아는 극의 등장인물이 되어 역할을 하면서 듣기와 말하기를 실험하고 극놀이에 필요한 읽기와 쓰기 활동을 경험하게 된다.

- **미술 영역**: 다양한 미술재료, 그리기나 만들기 도구, 재활용 소품 등을 마련해 둔다. 점토나 반죽으로 활동하면서 소근육을 조작하게 되고 다양한 그리기 도구, 만들기 도구, 색종이 등을 활용하면서 소근육의 조작 및 눈과 손의 협응을 경험하게 된다. 특히 핑거페인팅이나 여러 가지 그리기 도구를 활용하므로 그리기와 쓰기를 즐겁게 경험할 수 있다. 골판지 등 다양한 재질에 그림과 글자(예: 이름)를 나타내고 오리는 활동, 모둠별로 잡지에서 사진과 글자를 오려 내 콜라주 하는 활동 등을 통해 글자 놀이를 즐길 수 있다. 모둠이 할 수 있는 작업을 마련해 두면 유아 여럿이 어울려 작업하고 성취감을 느낄 기회가 된다.
- **쌓기 및 블록 영역**: 다양한 종류의 블록으로 놀이하면서 유아는 대소근육을 발달시키고 수, 형태, 색깔 등에 대한 개념 및 역할 개념도 형성하게 된다. 유아는 머릿속으로 구상한 구조물을 구체화하기 위해 다양한 블록을 사용한다. 구성물을 만드는 동안 유아 간에 생각을 나누기도 하고 갈등도 경험한다. 협력적 작업을 시도하면서 언어적 교류가 활발하게 일어난다. 교사는 놀이에 관해 적절한 조언을 하거나 질문을 함으로써 유아가 자신의 생각을 말로 표현하도록 하고 유아의 사고 및 구상을 자극할 수 있다.

[그림 10-17] 블록놀이와 언어적 상호 작용

[그림 10-16] 극놀이 중의 말하기 및 쓰기 활동

- **수 · 조작, 게임 영역**: 퍼즐 및 여러 가지 조작 놀잇감과 게임을 비치한 영역으로 수학적 개념 형성을 위한 교재뿐아니라 수학적 교구로 셀 수 있는 물체나 수 카드, 다양한 도형, 달력, 패턴 블록이나 패턴 카드 등을 비치한다. 여기에는 글자 및 낱말 퍼즐과 자석 글자도 포함된다. 다양한 모양을 맞추는 활동은 글자를 비롯한 추상적 모양을 인지하는 데 기초가 된다. 친구 이름의 글자나 보육실 내에서 일상적으로 접하는 글자 등 유아가 아는 글자나 낱말을 구성해 볼 수 있다. 분류활동을 위한 교구나 수 관련 놀이는 논리수학적 개념을 발달시키는 데 도움이 된다. 활동 결과를 가시적으로 기록 · 정리하면서 앞서 익힌 개념을 확인해 볼 수 있다. 기억 게임이나 짝 맞추기, 윷놀이 등에 문자나 숫자 등의 상징을 도입하게 되면 유아의 사회적 기술 발달과 더불어 언어 놀이의 기회도 된다. 새로 개발한 게임을 위해 규칙을 만들고 기록하거나 게임의 결과를 기록하는 과정에서 말과 글의 관계나 글의 특성, 쓰기의 필요성을 느낄 수 있다.
- **음악 영역**: 음악을 듣거나 노래를 부르고 자유롭게 악기를 실험해 볼 수 있는 영역이다. 작은북이나 탬버린 같은 악기로 리듬을 탐색하기도 하고 직접 악기를 만들기도 한다. mp3 플레이어나 다른 오디오 장치, 헤드셋 등을 비치해 주어 유아가 좋아하는 노래를 듣기도 하고 따라 부르며 소리에 집중하고 즐기도록 한다. 이것은 유아가 언어를 내면화하고 리듬을 느끼며 어휘를 확장하는 데 도움이 된다. 교구장에 악기 명칭을 붙여 주고 배운 노래 가사를 게시해 주면, 유아는 악기 이름을 알 수 있게 되고 노랫말도 익히게 된다. 유아가 친구들과 함께 가사판을 보고 노래하며 즐기고 노랫말을 바꾸어 보거나 새로운 노랫말을 만들어 보게 할 수 있다. 노래를 반복해 부르고 익숙하게 부르는 것은 유창하게 말하기나 읽기에 도움이 된다.
- **과학, 사회 영역**: 과학 기구를 비치하는 것 외에 쓰기 도구와 종이, 논픽션그림책(동물이나 음식, 가족, 지역사회 등의 주제에 관한 색색의 사진이나 그림이 있는 책)도 비치한다. 특정 주제

[그림 10-18] 견학 중 수집한 자료와 정리

에 따라 수집한 사진이나 그림, 화보 등도 포함된다.

영역에 비치된 교재교구를 가지고 하는 활동 외에 산책이나 나들이하면서 보았던 동식물에 관한 자료를 조사하거나, 견학 중에 수집해 온 자료를 비치하고 심층 조사 및 문제해결을 시도하는 연계활동이 이루어질 수 있다. 다양한 실험이나 관찰, 탐구, 조사 및 토의 활동을 하면서 지속적으로 의사소통하고 탐구하거나 논의한 내용을 읽고 쓰게 된다. 매일의 날씨를 관찰·기록하거나 식물을 기르며 성장 및 변화에 대해 그리기나 쓰기로 나타내기도 한다.

- **컴퓨터 영역**: 독립된 영역으로 둘 수도 있고 다양한 활동을 지원하는 영역으로 둘 수도 있다. 동화나 동시, 동요 등을 개별적으로 또는 집단으로 자유롭게 선택해 들을 수 있고 언어나 글자 관련 게임을 즐길 수 있으며 쓰고 싶은 글자나 낱말을 쉽게 인쇄해 글자를 인식하는 데 도움이 된다.

이와 같은 흥미 영역 구성 외에 실내를 문자가 풍부한 환경, 의사소통이 원활하고 자유롭게 이루어지는 환경으로 구성하는 것이 중요하다. 보육실에서 필요한 곳마다 글자나 그림 등을 활용해 꾸며 준다. 유아가 일상생활에서 접하는 인쇄물을 보육실로 가져올 수도 있고 교사가 만든 이름표나 출석판, 환경판 외에 유아의 활동 결과물도 활용한다. 유아들이 협동 작업한 쓰기나 그림, 다양한 활동의 결과물을 환경 구성에 포함한다.

의사소통이 원활하고 자유롭게 이루어지는 보육실이 되려면 교사는 언제든 유아의 말에 귀 기울여 주고 유아 간의 언어적 상호작용을 격려하는 태도를 취해야 한다. 자유롭게 자신의 요구와 주장을 제기할 수 있을 뿐 아니라 언어를 통해 갈등을 해결하는 기회를 풍부하게 해야 한다. 교사는 경청의 모델이 됨으로써 유아들이 자기표현과 주장뿐 아니라 경청하는 태도를 습득하게 한다.

활동 10-1

듣기를 지원하는 환경을 어떻게 구성하면 좋을지 아이디어를 말해 봅시다.

활동 10-2

영아반 듣기, 말하기 활동에 활용할 수 있는 자연물 교재교구와 활동을 제안해 봅시다.

예: 실외산책 하는 동안 강아지풀이나 민들레 씨앗을 수집하여 입모양을 다양하게 하며 불어 보기(하, 호, 후~)

활동 10-3

영유아 보육실 한 곳을 정하고 반에 있는 언어 활동 자료를 조사 · 정리해 봅니다. 듣기, 말하기, 읽기, 쓰기, 자료로 나누어 정리해 보고 어떤 자료가 많고 적은지 평가해 봅니다. 추가할 필요가 있다고 생각되는 자료를 제안해 봅시다.

활동 10-4

유아의 말하기를 지원하는 환경을 마련하고자 한다. 환경구성을 위한 아이디어를 제안해 봅시다.

11

언어 지도의 평가

1. 평가의 목적
2. 평가의 대상
3. 평가의 방법과 적용
4. 평가 결과의 활용

11 언어 지도의 평가

평가는 교육과정의 핵심요소로 교수행동의 토대가 된다. 일반적으로 평가를 통해 학습자를 배치하고 지도하기 위한 기초자료를 확보하며 교육과정을 계획(Decker & Decker, 1997)하게 된다. 영유아 언어지도의 평가는 영유아의 언어 발달 상황에 대한 정보를 제공해 주고 교육과정을 수정 보완하거나 교수방법을 결정하기 위한 유용한 정보를 제공한다. 영유아 언어지도 평가의 목적 및 유의점, 방법과 활용은 다음과 같다.

1 평가의 목적

영유아 언어지도를 위해서 영유아의 현재의 언어 발달 수준과 특성을 파악하고 그에 따른 교수학습 과정을 계획·실행하며 교수학습 과정을 돌아보는 과정이 필수적이다. 영유아의 현재의 언어 발달 수준과 강점 및 약점을 파악함으로써 발달에 적합한 언어지도 및 언어 환경 구성이 이루어질 수 있다. 언어지도 활동을 계획·실행한 후 영유아 언어지도의 목표가 달성되었는지를 점검하고, 언어교육 활동의 전반적 효과를 파악하여 언어지도의 목표, 교수학습 방법 및 환경 구성을 유지하거나 개선하는 데 반영한다. 특히 개별적으로 언어 발달과 학습에 문제가 있거나 특별한 요구를 가진 영유아를 선별하고 파악하여 그 문제의 근원을 연구하며 영유아의 수준에 맞는 지원을 할 수 있다. 나아가 영유아 언어 발달 정보를 부모와 공유하고 상담에 활용할 수 있다.

이와 같이 평가는 결론이 아니라 교육과정 결정에 필요한 정보를 모으는 방법으로 생각할 필요가 있으며 언어지도를 평가할 때 다음 사항(노영희, 김창복, 전유영 2014; 이경화 외, 2014 재인용; Jalongo, 2003)을 고려해야 한다.

첫째, 언어지도의 목적 및 내용과 연계된 평가가 이루어져야 한다(교육부, 2013; 노영희 외, 2014 재인용). 적절한 평가방법을 활용하여 언어적 태도, 지식, 기능을 향상시키고자 하는 목적과 듣기, 말하기, 읽기, 쓰기를 다루는 언어교육의 내용에 연계되어 평가가 시행되어야 한다. 평가의 결과는 영유아의 최적의 발달을 위해 어떻게 지원할 것인가 하는 교수방법과 내용을 결정하는 기초자료로 활용한다(Jalongo, 2000/2016, p. 346). 학습을 위한 평가이면서 학습에 대한 평가를 포함한다.

둘째, 영유아의 발달특성을 고려하여 형식적 평가 외에 비형식적 평가(교육부, 2013)도 실시해야 한다. 평가 방식은 평가 결과에도 영향을 주므로 영유아에게 적합한 평가방법을 선택・적용해야 한다. 예를 들어, 형식적 평가의 경우 유아는 평가의 중요성을 알지 못하므로 정확한 평가 결과가 나오지 않을 수 있다. 또한 평가 상황에 익숙하지 않은 유아는 평가 과정을 이해하지 못해 적절하게 반응하지 못할 수 있다. 따라서 영유아의 언어 발달 수준 및 의사소통 능력에 대한 표준화된 검사 도구를 통한 평가뿐 아니라 일상적 일과 중의 영유아 관찰이나 영유아의 작품수집 및 포트폴리오, 영유아 및 부모 면담, 영유아의 언어・비언어에 대한 녹음이나 녹화 기록 등을 기초로, 다각적으로 평가해야 한다. 이와 같이 다양한 방법으로 자료를 수집・평가하되 객관성을 유지해야 한다.

셋째, 지속적이며 다면적인 평가를 통해 언어적 성장과 발달을 종합적으로 파악한다. 일회적 평가가 아니라 일정 기간에 걸쳐 지속적으로 평가를 하며, 과정과 결과를 모두 고려하고 시간에 따른 개인 내적 변화에 주목해야 한다. 특정 언어 활동에서만 평가하는 것이 아니라 일상의 다양한 장면에서, 영유아를 잘 알고 있는 가족을 비롯한 다양한 정보원의 평가를 수용할 필요가 있다. 관찰, 활동 결과물 분석, 부모면담 등 다양한 방법을 통해 자료를 수집하고 종합적으로 평가하며, 그 결과를 기록한다. 특히, 영유아가 충분한 언어표현이 가능한 상황에서 평가하도록 한다(교육부, 2013).

넷째, 평가는 분류나 명명을 위한 목적이 아니라 영유아의 언어 발달 수준과 변화를 파악하고 언어적 교수・학습 활동의 질적 개선을 도모하는 데에 초점을 두어야 한다. 즉 평가의 근본 목적은 영유아의 학습을 지원하고 향상시키는 데 두어야 한다. 이에 평가 결과를 교수학습 과정에 반영하며 영유아를 지도하는 교사 간에 그리고 부모와 필요한 정보를 공유해야 한다. 특히 부모와의 면담에서 영유아의 언어 발달 정도(언어 발달 수준과 특성, 변화 정도 등)에 대한 객관적 자료를 활용함으로써 영유아에 대한 부모의 이해를 돕고, 영유아 지도를 위한 효과적 방안을 모색한다.

그 외에 평가체계는 일정 기간마다 재검토하고 개선・보완해야 한다. 평가 대상의 특성이 다르므로 기존의 평가체계를 검토할 필요가 있다. 평가도구의 재표준화나 개선, 새로운 평가도구의 개발을 고려해 평가체계를 재검토하고 새로 편성할 필요가 있다. 또한 평가는 발달적으로 적합하고 문화적·언어적 특징에 민감해야 하며 영유아의 일상적 삶과 관계를 맺고 있어야 한다. 예를 들어, 평가대상 영유아의 가정 배경이 점차 다양화되고 있어서 그 문화적 배경이나 언어 환경을 고려하여 평가가 이루어질 필요가 있다.

2 평가의 대상

언어지도의 평가는 언어지도 이전과 이후 영유아의 언어 발달 및 의사소통 능력에 대한 평가와 언어지도 프로그램에 대한 평가를 중심으로 한다. 전자는 영유아의 현재 언어 발달 수준과 특성에 대한 평가와 교수학습 활동 후 영유아에게 나타난 변화의 평가를 포함하고 후자는 교사의 교수활동 평가, 프로그램 평가를 포함한다.

우선 영유아의 현재 언어 발달 수준 및 의사소통 능력에 대해 평가하고 일정한 교수학습 활동에 따라 영유아에게 나타난 변화를 평가한다. 개별 영유아의 현재 언어 발달 수준 및 의사소통 능력, 언어에 대한 태도와 흥미, 성향 등을 파악해 영유아를 이해하고 적합한 교육내용, 교육방법을 설계하는 데 활용할 수 있다. 이어서 교수-학습 활동 이후 영유아에게 나타난 언어 발달 수준 및 변화된 특성을 평가한다. 이러한 평가는 지도를 위한 목적 및 목표에 준하여 이루어지며 평가 결과 역시 교육과정을 유지하거나 개선하는 데 활용할 수 있다. 예를 들어, 유아가 적절한 어휘를 사용하여 말하도록 지도하고 그 과정과 성취를 평가하여 구체적 목표의 적절성, 교수방법이나 환경의 적절성을 돌아볼 수 있다.

영유아의 성장 및 성취를 평가하는 것과 함께 언어지도 프로그램 자체에 대해서도 평가한다. 교육활동 및 교육환경의 모든 측면을 검토할 필요가 있다. 영유아의 언어 발달을 자극하고 지원하도록 언어적 환경을 구성하였는지 평가한다. 예를 들어, 보육실에 듣기, 말하기, 읽기, 쓰기를 경험할 수 있는 환경 구성이 적절한지, 이를 위한 다양한 자료가 갖추어져 있는지 그리고 이러한 자료의 수준과 수량은 영유아의 연령 수준에 적합한

지를 점검한다. 언어 활동을 위한 영역 및 교재교구 외에 언어 활동을 위한 시간 배분은 적정한지를 살펴본다. 교사 주도의 수업계획에 있어서는 수업의 목표가 보육과정에 비추어 볼 때 적절한지, 활동 내용은 목표를 달성하기에 적절한지, 교수방법은 목표 및 활동 내용에 부합하는지 등을 평가한다(〈표 11-1〉 참조). 더불어 일정 기간에 걸친 계획적·자연적 교수학습 활동 자체에 대해 교사-유아의 경험이 어떠하였는지에 초점을 두고 평가해 본다. 예를 들어, 유아는 교사가 기대한 바대로 언어에 관한 자신감이 향상되었는지, 적극적으로 의사소통을 시도하는지, 문해 활동을 즐기고 있는지 등을 확인한다.

〈표 11-1〉 언어 관련 수업활동에 관한 평가의 기준 예

① 보육과정의 의사소통 영역 내용에 의거하여 적절한 목표를 설정하였는가
② 영유아의 연령과 현재 진행 중인 주제에 부합하는 활동인가
③ 활동 목표에 부합하는 활동 내용 및 활동 유형인가
④ 학습 내용에 적절한 활동 방법을 선택하였는가
⑤ 내용 및 활동이 영유아의 발달 수준과 흥미, 요구에 적합한가
⑥ 학습을 촉진할 수 있는 다양한 활동과 교수학습 방법을 계획하고 통합적으로 운영하는가
⑦ 자발적·능동적 참여 기회를 마련하는가, 활동에 대한 동기를 유발하는가

3 평가의 방법과 적용

평가는 평가의 방법과 내용 면에서 형식적이고 구조화된 평가부터 비형식적이고 비구조화된 평가의 연속선상에 있다. 전자에 해당하는 평가로 규준참조 검사가 대표적이고 이는 개별 유아의 수행 수준을 집단 내에서 평가하는 준비도 검사, 성취도 검사가 있다. 후자에 해당하는 평가로 관찰과 기록을 들 수 있는데 개별 유아의 전반적 수행 정도에 대한 이해를 목적으로 하며 일화기록이나 포트폴리오, 활동결과물 수집 등의 방법이 있다. 영유아의 언어에 관한 비형식적 평가와 형식적 평가의 대표적 방법을 살펴보면 다음과 같다.

1) 관찰법

영유아 언어의 관찰은 하루 일과의 일상적 장면(영유아 간, 교사와 영유아 간, 영유아와 교구 간 상호작용 등)에서 이루어질 수 있고 집단 활동 및 놀이 중에도 이루어질 수 있다. 관찰은 즉흥적으로 또는 계획하여 이루어질 수 있다.

유목적적 관찰을 위해서는 관찰 대상 및 내용을 사전에 계획하고, 적절한 관찰 방법과 기록 방법을 결정해야 한다. 또한 관찰한 행동을 어떻게 해석하고 설명할 것인지에 대한 관점과 지식이 필수적이다(김희진, 박은혜, 이지현, 2018). 관찰법은 자연스러운 장면에서 영유아가 언어를 사용하는 장면을 수집할 기회가 있다는 점에서 유용한데 객관적이고 체계적으로 관찰하는 것이 중요하다. 관찰과 기록 방법으로는 일화기록, 체크리스트, 평정척도 등이 있다.

(1) 일화기록

일화기록은 직접적인 관찰의 결과로써 어떤 일화에 대해 즉각적이고 정확하며 구체적으로 기술(Goodwin & Driscoll, 1980)한 서술식 기록이다.

영유아가 어떻게 말하고 행동하는지에 초점을 두고 정확하고 분명하게 기록한다. 언어 역량의 전반적 영역에 초점을 두지만, 일화기록은 체크리스트에 의한 관찰보다 더 개방적이고 덜 구조화되어 있다. 일화가 일어난 맥락을 포함하여 관찰대상의 전형적인 언행이나 특이한 언행을 기록한다. 일화기록은 선택적 사건을 추후에 기록할 수도 있으나 영유아의 언어를 잊지 않고 그대로 기록하려면 즉시 기록하는 것이 정확도가 높다. 발화 직후 기록하기가 어렵다면 녹음·녹화를 활용할 수 있다.

일화기록을 시도하는 경우 우선 관찰 목적을 명확히 하는 것이 중요하다. 예를 들어, 영유아가 또래와 언어적으로 상호작용하는 것을 기록할 것인가 아니면 어휘 성장을 기록할 것인가를 결정해야 한다. 영유아의 발화를 기록할 경우에 판단하는 낱말이나 구를 쓰지 않도록 주의하며 언어 관련 일화에 대한 해석은 일화 자체에 대한 객관적 기록과 분리하여 취급해야 한다. 여러 번에 걸쳐 모은 기록은 다른 기록과 비교 가능하며 영유아의 독특한 발달패턴, 변화, 흥미, 필요 등을 정확히 이해하는 데 유용하다.

일화기록은 장기간의 특별한 훈련이 없이도 쉽게 적용할 수 있고 시간적·상황적 제약

없이 시행하며 다른 평가 방법과 병행할 수 있다는 장점이 있다. 또한 다양한 언어적 특성과 언어 행동의 관찰에 적용할 수 있고 일회적이거나 예측하지 못했던 맥락에서 발생한 언어 행동도 관찰하여 기록할 수 있다는 장점이 있다. 반면, 기록자의 주의 및 관찰 능력, 고정관념이나 편견에 따라 타당도가 영향을 받고, 일화기록을 통해 수집된 언어적 정보는 수합하여 분석하는 데 시간이 많이 소요된다는 제한점이 있다. 다음은 일화기록의 관찰 양식 사례다.

〈표 11-2〉 일화기록 관찰양식 사례

일화기록 관찰양식 사례				
관찰아동		생년월일 (관찰일 현재연령)		(남, 여)
관찰일 관찰시간		관찰자		
관찰장면				
기록 (관찰내용)				
발달영역				
요약				
내용분석				

출처: 김희진 외(2011), p. 32; 홍순정, 최석란(2010); 황해익, 최혜진, 권유선(2021) 참고 재구성.

(2) 행동목록법

행동목록법 또는 체크리스트는 주어진 상황에서 관찰 초점이 되는 특성, 즉 특정 행동이나 기술이 존재하는지 여부를 일련의 행동목록에 표시하는 방법이다. 시간에 따른 변화를 알고자 할 때는 같은 행동목록을 반복해서 사용(홍순정, 최석란, 2010)할 수 있다. 특정 행동의 출현 유무를 표시하고 더불어 날짜를 기록함으로써 변화를 파악할 수 있다.

사전에 영유아 발달이나 행동 특성의 목록을 미리 구성하는데, 이는 교사가 만들기도

하고 이미 만들어진 것을 사용하기도 한다. 언어 관련 관찰 목록을 개발할 경우 영유아기 언어에 관한 연구나 평가 문헌에서 규명된 발달 역량을 잘 대표하는 행동이나 준거를 포함하는 것이 중요하다.

행동목록법은 적용하기 쉽고 시간과 상황의 구애를 받지 않는다는 장점이 있다. 또한 현재 그 기능이 있는지를 판단하므로 일화기록에 비해 시간이 많이 소요되지 않는다. 반면, 관찰 행동 목록을 어떻게 구성할 것인가에 따라 평가의 타당도가 달라질 수 있다. 또한 사전에 정해 놓은 항목에 대해서만 일회적으로 관찰하고 가시적인 언행만 주목하므로 정해 놓은 항목 이외의 중요한 언행을 놓칠 수도 있고 다른 맥락에서 발생하는 언행을 측정하지 못할 수도 있다는 제한점이 있다. 다음은 행동목록을 적용한 관찰 양식과 사례다.

〈표 11-3〉 행동목록을 적용한 관찰 양식 사례

행동목록을 적용한 관찰 양식 (1) **영아의 언어 발달**			
관찰대상 : 관찰기관 : 관찰장면 : 관찰행동 :	생년월일 : 성별(남, 여) 관찰일 : 관찰시간 : 관찰자 :		
행동목록	**예**	**아니오**	**관찰못함**
소리 나는 쪽으로 고개를 돌리고 쳐다본다.			
소리를 모방한다.			
간단한 지시를 따른다.			
성인의 말에 관심을 나타내며 흉내 낸다.			
한 단어를 사용한다.			
두 단어를 사용한다.			
두 단어 문장을 사용한다.			
동물 소리를 흉내 낼 수 있다.			
단어를 사용하여 자신이 원하는 것을 표현한다.			
책에 있는 그림에 관심을 나타낸다.			
지시 1. 관찰 대상을 선택하여 관찰한다. 2. 행동목록에 있는 행동이 나타나면 ✓로 표시한다. 3. 관찰하지 못한 항목은 관찰못함(N/O) 에 ✓로 표시한다.			

출처: 홍순정, 최석란(2010), p. 137.

행동목록을 적용한 관찰 사례 (2)
유아의 쓰기 준비도

관찰대상: 이성민	생년월일: 2009. 3. 5. (남)
관찰자: 정혜영	관찰일: 2012. 9. 5.

다음의 행동이 관찰되면 '예'에 관찰되지 않으면 '아니요'에 ✓로 표시하시오.

문항	예	아니요
1. 손목과 손가락을 원하는 대로 움직인다.	✓	
2. 눈과 손의 협응이 이루어진다.	✓	
3. 필기도구를 바로 잡고 쓴다.		✓
4. 글자의 기본적인 획을 긋는다.	✓	
5. 각 글자의 모양을 구별한다.		✓
6. 글씨를 왜 써야 하는지 이유를 안다.		✓

출처: 황해익 외(2013), p. 168.

(3) 평정척도

평정척도는 행동목록에 질적 정보를 첨가한 형태로서 관찰 행동의 존재유무와 질적 특성을 파악할 수 있는 방법이다. 행동의 특성이나 특질을 연속성 있는 단계로 나누어 수량화된 점수나 기술 내용을 제시하고 관찰자가 대상의 행동을 점수나 가치로 평가한다. 예를 들어, 언어 발달에서 '두 단어 문장을 사용하는가'에 관해 행동목록법에 의한 관찰 기록은 그 여부를 기록하므로 '예' '아니오'로 표시한다. 반면, 평정척도에 의한 관찰 기록은 그 정도를 구분해 기록할 수 있다. 즉, 두 단어 문장 사용 수준을 1~5점의 점수로 구분해 표기하거나 '매우 잘한다' '잘하는 편이다' '잘하지 못한다' 등으로 수행 수준을 구분해 평가할 수 있다. 행동목록법과 마찬가지로 관찰할 목록은 사전에 구성하며, 평정 시 판단은 직접 관찰, 과거의 관찰, 기존 수집 자료 혹은 전체적 인상에 기초할 수 있다.

평정척도를 통한 평가는 유아의 현재 행동을 이전의 행동과 비교할 때 더 적합하며 교사가 학습 경험을 계획할 때 보다 유용한 정보를 제공한다. 반면, 평정 항목을 어떻게 구성할 것인가에 대한 검토가 중요하고, 평가자가 유아 행동의 빈도나 질의 정도에 대해 평정하므로 평정의 신뢰도와 타당도를 확보할 수 있는 방안이 확보되어야 한다.

다음은 영유아의 의사소통 능력을 평정하는 척도다. 의사소통 영역 전반에 관해 연령별로 다음과 같은 항목을 관찰하고 평정하여 발달수준을 평가할 수 있다.

〈표 11-4〉 영유아의 의사소통 능력 평정 관찰 항목 예

연령	번호	관찰 문항	전혀 그렇지 않음	그렇지 않은 편임	그런 편임	매우 그러함
			1	2	3	4
0세	1	익숙한 목소리를 듣고 반응할 수 있다.				
	2	운율이 있는 짧은 말에 반응한다.				
	3	말하는 사람을 바라볼 수 있다.				
	4	울음 외에 여러 가지 소리, 옹알이를 할 수 있다.				
	5	표정, 몸짓, 소리로 의사표현을 할 수 있다.				
	6	다양한 감각 책을 탐색할 수 있다.				
1세	1	자신의 이름과 친숙한 낱말에 반응할 수 있다.				
	2	일상적 양육 경험과 관련된 말에 반응할 수 있다.				
	3	운율이 있는 짧은 말을 관심 있게 듣는다.				
	4	말하는 사람을 바라보며 듣는다.				
	5	여러 가지 말소리, 의미 있는 음절을 내 볼 수 있다.				
	6	교사의 말을 모방하여 발음할 수 있다.				
	7	표정, 몸짓, 말소리로 의사표현을 할 수 있다.				
	8	그림책, 사진, 환경 인쇄물에 관심을 보인다.				
	9	읽어 주는 짧은 그림책에 관심을 가진다.				
	10	끼적이기에 관심을 가진다.				
3세	1	일상생활과 관련된 친숙한 낱말과 문장을 듣고 이해한다.				
	2	다른 사람의 이야기를 관심 있게 듣는다.				
	3	동요, 동시, 동화를 다양한 방법으로 듣고 즐긴다.				
	4	말하는 사람을 바라보며 듣는다.				
	5	새로운 낱말에 관심을 가지며 간단한 문장으로 말한다.				
	6	자신의 느낌, 생각, 경험을 말한다.				
	7	상대방을 보고 말하며 바르고 고운 말을 사용한다.				
	8	글자 읽기에 관심을 가진다.				
	9	책에 흥미를 보이며 책의 그림을 단서로 내용을 추측한다.				
	10	글자 쓰기에 관심을 보인다.				

연령	번호	관찰 문항	전혀 그렇지 않음	그렇지 않은 편임	그런 편임	매우 그러함
			1	2	3	4
5세	1	비슷한 발음을 듣고 구별하며 문장을 듣고 뜻을 이해한다.				
	2	이야기를 듣고 이해하며 궁금한 것에 대해 질문한다.				
	3	동요, 동시, 동화를 듣고 이해하며 우리말의 재미를 느낀다.				
	4	다른 사람의 이야기를 끝까지 주의 깊게 듣는다.				
	5	정확한 발음으로 말하고 다양한 낱말과 문장을 상황에 맞게 말한다.				
	6	자신의 느낌, 생각, 경험을 적절한 낱말과 문장으로 말한다.				
	7	주제를 정하여 함께 이야기를 나누고 이야기 지어 말하기를 즐긴다.				
	8	바르고 고운 말을 때와 장소, 대상에 알맞게 사용한다.				
	9	주변에서 친숙한 글자를 찾아 읽어 보고 읽어 주는 글의 내용에 관심을 갖고 읽는다.				
	10	책보는 것을 즐기고 내용을 이해하며 궁금한 것을 찾는다.				
	11	자신의 느낌, 생각, 경험을 글자와 비슷한 형태나 글자로 표현한다.				
	12	쓰기 도구의 바른 사용법을 알고 사용한다.				

출처: 이미화, 엄지원, 정주영(2014), pp. 151-154.
이미화, 이정림, 여종일, 김경미(2014), p. 65.
이미화, 정주영, 엄지원, 김희정(2014), p. 55.

2) 표준화 검사

영유아의 언어 발달 수준 및 특성을 알아보기 위해 표준화된 검사 도구를 활용할 수 있다. 표준화된 검사는 표준화 절차를 거쳐 객관성과 신뢰도, 타당도가 확보된 도구이므로 검사 결과는 영유아의 언어 발달 수준을 규범적 발달에 견주어 정보를 제공해 준다. 언어 발달을 개인 간에 비교하거나 지역 간, 국가 간에 비교할 수 있는 정보를 얻게 된다. 단, 평가도구 및 결과를 해석하는 능력을 갖추어야 검사 결과를 효과적으로 활용할 수 있다. 영유아의 현재 발달 수준에 대한 정보를 토대로 연령별 영유아 집단의 언어지도 활동을 계획할 수 있고 영유아의 개별화된 언어지도 및 부모 상담에 활용할 수 있다.

영유아 언어 발달을 평가하기 위한 검사 도구는 영유아의 전반적 발달을 평가하는 도구 내의 언어 관련 검사와 독자적으로 언어 발달을 평가하는 언어 검사 도구가 있다.

한국 베일리 영유아발달검사II(Korean Bayley Scales of Infant Development-II, K-BSID-II; 박혜원, 조복희, 2006), 한국형 덴버 발달검사II(신희선 외, 2002)는 국내 표준화를 거쳐 널리 사용되는 종합적 검사 도구(이순형 외, 2014)다. 그 외 영아선별·교육진단검사(DEP; 장혜성, 서소정, 하지영, 2008), 한국형 영유아 발달검사(대한 소아과학회, 2002) 등의 영유아 발달 검사 도구 내에 언어 발달 수준이나 의사소통 능력을 평가하는 소검사가 포함되어 있다.

한국 베일리 영유아발달검사II(박혜원, 조복희, 2006)는 생후 1~42개월의 영유아를 대상으로 전반적 발달 상태를 평가하고 나아가 정상적인 발달 상태로부터의 이탈 정도를 평가한다. 정신 척도(Mental Scale, 인지 척도)와 운동 척도(Motor Scale), 행동평정 척도(Behavior Rating Scale: BRS)의 3가지 척도로 구성되어 있으며, 정신 척도의 평가 내용은 인지발달, 언어 발달, 개인/사회성 발달 등이다. 정신 척도에 포함된 언어영역은 일상적인 언어 활동 및 언어적 발달 수준을 평가하며 발성, 기본 어휘력, 문법의 활용, 표현 언어와 수용 언어 등이 포함된다. 한국 베일리 영유아 발달검사 3판(Korean Bayley Scales of Infant and Toddler Development-Third Edition, K-Bayley-III; 방희정, 남민, 이순행, 2019)은 출생 후 16일~42개월까지의 영유아의 발달 기능을 평가한다. 2판의 정신척도가 3판에서는 인지척도와 언어척도(수용 언어, 표현 언어)로 세분화되어 언어 발달에 대해 더 상세한 정보를 제공한다. 5가지 척도 중 언어 척도는 수용 언어(49문항)와 표현 언어(48문항) 평가를 통해 영유아의 언어 및 의사소통 능력을 보여 준다.

[그림 11-1] K-Bayley-III 한국형 베일리 영유아 발달검사 3판

https://inpsyt.co.kr/psy/item/view/PITM000166

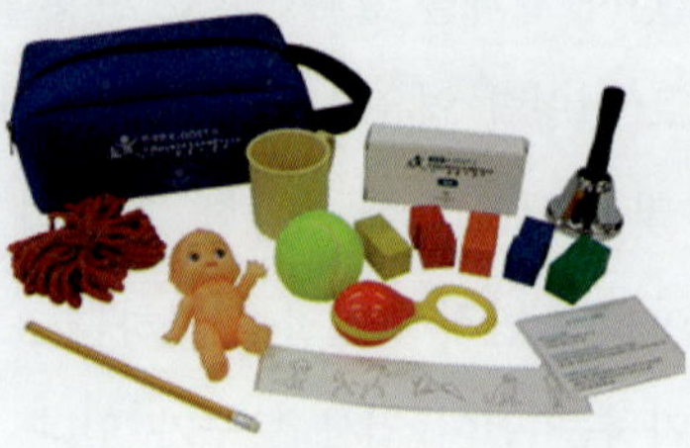

[그림 11-2] 한국판 덴버 발달선별 검사(DDST-II) KIT

https://www.isorimall.com/catalog/ProdDetail.asp?cate1=1000&cate2=&pid=bea0030

한국형 덴버 발달검사II(신희선 외, 2002)는 0~6세 영유아를 대상으로 발달의 위험도를 검사하는 발달 선별 검사로서, 개인-사회성, 미세운동-적응, 언어, 전체 운동 발달 등 4개 영역으로 구분해 평가한다. 그중 언어 영역은 듣고 이해하고 언어를 사용하는 능력을 측정한다. 게젤 발달검사(GDS)는 출생 후부터 60개월까지의 영유아의 발달을 평가하며, 평가는 적응행동, 대근육 운동, 소근육 운동, 언어, 개인-사회행동의 5개 발달 영역으로 구성된다. 그중 언어 영역에는 표정, 제스처에서 발성, 소리모방, 말하기, 언어수용 기술을 포함하는 언어적·비언어적 의사소통 능력이 해당한다.

한국 영유아 발달선별 검사(Korean Developmental Screening Test for Infants and Children: K-DST; Eun & Chung, 2014)는 부모보고에 의거하여 생후 4개월에서 71개월까지의 영유아의 발달 상태를 평가한다. 검사 내용은 대근육, 소근육, 인지, 언어, 사회성, 자조의 각 영역에서 월령에 적절한 8항목으로 구성되어 있다. 그중 월령에 따른 언어 영역 문항의 예(〈표 11-5〉 참조)는 다음과 같다.

〈표 11-5〉 한국 영유아 발달선별검사(K-DST): 언어 평가 문항 예

* 각 질문 항목에 대하여 다음 네 가지 중 하나에 표기해 주십시오.
만약 아이가 질문 내용을 할 수 있는지 모르는 경우 직접 시켜 보고 답해 주십시오.

잘 할 수 있다 ③	할 수 있는 편이다 ②	하지 못하는 편이다 ①	전혀 할 수 없다 ⓞ

24~26개월용

언어

1	그림책 속에 등장하는 사물의 이름을 말한다 (예: 신발을 가리키며 "이게 뭐지?" 하고 물으면 "신발."이라고 말한다).	③ ② ① ⓞ
2	정확하지는 않아도 두 단어로 된 문장을 따라 말한다 (예: "까까 주세요." "이게 뭐야?"와 같이 말하면 아이가 따라 말한다).	③ ② ① ⓞ
3	'나', '이것', '저것' 같은 대명사를 사용한다.	③ ② ① ⓞ
4	다른 의미를 가진 두 개의 단어를 붙여 말한다 (예: "엄마 우유." "장난감 줘." "과자 먹어.").	③ ② ① ⓞ
5	단어의 끝 억양을 높임으로써 질문의 형태로 말한다.	③ ② ① ⓞ
6	자기 물건에 대해 '내 것'이란 표현을 한다.	③ ② ① ⓞ
7	손으로 가리키거나 동작으로 힌트를 주지 않아도, "식탁 위에 컵을 놓으세요."라고 말하면 아이가 정확하게 행동한다.	③ ② ① ⓞ
8	'안에' '위에' '밑에' '뒤에' 중 2가지 이상을 이해한다.	③ ② ① ⓞ

54~59개월용

언어

1	그날 있었던 일을 이야기한다.	③ ② ① ⓞ
2	친숙한 단어의 반대말을 말한다(예: 덥다 ↔ 춥다, 크다 ↔ 작다).	③ ② ① ⓞ
3	간단한 농담이나 빗대어서 하는 말의 뜻을 알아차린다.	③ ② ① ⓞ
4	단어의 뜻을 물어보면 설명한다 (예: "신발이 뭐야?"라는 질문에 "밖에 나갈 때 신는 거요."와 같은 대답을 할 수 있다).	③ ② ① ⓞ
5	"만약 ~라면 무슨 일이 일어날까?"와 같이 가상의 상황에 대한 질문에 대답한다(예: "동생이 있으면 어떨까?")	③ ② ① ⓞ
6	이름이나 쉬운 단어 2~3개를 보고 읽는다.	③ ② ① ⓞ
7	가족 이외의 사람도 이해할 수 있을 정도로 모든 단어의 발음이 정확하다.	③ ② ① ⓞ
8	자기 이름이나 2~4개의 글자로 된 단어를 보지 않고 쓸 수 있다 (예: 동생, 신호등, 대한민국).	③ ② ① ⓞ

출처: 국민건강보험 https://www.nhis.or.kr/nhis/healthin/retrieveDevlSlctnIsptUseTermInq.do
https://www.nhis.or.kr/file/kdst/011.pdf
https://www.nhis.or.kr/file/kdst/018.pdf

영유아 언어 발달을 평가하는 검사 도구 중 영유아 언어 발달 검사(SELSI; 김영태 외, 2003)는 생후 5개월에서 36개월의 정상발달 영유아뿐 아니라 언어 발달지체나 장애 가능성이 있는 영유아를 대상으로 전반적 언어능력을 평가한다. 수용 언어와 표현 언어 관련 문항으로 구성되어 있으며 영역별 평가를 기초로 발달지체를 조기에 선별한다. 다음은 영유아 언어 발달 검사 중 수용 언어, 표현 언어 검사 문항의 예다.

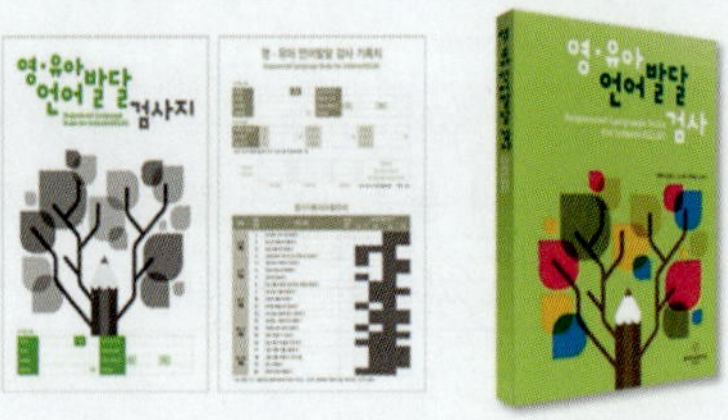

[그림 11-3] 영유아 언어 발달 검사지
http://www.tespia.kr/tp_mall/prd_detail.asp?num=1395

〈표 11-6〉 영유아 언어 발달검사(SELSI)

수용 언어 검사 문항 예	표현 언어 검사 문항 예
12~13개월 다른 사람의 행동을 모방한다(예: 신문 보는 척하기, 걸레질 흉내 내기 등) "○○ 어디 있니?"라고 물으면 ○○를 찾으려고 두리번거린다. 제스처 없이 말로만 하는 간단한 지시(예: "넣어." "앉아." "빼." 등)에 따라 행동할 수 있다. **24~26개월** 지시에 따라 사물의 일부분을 지적할 수 있다(예: 자동차 바퀴, 신발 끈, 바지 주머니 등) 그림책을 보며 의문사를 사용한 질문을 할 때 그 뜻을 이해한다(예: "누가 울어?" "어디 앉아 있어?" 등의 질문에 적절하게 반응한다.) 5 낱말 이상으로 된 긴 문장을 이해한다(예: "아빠랑 엄마랑 같이 가서 먹자.") 수량을 표현하는 낱말(예: 한 개, 조금, 많이……)을 3개 이상 이해할 수 있다.	**12~13개월** 이름을 부르면 대답하는 것 같은 소리를 내거나 행동을 한다. 어떤 일이 자기 뜻대로 되지 않을 때 행동이나 말로 도움을 청할 수 있다. 일관성 있게 사용하는 낱말이 있다(예: '무'(물), '우'(우유), '어부바' 등 유아 나름대로 붙인 이름이나 불명료한 발음이어도 됨.) 제스처(예: 고개 젓기) 또는 낱말(예: "아니야." "싫어." 등)을 사용하여 아니라거나 싫다는 표현을 한다. **24~26개월** 선택을 요하는 질문(예: "딸기 줄까, 과자 줄까?" 등)에 대한 대답을 스스로 할 수 있다. 주로 두 낱말 또는 세 낱말로 된 문장을 사용한다(예: "아빠 코 자." "아가 옷 입어." "차 여기 있다." 등) 사물을 말할 때 대명사(예: "이거") 보다는 그 이름을 사용한다. 조사를 적절하게 사용하는 경우가 있다(예: 나도 줘, 엄마가 해).

출처: 김영태(2002), pp. 1-23.

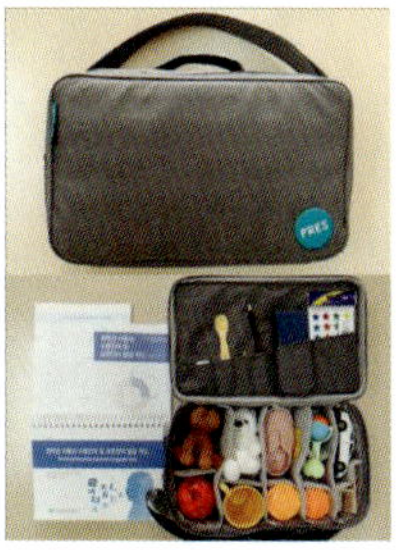

취학 전 아동의 수용 언어 및 표현 언어 발달척도(PRES)(김영태, 성태제, 이윤경, 2003)는 2~6세에 해당하는 영유아를 대상으로 수용 언어 및 표현 언어 능력을 측정하는 도구다. 그림이나 사물 등을 활용하여 영유아에게 직접 질문하고 그 응답과 반응을 기록하여 평가한다. 언어 발달이 정상적으로 이루어지고 있는지를 판별할 수 있고 언어 발달에 지연이 있는 영유아의 언어능력 평가에 활용할 수 있다. 한국판 MacArthur-Bates 의사소통발달검사(MB CDI-K)(배소영, 곽금주, 2007)는 영아용(8~17개월)과 유아용(18~36개월)으로 구분되어 있는데 양육자의 보고를 통해 수용 어휘 및 표현 어휘를 측정한다. 영아용은 언어이해력 및 표현력, 몸짓과 놀이를, 유아용은 언어이해력과 표현력, 문법과 문장에 대해 평가한다.

3) 포트폴리오

포트폴리오는 작업의 결과나 작품 혹은 어떤 수행의 결과를 모아 놓은 자료집이나 서류철(홍순정, 최석란, 2010, p. 272)이며 포트폴리오 평가는 포트폴리오에 담긴 자료를 기초로 평가하는 것이다. 영유아의 언어 발달 포트폴리오 평가는 수용 언어 및 표현 언어 발달을 다중 평가하여 영유아의 발달적 변화나 향상을 보여 준다. 포트폴리오 평가 시 관찰 체크리스트, 일화기록, 일정 기간 수집한 언어의 기록 등 다각적 자료수집 방법을 활용하므로 한두 가지의 평가로 얻은 결과에 비해 더 포괄적이고 풍부한 언어 발달 정보를 얻는다.

교사는 학기 초부터 포트폴리오에 포함할 자료의 유형과 볼륨을 정해야 하고, 각 포트폴리오의 내용 및 포트폴리오 조직을 위한 시스템을 확립해야 한다. 개별적으로 완성한 작품만 모을 수도 있고 공동작품을 포함할 수도 있다. 가장 잘된 것만 모을 수도 있고 학습 과정상의 발달을 다각적으로 관찰하고 기록할 수도 있다. 각각의 자료나 작품 표본에 노트(note)를 붙이는 것이 중요하다. 노트에 영유아의 이름, 날짜, 맥락이나 장면, 작업 표본의 의미에 대한 교사의 코멘트 등(McAfee & Leong, 2011)을 기록해 둔다. 예를 들어, 유아가 특정 작품을 고른 이유나 해당 과제를 수행하는 과정이 어떠했는지를 묻고 기록한다.

언어 발달 관련 포트폴리오는 다음 〈표 11-7〉과 같은 자료로 구성할 수 있다(김희진 외, 2011; 성미영 외, 2021; 홍순점, 최석란, 2010). 우선 유아의 작업 표본은 시간의 흐름에 따른 변화를 볼 수 있도록 수집 시점을 고려하며 유아의 선호를 반영하여 결정한다. 특히 유아 자신이 자신의 활동과 작품에 대해 반성적으로 평가한 내용을 기록해 두고 이를 포함한다. 교사의 다양한 관찰 기록을 수집하며 영유아의 활동이나 결과물에 대해 또래나 부모가 제시한 의견 등도 수집하여 포함한다. 언어 발달과 관련하여 포트폴리오에 포함할 수 있는 구체적 항목은 〈표 11-8〉과 같다.

〈표 11-7〉 포트폴리오에 포함할 수 있는 자료

자료의 예
• 유아들의 작업표본 - 시간의 흐름에 따른 변화를 확인하기 위한 것 - 수집시점과 유아의 선호를 반영하여 작품 결정 - 유아의 듣기와 말하기, 읽기와 쓰기 경험에 관한 작업 표본들 - 작품 이름, 날짜, 상황 등 기록
• 교사들의 관찰기록 - 의사소통 능력을 보여 주는 체계적인 관찰: 일화기록, 표본기록, 평정척도, 체크리스트 등
• 자기 반영 - 유아가 활동에 대해 반성적 자기평가를 한 결과를 기록하여 포트폴리오에 포함 가능 - 유아의 반성적 사고를 돕기 위해 어떻게 작품을 만들었는지, 그것이 왜 마음에 드는지, 다음에는 어떻게 만들고 싶은지 등을 질문하고 기록해 둠 - 어린 유아라도 스스로를 평가하도록 할 수 있음 예를 들어, "…… 때문에 이것이 가장 잘 쓴 것이라고 생각해요."라고 답할 수 있음
• 조언 - 유아 자신의 자기반영 외에 교사, 부모, 또래로부터의 조언을 기록하여 작품과 함께 보관

일부 참고: 성미영 외(2021); 홍순정, 최석란(2010).

〈표 11-8〉 언어 발달 포트폴리오에 포함할 수 있는 구체적 항목

영아	유아
• 이야기 나누기를 비롯한 다양한 언어적 상호작용, 음률 활동 참여 등을 촬영한 동영상이나 활동사진, 녹음 자료 • 자주 사용하는 단어 목록 • 좋아하는 노래 목록	• 언어적 상호작용, 아동극, 이야기하기, 주말발표, 음률 활동 참여 등을 촬영한 동영상이나 활동사진 • 책 읽는 소리, 자신이 쓰거나 혹은 성인이 대신 써 준 이야기를 읽어 녹음한 자료나 녹화영상 • 인쇄물의 기능에 대한 유아의 이해(지도, 글자, 신문, 목록, 책 등)
• 책 읽는 흉내를 내는 모습을 촬영한 동영상이나 사진 • 읽은 책의 목록(영아 혼자 또는 교사와 함께) • 영아가 선호하는 도서의 목록 • 좋아하는 그림책 표지 • 읽을 수 있는 글자 목록	• 책을 읽거나 보는 데 보내는 시간 • 유아가 읽은 책의 목록(유아 혼자 또는 교사, 부모와 함께) / 독서 계획표 • 유아가 선호하는 도서의 목록
• 동화나 음악을 듣고 표현한 그림이나 묘사, 기록을 포함해 영아가 끼적이기를 한 결과물 • 직접 쓴 자신의 이름	• 쓰기표본, **유아가 글자와 비슷한 모양으로 쓴 자료** • 동화나 음악을 듣고 표현한 그림이나 기록 • 유아가 만든 책이나 신문, 광고지, 편지, 쪽지 등 유아가 썼거나 혹은 받아 쓴 이야기, 시, 노래, 아동극 대본 • **유아가 자신의 일이나 활동, 생각에 대하여 쓴 글이나 코멘트** • 유아의 저널에서 뽑은 예들 • 미술작품, 블록 작품 사진 등
• 의사소통 능력을 보여 주는 체계적인 관찰 자료 • 이해력, 개념, 어휘력에 대한 증거 자료	• 의사소통 능력을 보여 주는 체계적인 관찰 자료 • 이해력, 개념, 어휘력에 대한 증거 자료 • 여러 가지 프로젝트 활동 결과물

일부 참고: 김희진 외(2011), pp. 53-54.

포트폴리오 평가는 개별 영유아의 언어 발달 특성, 성취 및 성장의 과정을 파악하는 데 도움이 된다. 의미 있는 맥락에서 평가가 이루어지며 일회적 평가가 아니라 진행 중인 평가이고 다차원적 수준에서 영유아를 평가한다. 또한 교사뿐만 아니라 유아도 평가 과정에 참여한다는 특징이 있다. 반면, 포트폴리오 평가는 포트폴리오에 포함할 자료나 작품을 어떤 준거로 설정할 것인지 어려운 점이 있으며 정보의 양이 많기 때문에 평가를 위한 판단이 어렵고 시간이 많이 소요된다는 제한점이 있다.

4) 수행평가

학습자를 수동적 존재가 아닌 적극적 참여자로 이해하고 평가와 교육을 동시적이며 계속적인 과정으로 보는 대안적 평가 관점에서는 다양한 정보와 자료를 일정 시간 동안 수집하여 결과뿐 아니라 과정도 평가한다. 평가와 지도계획 및 학습은 별개가 아니다.

유아 언어 지도에 있어서 친숙한 성인과 상호작용하면서 익숙한 맥락에서 유아의 일상적 과제수행을 평가하는 것이 강조되고 있다(Barone & Xu, 2008). 유아가 언어 활동을 수행하는 과정과 수행결과물을 평가하여 유아의 언어적 지식, 기술, 태도를 파악하고자 한다. 유아에게 수행[3] 과제를 제공하고 수행과정을 관찰, 질문, 기록함으로써 유아의 능력을 평가하면서 동시에 교수가 이루어지도록 돕는 것이다(Rose, 2002). 수행평가는 관찰과 판단에 근거한 평가다. 예를 들어, 유아가 자신의 이름을 쓰는 것을 관찰한 결과로 낱말 쓰기를 평가할 수 있다. 자신의 이름을 쓰는 외에 다른 어떤 낱말을 알고 쓰는지 관찰하여 평가할 수 있다. 유아의 쓰기를 보면서 질문하여 유아가 글자나 소리, 낱말에 대해 이해하는지, 쓰기와 관련된 기본적 규칙을 알고 있는지를 파악해 볼 수 있다. 수행평가는 유아의 언어능력과 언어사용을 실제적 상황에서 평가하여 유아의 성취 수준 및 지식의 실제 적용 능력을 파악하며, 표준화 검사를 적용할 수 없는 상황에서 성취 수준을 이해할 수 있고 여러 측면의 지식이나 능력을 지속적으로 평가하는 목적을 가진다. 또한 활동에 대한 흥미나 관심도 파악할 수 있어(송주연, 황해익, 2010, p. 171) 유아 언어 지도나 교수학습 개선에 궁극적으로 기여한다. 반면, 특정한 개념의 이해를 보여 주고 유아가 획득한 지식과 기능을 적용하도록 평가하는 적절한 수행평가 과제를 구성하거나 선별하는 것이 쉽지 않다는 제한점이 있다.

5) 언어 지도 프로그램 평가

각 유아의 성장과정 평가 외에 프로그램의 효과에 대한 평가도 필요하다. 언어 교육 프로그램에 대한 평가를 위해 물리적 환경, 교수학습의 계획과 실행과정에 대해 평가한다.

비치 자료나 시설, 비품 및 공간과 같은 물리적 환경은 언어학습에 영향을 주므로(Morrow, 2008) 언어 지도를 위한 물리적 여건과 배치가 적합한지 다음과 같은 사항에 대해 검토할

---

3) 수행(performance)은 구체적인 상황에서 실제로 행동을 하는 과정이나 그 결과를 뜻한다(백순근, 1998).

수 있다. 의사소통 영역을 배치하는 경우 위치상 적합한지 그리고 영역에 마련된 언어 활동 자료가 적절한지, 유아들이 읽거나 볼 책이 충분한지, 독서 영역이나 듣기, 쓰기 등의 영역이 있는지, 유아의 놀이에 문해 자료가 충분히 활용되는지(Jalongo, 2016), 언어 지도를 위해 배정된 시간이 적정한지 등을 살펴본다. 또한 의사소통 및 언어 영역에 듣기와 말하기, 읽기와 쓰기에 관련된 다양한 자료를 영유아 수를 고려하여 충분하게 마련하였는지, 영유아의 놀이내용 및 발달수준에 맞는 언어 활동 자료를 마련하였는지, 활동자료의 안전성과 기능을 점검하였는지 살펴보아야 한다.

교수-학습의 계획과 실행과정을 포함한 프로그램의 효과를 평가하기 위해 유아의 경험 및 교사의 경험을 검토한다. 유아의 경험과 관련해 유아는 언어 사용자로서 자신감이 향상되고 잘 성장하고 있는지, 의사소통자로서 유아 개인의 잠재력을 꽃피울 수 있도록 교육적 적용이 되었는지, 유아가 문해 활동을 즐기는지, 교사와 유아 및 유아들 간에 지속적으로 대화의 기회가 있는지(이경화 외, 2014 재인용; Jalongo, 2003)를 평가한다.

언어교육 계획 및 활용에 관해 다음과 같은 사항을 확인한다. 첫째, 언어교육 계획에 대하여 교육의 주제와 목표, 활동 내용과 방법이 일치하는지, 교육활동 후 평가를 시행하고 그 결과를 새로운 언어 지도 계획에 반영하는지, 교육내용은 영유아에게 적합한 내용인지, 교수학습 방법 및 교재교구는 적합한지 평가한다. 둘째, 언어 지도 활동이 하루 일과에 적절하게 통합되고 활동유형은 다양하면서도 균형이 잡혀 있는지, 유아의 호기심과 참여를 활성화한 활동인지, 유아와 교사 간의 질적 상호작용이 일어나고 있는지를 평가한다. 특히 교사의 상호작용에 관해서는 교사가 경청 및 말하기의 언어적 모델로서 적절한지를 살펴보며 영유아의 언어적 표현과 비언어적 행동에 대해 교사가 적절히 반응하는지를 고려한다. 이처럼 영유아의 발달에 대해 다양한 방법으로 평가하고 기록하여 실제 교수에 활용하는지, 교사 자신의 수행을 점검하는지 등을 평가한다.

4 평가 결과의 활용

평가 결과는 기본적으로 개별 영유아의 언어 발달 수준을 파악하고 특성을 이해하여 영유아에게 적합한 교육을 계획하고 실행하는 데 활용된다. 현재 영유아를 지도하는 교사 및 이후의 지도 교사, 그리고 부모에게 의미 있는 자료가 된다. 현재 담임 교사는 영유아의 발달과정을 더 잘 이해하고 영유아의 장단점을 파악하여 구체적으로 영유아에게 적합한 교육활동을 선정하거나 교수-학습 방법을 모색할 수 있다. 특히 언어 발달과 학습에 문제가 있거나 특별한 요구가 있어서 도움이 필요한 영유아를 파악하여 적절한 교육환경에 배치하거나 교사가 개별적으로 영유아의 각 수준에 맞는 지원을 제공할 수 있다. 그리고 언어 관련 교육활동 실행에서 교사의 교수-학습 방법 및 태도를 개선하고 언어와 관련된 유아교재교구 제작의 정보로 활용될 수 있으며 나아가 교사 자신의 발전을 위한 자료로 활용할 수 있다. 특히 교사 자신의 교수행위를 자발적으로 검토해 봄으로써 반성적 사고의 기회를 갖게 되고 교사로서의 성장에 도움이 된다. 또한 영유아의 언어 발달상의 특성과 변화를 확인하여 생활기록부 작성에 활용할 수 있고 이러한 같은 자료를 누적한 결과 언어 및 의사소통 능력 발달의 경로와 특성을 파악할 수 있다. 학부모와의 면담 시에 유의미한 자료가 될 수 있을 뿐 아니라 해당 영유아를 지도하게 될 다른 교사를 위해서도 유용한 정보가 될 수 있다.

참고문헌

강명재(1991). 언어습득 이론에 근거한 어린이 언어발달 연구-생후 20개월까지-. 홍익대학교 대학원 박사학위 논문.

강은경(2003). Vygotsky 관점에서의 혼잣말과 과제수행과의 관계. 숙명여자대학교 교육대학원 박사학위 논문.

고문숙, 김은심, 유향선, 임영심, 황정숙(2014). **누리과정에 기초한 유아 교과교육론**. 서울: 창지사.

고승준(2011). 내 아기를 위한 몸짓언어: 말이 트이기 전에 당신의 자녀와 대화하는 방법. 제주대학교 통역대학원 석사학위 논문.

곽금주, 성현란, 장유경, 심희옥, 이지연, 김수정, 배기조(2005). **한국 영아발달 연구**. 서울: 학지사.

교육과학기술부, 보건복지부(2013), 3-5세 연령별 누리과정: 교사용 지침서.

교육부, 보건복지부(2019). 개정 누리과정 해설서.

교육부(2024). 2024 개정 표준보육과정(0~2세) 확정 발표.

국립국어원(2024). 표준국어대사전. 국립국어원. https://stdict.korean.go.kr/

권영례(1999). **유아를 위한 교수 학습방법의 이해**. 경기: 양서원.

권정해, 최성열, 최은희(2015). 전래동요를 활용한 노랫말 바꾸기 활동이 유아의 언어 및 사고능력에 미치는 영향. **아동교육**, 24(2), 109-122.

김명순, 배선영, 김지연(2013). 영아-아버지 그림책 읽기에 대한 아버지의 인식과 참여 실태. **한국보육지원학회지**, 9(5), 277-297.

김명순, 신유림(2000). **영유아 문해 학습과 발달**. 서울: 학지사.

김미정(2012). 6~12개월 정상 영아의 음소 목록 및 음절 형태 종단 연구. 충남대학교 대학원 석사학위 논문.

김방한(1995). **언어학 개론**. 서울: 민음사.

김방한(2002). **언어학의 이해**. 서울: 민음사.

김방한(2003). **언어학의 이해**. 서울: 한국방송통신대학교 출판부.

김사현(1990). 유아의 음성 행동 발달의 제 이론에 관한 고찰. 전남대학교 대학원 박사학위 논문.

김선옥, 조희숙(2005). 유아의 읽기 능력 관련 변인에 관한 연구: 음운처리 과정, 글자지식 및 언어 능력을 중심으로. **열린유아교육연구, 10**(2), 213-236.

김성도(2003). **동물의 행동과 본능**. 서울: 집문당.

김성수, 김희수, 이상경, 황명보 공역(2010). **언어발달**. 서울: 학지사.

김소양(1995). 쓰기 교육 접근법에 따른 유아의 쓰기 행동 및 인식에 관한 연구. 이화여자대학교 대학원 박사학위 논문.

김영애(1998). 취침 전 책 읽어주기 활동과 어머니-유아의 언어적 상호작용이 유아의 문해 발달에 미치는 영향. 전남대학교 대학원 박사학위 논문.

김영태(2002). 영유아 언어발달검사(SELSI) 개발연구: 문항 및 신뢰도 분석. **언어청각장애연구, 7**(2), 1-23.

김영태, 김경희, 윤혜련, 김화수(2003). **영유아 언어발달 검사(SELSI)**. 서울: 도서출판 특수교육

김영태, 성태제, 이윤경(2003, 2009). 취학전 아동의 수용언어 및 표현언어 발달척도(PRES, Preschool Receptive & Expressive Scale). 서울장애인종합복지관.

김은심, 조정숙(2021). **영유아 언어교육의 이론과 실제**. 경기: 정민사.

김은영(2010). 유아의 음운 인식과 인쇄물 개념이 쓰기 능력에 미치는 영향. 경희대학교 대학원 박사학위 논문.

김종현(2001). 유아의 음운 및 구문발달 연구. **난청과 언어장애, 24**(3), 35-50.

김지연(2004). 어린이집 교사의 언어적 행동과 영아의 언어발달 간의 관계. 연세대학교 대학원 석사학위 논문.

김현미(2014). 만 1세 영아반에서 베이비 사인 활용에 관한 실행연구. 전남대학교 대학원 석사학위 논문.

김현자, 조증열(2001). 학령전 아동에서 음운인식, 시각지각 및 한글 읽기와의 관계. **한국심리학회지: 발달, 14**, 15-28.

김현지(2008). 영아-교사의 상호작용 증진을 위한 보육교사프로그램 구성 및 효과. 경희대학교 대학원 박사학위 논문.

김현지, 신은미(1999). 이야기책 읽어주기의 효과적인 접근법 모색: 예견하기와 토론과 표상하기를 사용하는 상호전략. **한국영유아보육학, 19**, 149-176.

김호연, 김진희 공역(2012). **유아의 초기 문식성 발달 지원**. 서울: 학지사.

김혜숙(2001). **언어의 모습: 그 표현과 이해를 위하여**. 서울: 도서출판 월인.

김희진, 박은혜, 이지현(2011). **영유아교육기관에서의 관찰 개정판**. 서울: 창지사.

김희진, 박은혜, 이지현(2018). 영유아교육기관에서의 관찰 3판. 서울: 창지사.

남원식(2001). Chomsky의 생성문법 이론에 관한 일반적 개관. 동서문화 제34집, 113-124.

노명완, 이차숙, 조정숙(2001). 유아언어교육. 서울: 한국방송대학교출판부.

노상혜(2012). 균형적 언어교육 접근법에 기초한 문해 활동이 만 4세 유아의 읽기・쓰기 발달에 미치는 효과 및 유아의 반응. 이화여자대학교 교육대학원 석사학위 논문.

노영희, 김창복, 전유영(2014, 2022). 영유아 언어교육. 경기: 양서원.

대한소아과학회(2002). 한국형 영유아 발달검사. 서울: 광문출판사.

마송희 (2010). 동시 재구성 활동에 나타난 유아의 구문 능력에 관한 연구. 한국영유아보육학, 65, 147-167.

마송희(2015). 유아음악과 언어의 통합교육에 대한 이론 및 교수방법에 관한 문헌연구. 유아교육연구, 35(5), 335-359.

박권생(1993). 한글 단어 재인에 관여하는 정신과정. 한국심리학회지: 실험 및 인지, 5, 40-55.

박성방(1997). 열린 교육을 위한 총체적 언어학습. 서울: 우리교육.

박지현, 김호(2014). 다양한 방식의 반복적 그림책 읽기 활동이 유아의 읽기 흥미 및 이야기 이해력에 미치는 영향. 어린이문학교육연구, 15(1), 77-96.

박한나(2017). 유아 문해력 발달을 위한 영어 그림책 지도방법 연구: 주디스 쉬케단츠의 교수전략을 중심으로. 신라대학교 교육대학원 석사학위 논문.

박혜경(1991). 유아를 위한 총체적 언어교육접근법의 효과에 관한 연구. 이화여자대학교 대학원 박사학위 논문.

박혜원, 조복희(2006). 한국 Bayley 영유아발달검사II 실시지침서. 서울: 도서출판 키즈팝.

방희정, 남민, 이순행(2019). 한국형 베일리영유아발달검사 K-Bayley-III(Korean Bayley Scales of Infant and Toddler Development-Third edition. 학지사 인싸이트.

배상식(2006). M. 하이데거와 W. v. 훔볼트의 언어개념 비교연구(1) - 언어와 사유의 상관성을 중심으로, 철학연구, 98, 143-170.

배소영, 곽금주(2007). 언어치료사를 위한 M-B CDI-K 워크숍. 서울: 서울대학교.

백순근(1998). 수행평가의 이론과 실제. 서울: 원미사.

보건복지가족부(2008). 2세 보육프로그램. 발행: 육아정책개발센터.

보건복지가족부(2008). 5세 보육프로그램. 발행: 육아정책개발센터.

보건복지부(2013). 어린이집 표준보육과정 및 0~2세 영아보육프로그램의 이해.

보건복지부(2020). 제4차 어린이집 표준보육과정 해설서.

성미영, 권윤정, 유주연(2015). **영유아 언어지도 2판**. 서울: 학지사.

성미영, 전가일, 정현심, 김유미, 정하나(2021). **아동관찰 및 행동연구 2판**. 서울: 학지사.

성미영, 유주연, 이세라피나(2022). **언어지도**. 서울: 학지사.

손승희(2012). 유아의 환경 인쇄물 읽기 능력: 검사의 개발 및 유아의 연령과 부모 문해 상호작용 유형에 따른 차이. 연세대학교 대학원 박사학위 논문.

송은경, 이성은(2006). 소리내어 읽어주기 활동이 아동의 언어 이해력에 미치는 영향. **교과교육학연구, 10**(1), 21-36.

송주연, 황해익(2010). 유아언어평가도구 개발을 위한 탐색. **유아교육학논집, 14**(1), 159-184.

신은주(1993). 가정과 보육시설에서의 유아-양육자 간 상호작용에 관한 연구. 연세대학교 대학원 석사학위 논문.

신희선, 한경자, 오가실, 오진주, 하미나(2002). **한국 Denver II 검사지침서**. 서울: 현문사.

심우영(2007). 만 3세 유아의 발달에 적합한 쓰기 활동 활성화 방안을 위한 실행연구. 중앙대학교 교육대학원 석사학위 논문.

안성우(2011). 4세~7세 유아들의 낱자 지식과 음운인식 능력과의 관계에 관한 연구. **학습장애연구, 8**(1), 77-99.

윤정민(2014). 영아-어머니의 언어적·비언어적 상호작용이 영아의 언어발달에 미치는 영향. 한국외국어대학교 교육대학원 석사학위 논문.

이경화, 조순옥, 김정원, 심은희, 이연규, 이문정(2014). **영유아를 위한 언어교육 증보판**. 서울: 창지사.

이기숙, 김영실, 현은자(1993). **유아의 문자언어 교육을 위한 통합적 접근법에 관한 연구**. 서울: 창지사.

이미화, 엄지원, 정주영(2014). **영아보육 질 제고를 위한 평가도구 개발 및 활용방안**. 육아정책연구소.

이미화, 이정림, 여종일, 김경미(2014). **5세 누리 과정 유아관찰 척도**. 육아정책연구소

이미화, 정주영, 엄지원, 김희정(2014). **3세 누리 과정 유아관찰 척도**. 육아정책연구소

이세희(2006). 저소득층 가정환경과 영아의 언어발달. 연세대학교 대학원 석사학위 논문.

이순형, 이성옥, 권혜진, 이소은, 황혜신, 이혜승(2013). **보육과정 4판**. 서울: 학지사.

이순형, 이혜승, 권혜진, 이영미, 정윤주, 한유진, 성미영, 권기남, 김정민(2014). **아동관찰 및 행동연구 2판**. 서울: 학지사.

이신미(1989). 유아어의 특성과 발달에 대한 고찰. 전남대학교 교육대학원 석사학위 논문.

이시자(2014). 그림책 읽어주기와 유아의 초기 문해 능력 발달. **유아교육연구, 34**(6), 55-78.

이영자(2013). **유아 언어발달과 지도.** 경기: 양서원.

이영자, 이종숙(1985). 비지시적 지도방법에 의한 유아의 읽기와 쓰기 행동의 발달. **덕성여자대학교 논문집. 14**, 367-402.

이영자, 이종숙(1990a) 유아의 문어발달과 비지시적 지도방법이 문어발달에 미치는 영향에 관한 연구. **교육학연구, 28**(2), 105-124.

이영자, 이종숙(1990b) 유아의 문어발달과 구어 문어 구별 능력발달에 대한 질적 분석 연구. **유아교육연구, 10**, 41-65.

이영자, 이종숙, 이정욱(1997a). 보육시설 경험이 1, 2, 3세아의 구어 및 문어발달에 미치는 영향. **한국영유아보육학, 10**, 31-74.

이영자, 이종숙, 이정욱(1997b). 1, 2, 3세 유아의 의미 - 통사적 발달 연구: 문법 범주 및 문장 유형의 발달을 중심으로. **유아교육연구, 17**(2), 55-75.

이영자, 이종숙, 이정욱(1998). 1, 2, 3세 유아의 의문문 사용발달 연구. **유아교육연구, 5**(1), 87-102.

이옥섭(1999). 균형있는 문해 프로그램이 유아의 읽기・쓰기 발달에 미치는 효과 연구. 서울대학교 대학원 박사학위 논문.

이은미(2005). 유아의 두 단어 발화의 습득에 관한 연구. 전북대학교 교육대학원 석사학위 논문.

이익섭(1996). **사회 언어학의 이해.** 서울: 태학사.

이익섭(1999). **국어문법론.** 서울: 태학사.

이익섭, 권재일(1993). **언어와 인간.** 서울: 태학사.

이익환(2011). **언어의 의미론.** 서울: 한국문화사.

이익환, 김진우(2017). **언어학 개론.** 서울: 한국문화사.

이지현(2011). 4, 5세 유아의 말과 글의 관계 인식을 증진시키는 언어교육 프로그램 개발 및 적용 효과. **열린유아교육연구, 16**(2), 343-375.

이차숙(1998). 유아의 쓰기 지도에 관한 비판적 고찰. **유아교육연구, 18**(1), 69-88.

이차숙(1999). 유아의 음운인식과 읽기 능력과의 관계에 관한 연구. **교육학연구, 37**(1), 389-406.

이차숙(2000). 초기 읽기 지도의 개념적 모형. **유아교육연구, 20**(1). 5-25.

이차숙(2003). 한글의 특성에 다른 한글 해독 지도방법 탐색. **유아교육연구, 23**(1), 5-25.

이차숙(2004). **유아언어교육의 이론적 탐구.** 서울: 학지사.

이차숙(2005). **유아언어교육의 이론과 실제.** 서울: 학지사.

이차숙, 노명완(1994). **유아언어교육론.** 서울: 동문사.

이현정(2010). **아동 언어발달의 이해.** 서울: 학지사.

임수경, 김명순(2013). 만 2세 영아-어머니, 영아-아버지의 그림책 읽기 행동 및 가정문해 환경과 영아의 어휘력 간의 관계. **아동학회지, 34**(3), 1-19.

임호찬(2005). 좌뇌 우뇌의 기능적 역할. 한국정신과학학회 제23회 2005년도 추계학술대회 논문집, 9-38.

장혜성, 서소정, 하지영(2008). **영아선별·교육진단검사(DEP) 전문가 지침서.** 서울: 학지사.

전경은(2012). 두 낱말 조합으로의 전이 단계에서 나타난 영유아의 의사소통 수단 및 의미 관계 발달. 용인대학교 재활복지대학원 석사학위 논문.

전유영(2011). 균형적 접근법에 기초한 유아 언어교육 프로그램의 구성 및 적용 효과. 중앙대학교 대학원 박사학위 논문.

정남미(2000). 유아의 읽기와 쓰기 발달 간의 관계에 관한 연구. **유아교육연구, 20**(4), 59-75.

정상근(1986). 한국어 동사 [놀다/ 두다]의 의미 분석. 전북대학교 대학원 석사학위 논문.

정상녀, 박형신(2009). 동요를 활용한 이야기 다시 말하기 활동에 관한 연구. **열린유아교육연구, 14**(6), 103-121.

정주원(2005). 그림책을 활용한 상위 언어 인식 활동이 유아의 상위 언어 인식, 읽기 능력, 마음이론 발달에 미치는 영향. 덕성여자대학교 대학원 박사학위 논문.

정지은, 김명순(2012). 영아반 그림책 읽기 활동, 교사의 언어적 비언어적 행동 및 영아의 어휘력간의 관계. **아동학회지, 33**(4), 91-106.

조선하(2003). 한국 유아의 창안적 철자 발달과정 분석. 동덕여자대학교 대학원 박사학위 논문.

조정숙, 이차숙, 노명완(2005). **유아언어교육.** 서울: 한국방송통신대학교 출판부.

조선향토대백과(2008). (사)평화문제연구소.

주영희(1995, 1998). **유아를 위한 언어교육.** 서울: 교문사.

주영희(2001, 2005). **유아 언어발달과 교육.** 서울: 교문사.

지현철(2003). 현대의 언어이론에 미친 훔볼트의 영향. 고려대학교 대학원 석사학위 논문.

최명옥(2007). **현대 국어 문법론.** 서울: 한국문화사.

최명옥(2008). **화용론.** 서울: 한국문화사.

최명옥(2010). **현대 언어학 개론.** 서울: 한국문화사.

최성규, 김혜진, 박찬희, 이아름, 정미라, 정승희, 정은영(2025). **청각장애학생 교육.** 서울: 학지사.

최은정(2009). 보육시설에서의 영아-교수 상호작용에 영향을 미치는 변인 연구. 경희대학교 교육대학원 석사학위 논문.

한국교육심리학회(2000). **교육심리학 용어사전.** 서울: 학지사.

한나영(2011). 저소득층 밀집 지역에서 소득수준에 따른 만 4, 5세 유아의 수용・표현 언어발달어휘력 단어 읽기 비교-G시 저소득층 밀집 지역을 중심으로. 건국대학교 교육대학원 석사학위 논문.

한유미, 김혜선, 권희경(2022). **영유아 언어교육의 이해**. 서울: 학지사.

한유미, 김혜선, 권희경, 양연숙, 백은정(2013). **영유아 언어교육의 이해**. 서울: 학지사.

한찬희(2006). 만 2세 영아의 문해 발달에 대한 어머니의 태도와 가정의 문해 환경. 연세대학교 교육대학원 석사학위 논문.

홍순정, 최석란(2010). **아동관찰 및 행동연구**. 경기: 교문사.

홍혜경, 김명화, 김세루, 김현정(2021). **영유아 언어교육**. 서울: 학지사.

황해익, 최혜진, 권유선(2021). **아동관찰 및 행동연구**. 경기: 공동체.

황해익, 송연숙, 정혜영, 유수경(2013). **영유아행동관찰법**. 서울: 창지사.

Acredolo, L., & Goodwyn, S. (2000). 베이비사인(*Baby signs*). (공경희 역). 경기: 명진. (원저는 1996년에 출판).

Allen, R. V. (1973). *The language experience approach in perspective on elementary reading: Principals and strategies of teaching*. New York: Harcourt Brace Jovanovich.

Barone, D. M., & Xu, S. H. (2007). *Literacy instruction for english language learners Pre-K-2*. New York: Guilford Publications. https://eric.ed.gov/?q=Barone+%26+Xu&id=ED497532

Barrett, M., Harris, M., & Chasin, J. (1991). Early lexical development and material speech: A comprehension of children's initial and subsequent uses of words. *Journal of Child Language, 18*, 21-40.

Bates, E., Dale, P., & Thal, D. (1995). Individual differences and their implications for the theories of language development. In P. Fletcher & B. MacWhinney (Eds.), *The handbook of child language* (pp. 96-151).

Bayley, N. (2006). *Bayley Scales of Infant and Toddler Development 3rd Edition: Administration Manual*. San Antonio TX: Harcourt Assessment.

Beilin, H. (1992). Piaget's enduring contribution to developmental psychology. *Developmental Psychology, 28*(2), 191-204.

Berk, L. E., & Winsler, A. (1995). 어린이들의 학습에 비계설정 - 비고츠키와 유아 교육(*Scaffolding children's learning: Vygotsky and early childhood education*). (홍용희 역). 서울: 창지사. (원저는 1995년에 출판).

Benedict, H. (1976). Early lexical development: Comprehension and production. *Journal of Child Language, 6,* 183-200.

Beyer, M.(2007). 베이비사인*(Baby signs).* (부희령 역). 서울: 여름 언덕.

Bickerton, D. (1990). *Language and species.* University of Chicago Press.

Bodrova, E., & Leong, D. J. (2010). 비고츠키 유아 교육: 정신의 도구 (*Tools of mind: The Vygotskian approach to early childhood education* (2nd ed.)). (박은혜, 신은수 역). 서울: 이화여자대학교 출판부. (원저는 2007년에 출판).

Bodrova, E. & Leong, D. J. (2010). Exploring culture, play, and early childhood education practice in African contexts. *In Rethinking play and pedagogy in early childhood education.* Routledge.

Burns, S. M., Griffin, P., & Snow, C. E. (1999). *Starting out right: A guide to promoting children's reading success.* Washington, DC: National Academy Press.

Cabell, S. Q., Tortorelli, L. S., & Gerde, H. K. (2013). How do I write……? Scaffolding preschoolers' early writing skills. *Reading Teacher, 66* (8), 650-659.

Caswell, L. J., & Duke, N. K. (1998). Non-narrative as a catalyst for literacy development, *Language Arts, 75,* 108-117.

Chall, J. S. (1967). *Learning to read: The great debate.* New York: McGraw-Hill.

Chall, J. S. (1983). *Stages of reading development.* New York: McGraw-Hill.

Chomsky, N. (1986). *Knowledge and language: Its nature, origin, and use.* NY: Praeger.

Clay, M. M. (1975). *What did I write?: Beginning writing behaviour.* NH: Heinemann Educational Books.

Clay, M. M. (2000). *Concepts about print.* Auckland: Heinemann.

Clay, M. M. (2002). *An observation survey of early literacy achievement* (2nd ed.). Auckland: Heinemann.

Crawford, P. A. (1995). Early literacy: Emerging perspectives. *Journal of Research in Childhood Education, 10*(1), 71-86.

Decker, C. A., & Decker, J. R. (1997/2001). *Planning and administering early childhood programs* (7th ed.), Merrill Prentice Hall.

Dickinson, D., & Smith, M. (1994). Long term effects of preschool teachers' book readings on low-income children's vocabulary and story comprehension. *Reading Research Quarterly, 29*(2), 105-122.

Doherty-Sneddon, G. (2008). The great baby signing debate. *The Psychologist, 21*, 300-303.

Eun, B. L. & Chung, H. J. (2014). Korean-Development Screening Test for Infants and Children (K-DST). Cheongju: Korea Centers for Disease Control and Prevention.

Gallimore, R. & Tharp, R. G.(1990). Teaching mind in society: Teaching, schooling, and literate discourse. In L. C. Moll (Ed.), *Vygotsky and education: Instructional implication and applications of sociohistorical psychology*. Cambridge University Press.

Ginsburg, H. P. & Opper, S. (2006). 피아제의 인지발달이론 (*Piaget's theory of intellectual development* (3rd ed.)). (김정민 역). 서울: 학지사. (원저는 1988년에 출판).

Glazer, J., & Giorgis, C. (2005). *Literature for young children*. NJ: Pearson.

Goodman, K. (1986). *What's whole in whole language?* Portsmouth. New Hampshire: Heinemann.

Goodman, Y. M. (1983a). The roots of literacy. In M. P. Douglas (Ed.), *Claremont reading conference forty-fourth yearbook*. Claremont, CA: Clarmont Reading Conference.

Goodman, Y. M. (1983b). Beginning reading development: strategies and principles. In R. P. Parker & F. A. Davis (Eds.), *Developing literacy* (pp. 68-83). International Reading Association.

Goodman, Y. M.(1986). Children coming to know literacy. In W. H, Teale, & E. Sulzby (Eds.), *Emergent literacy: Writing and reading* (pp. 1-14) Norwood, NJ: Ablex Publishing Corporation.

Goodman, Y. M. (1989). Roots of the whole-language movement. *The Elementary School Journal, 90*(2), 113-127.

Goodwin, W. L., & Driscoll, L. A. (1980). *Handbook for measurement and evaluation in early childhood education*. San Francisco: Jossey-Bass.

Halliday, M. A. K. (1973). *Explorations in the functions of language*. Edward Arnold.

Halliday, M. A. K. (1975). *Learning how to mean: Explorations in the development of language*. Edward Arnold.

Hirsh-Pacek, K., & Golinkoff, R. (1991). Language comprehension: A new look at some old themes. In N. Krasnegor, D. Rumbaugh, R. Schieffelbusch & M. Studdert-Kennedy (Eds.), *Biological and behavioral determinants of language development* (pp. 301-320). Hilldale, NJ: Erlbaum.

Hoff-Ginsberg, E. (2006). 언어발달 *(Language development)*. (이현진 · 박영신 · 김혜리 공역). 서울: 시그마프레스. (원저는 2001년에 출판).

Inhelder, B., & Piaget, J. (1964). *The Early growth of logic in the child: Classification and seriation*. Harper & Row.

Jalongo, M. R. (1992). *Early childhood language arts*. Allyn & Bacon.

Jalongo, M. R. (2016). 유아기 언어교육 (제6판) (*Early childhood language arts*). (권민균 역). 서울: 시그마프레스. (원저는 2000년에 출판).

Jespersen, O. (1922). *Language: Its nature, development, and origin*. Allen & Unwin.

Johnston, J. C., Durieux-Smith, A., & Bloom, K. (2005). Teaching gestural signs to infants to advance child development: A review of the evidence. *First Language, 25*(2), 235-251.

Kellogg, W. N., & Kellogg, L. A. (1933). *The Ape and the child: A study of environmental influence upon early behavior*. McGraw-Hill.

Kinsbourne, M. (1975). The mechanisms of hemispheric control of the lateral gradient of attention. In P. M. A. Rabbit and S. Dornic(Eds.), *Attention and performance* V. New York: Academic Press.

Kocel, K. M. (1980). Age-related changes in cognitive abilities and hemispheric specialization. In Heron, (Ed.), *Neuropsychology of left-handedness*. New York: Academic Press.

Laakso, M. L., Poilkkeus, A. M., & Lyytinen, P. (1999). Shared reading interaction in families with and without genetic risk for dyslexia: implications for toddler' language development. *Infant and Child Development, 8*, 179-195.

Lenneberg, E. H. (1967). *Biological foundations of language*. New York: Wiley.

Lenz, L. (1992). Crossroads of literacy and orality: Reading poetry aloud. *Language Arts*, *69*(8), 597-603. National Council of Teachers of English. http://www.jstor.org/stable/41482043

Luria, A. R. (1959). *The Role of speech in the regulation of normal and abnormal behavior*. Pergamon Press.

Luria, A. R. (1961). *Higher cortical functions in man*. Basic Books.

Machado, J. M. (1995). *Early childhood experiences in language arts: Emerging literacy*. Delmar Publishers.

Mason, J. M. (1980a). When do children begin to read? An exploration of four year-old children's letter and word reading competencies. *Reading Research Quarterly, 15*(1), 203-227.

Mason, J. (1984). Early reading from a developmental perspective. In P. D. Pearson (Ed.), *Handbook of reading research*. New York: Longman.

McAfee, O. & Leong, D. (2011). *Assessing and guiding young children's development and learning* (5th ed.). Boston, MA: Pearson Publishing.

McCabe, A. & Peterson, C. (1991). Getting the story: A longitudinal study of parental styles in eliciting narratives and developing narrative skill. In A. MaCabe & C. Peterson (Eds.), *Developing narrative structure* (pp. 217-253). Hillsdale, NJ: Erlbaum.

McCartney, K. (1984). Effect of quality of day care environment on children's language development. *Developmental Psychology, 2*, 244-260.

McGee, L. M., & Richgels, D. J. (2000). 영유아의 문해발달 및 교육 (*Literacy's beginnings: Supporting young readers & writers*). (김명순, 신유림 공역). 서울: 학지사. (원저는 1996년에 출판).

Morris, D. (1993). The relationship between children's concept of word in text and phoneme awareness in learning to read: A longitudinal study. *Research in the Teaching of English, 27*, 133-154.

Morrow, L. M. (2004). *Literacy development in the early years* (5th ed.). Boston, MA : Allyn &.Bacon.

Müller, M. (1861). *Lectures on the science of language*. Longmans.

Ninio, A., & Bruner, J. S. (1978). The achievement and antecedents of labeling. *Journal of Child Language, 5*, 1-15.

O'Brien, M., & Nagle, K. J. (1987). Parents' speech to toddlers: The Effect of play context. *Journal of Child Language, 14*, 269-279. http://dx.doi.org/10.1017/S0305000900012927

Oja, L. A. (1996). (n.d). Using story frames to develop reading comprehension. *Journal of Adolescent and Adult Literacy*. http://www.jstor.org/stable/40016749, 1996.2.

Pence, K. L., & Justice L. M. (2010). 언어발달 (*Language development from theory to practice*). (김성수, 김화수, 이상경, 황보명 공역). 서울: 학지사. (원저는 2008년에 출판).

Penno, J. F., Moore, I. A. G., & Wilkinson, D., W. (2002). Vocabulary acquisition from teacher explanation and repeated listening to stories: Do they overcome the Mattew effect? *Journal of Educational Psychology, 94*(1), 23-33.

Petty, R. E., & Jensen, T. D. (1980). The effects of message repetition and position on cognitive responses, recall, and persuasion. *Journal of Personality and Social Psychology, 38*(1), 36-46.

Pinnell, G. S., & Fountas, I. (2011). *Literacy beginnings: A Prekindergarten handbook.* Heinemann.

Rogoff, B. (1990). *Apprenticeship in thinking: Cognitive development in social context.* Oxford University Press: New York.

Schickedanz, J. A. (1990). *Adam's righting revolutions: One child's literacy development from infancy through grade one.* Portsmouth, NH: Heinemann.

Schickedanz, J. A. (2002). 놀이를 통한 읽기와 쓰기의 지도 (*Much more than the ABCs: The Early stages of reading and writing*). (이영자 역). 서울: 이화여자대학교 출판부. (원서는 1999년에 출판).

Seal, B. C. (2010). About baby signing. *The ASHA Leader, 15*(13).

Stanovich, K. E.(1986). Matthew effects in reading: Some consequences of individual differences in the acquisition of literacy. *Reading Research Quarterly, 21*, 360-407.

Sulzby, E. (1985). Children's emergent reading of favorite storybooks: A development study. *Reading Research Quarterly, 20*(4), 458-481.

Sulzby, E., & Teale, W. H. (1991). Emergent literacy: In R. Barr, M. L. Kamil, P. B. Mosenthal., & P. D. Pearson (Eds.), *Handbook of reading research*, 2 (pp. 727-758). New York: Longman.

Sutherland, Z., & Arbuthnot, M. H. (1986). *Children and books.* 7th ed. Scott, Foresman.

Taylor, J. H. (2010). The Origins of language: The Divine source hypothesis. In *Theories of language origin.* Cambridge University Press.

Teale, W. H., & Sulzby, E. (1986). Emergent literacy: writing and reading. *Writing research: Multidisciplinary inquiries into the nature of writing series.* Norwood. NJ: Ablex Publishing Corporation.

Teale, W. H., & Yokota, Y. (2000). Beginning reading and writing: Perspectives on instruction. In D. S. Strickland & L. M. Morrow (Eds.), *Beginning reading and writing* (pp. 3-21). New York: Teachers College Press.

Tizzard, B., Cooperman, Q., & Joseph, A. (1972). Environmental effects on language development: A study of young children in long stay residential nurseries. *Child Development, 43*, 337-358.

Tomasello, M. (1999). *The cultural origins of human cognition*. Harvard University Press.

Tummer, W. E., Herriman, M. L., & Nesdale, A. R. (1988). Metalinguistic abilities and beginning reading. *Reading Research Quarterly, 23,* 134-158.

Vygotsky, L. S., & Cole, M.(1978) *Mind in society: The Development of higher psychological process*. Cambridge: Harvard University Press.

Vygotsky, L. S. (1986). *Thought and language* (A. Kozulin, Trans.). MIT Press.

Watson, D.(1989), Defining and describing whole-language. *The Elementary School Journal, 90*, 129-141.

Wertsch, J. V. (1985). *Vygotsky and the social formation of mind*. Harvard University Press.

Wertsch, J. V. (1991). *Voices of the mind: A sociocultural approach to mediated action*. Harvard University Press.

Westby, C. (2005). Assessing and facilitating text comprehension problems. In H. Catts & A. Kamhi (Eds.), *Language and reading disabilities* (2nd ed., pp.157-232). Boston: Allyn & Bacon.

Wood, D. Bruner, J. S., & Ross, G. (1976). The role of tutoring in problem solving. *Journal of Child Psychology and Psychiatry, 17*(2), 89-100.

Wortham, S. (1998). *Early childhood curriculum: Developmental bases for learning and teaching*. Upper Saddle River, NJ: Merrill.

[사이트]

www.forepath.org

www.zerotothree.org

www.zerotothree.org/BrainWonders

[사진출처]

https://inpsyt.co.kr/psy/item/view/PITM000166 K-Bayley-III 한국형 베일리 영유아 발달검사 3판

https://www.isorimall.com/catalog/ProdDetail.asp?cate1=1000&cate2=&pid=bea0030 한국판 덴버발달선별검사(DDST-II) KIT

https://m.blog.naver.com/7lovei/90193902890?view=img_2

https://www.nhis.or.kr/file/kdst/011.pdf

https://www.nhis.or.kr/file/kdst/018.pdf

https://www.nhis.or.kr/nhis/healthin/retrieveDevlSlctnIsptUseTermInq.do

https://product.kyobobook.co.kr/detail/S000000734575

https://product.kyobobook.co.kr/detail/S000000439155

https://product.kyobobook.co.kr/detail/S000001438071

https://product.kyobobook.co.kr/detail/S000060625906

https://seoulcbid.or.kr/shop/item.php?it_id=1566872333

http://www.tespia.kr/tp_mall/prd_detail.asp?num=1395

도장과 스탬프 https://www.coupang.com/vp/products/7767064651?itemId=20959184021&searchId=feed-8b35653e4e8c4a40a9fcf97b317375ba-view_together_ads-P8130860644&vendorItemId=89063191026&sourceType=SDP_ADS&clickEventId=e8cd2520-7edf-11ef-b342-5699e398660f&isAddedCart=

모래글자판 http://yuanara.com/products/231

칠판 https://item.gmarket.co.kr/Item?goodscode=3932420035&buyboxtype=ad

풀잎피리 https://terms.naver.com/entry.naver?docId=6508699&cid=60476&categoryId=60476

한글자모 도장세트 https://item.gmarket.co.kr/Item?goodscode=2765519809&buyboxtype=ad

찾아보기

ㅅ

ㅇ

ㅈ

저자 소개

신경숙(Shin Gyeong Suk)
현) 백석대학교 아동복지전공 교수

이영미(Lee Yeong Mi)
현) 백석대학교 아동복지전공 교수

영유아 언어 발달과 지도
Development and Guidance of Infant Language

2025년 4월 20일 1판 1쇄 인쇄
2025년 4월 30일 1판 1쇄 발행

지은이 • 신경숙 · 이영미
펴낸이 • 김진환
펴낸곳 • (주) 학지사
04031 서울특별시 마포구 양화로 15길 20 마인드월드빌딩
대표전화 • 02)330-5114 팩스 • 02)324-2345
등록번호 • 제313-2023-000041호

홈페이지 • http://www.hakjisa.co.kr
인스타그램 • https://www.instagram.com/hakjisabook

ISBN 978-89-997-3412-0 93370

정가 23,000원